기독교는 이슬람을 어떻게 볼 것인가

종교개혁자들이 바라본 이슬람

기독교는 이슬람을
어떻게 볼 것인가

© 생명의말씀사 2018

2018년 4월 24일 1판 1쇄 발행
2024년 9월 10일   3쇄 발행

펴낸이 | 김창영
펴낸곳 | 생명의말씀사

등록 | 1962. 1. 10. No.300-1962-1
주소 | 서울시 종로구 경희궁1길 6 (03176)
전화 | 02)738-6555(본사)·02)3159-7979(영업)
팩스 | 02)739-3824(본사)·080-022-8585(영업)

글쓴이 | 유해석
기획편집 | 구자섭, 이은정
디자인 | 박소정, 윤보람
인쇄 | 주손디앤피
제본 | 주손디앤피

ISBN 978-89-04-05042-0 (03230)

저작권자의 허락없이 이 책의 일부 또는 전체를
무단 복제, 전재, 발췌하면 저작권법에 의해 처벌을 받습니다.

기독교는 이슬람 어떻게 볼 것인가

종교개혁자들이 바라본 이슬람

유해석 지음

생명의말씀사

CONTENTS

들어가는 글 · 6

1부 종교개혁자들이 바라본 이슬람 _19

1장 이슬람은 이단인가 타종교인가 _21
이단이란 무엇인가? / 이슬람을 이단으로 보았던 종교개혁자들 / 이슬람 형성에 영향을 끼친 기독교 이단들 / 꾸란에 나타난 기독교 이단들의 영향

2장 루터가 바라본 이슬람 _33
팽창하는 이슬람 / 루터의 꾸란 이해 / 로마 가톨릭과 유사 종교인 이슬람

3장 이슬람에 대한 루터의 대안 _59
이슬람에 대한 루터의 저서들 / 매력적인 이슬람 / 이슬람에 대한 루터의 대안

4장 칼빈이 바라본 이슬람 _75
칼빈 시대의 이슬람 / 이슬람에 대한 칼빈의 이해 / 이슬람에 대한 칼빈의 선교적 적용

5장 불링거가 바라본 이슬람 _93
이슬람에 대한 불링거의 이해 / 이슬람에 대한 불링거의 견해

기독교는
이슬람을
어떻게
볼 것인가

2부 이슬람과 관련된 몇 가지 이슈들 _107

6장 이슬람 치하에서 살아가는 기독교인들, 딤미(Dhimmi) _109
이슬람에 의한 비잔틴 기독교 제국 점령의 역사 / 기독교에 대한 꾸란의 견해 / 딤미, 이슬람 정권 아래에서 살아가는 타종교인

7장 이슬람의 할랄제도 _149
할랄이란 무엇인가 / 우상 제물로서의 할랄 / 할랄에 대한 개혁주의 입장

3부 이슬람권에서 부는 새 바람 _177

8장 이슬람에서 기독교로의 개종의 역사 _179
이슬람에서 기독교로의 개종의 역사

9장 이슬람 선교를 위해 알아야 할 이슬람 교리 몇 가지 _195
타흐리프 교리 : 성경은 변질되었다 / 타끼야 교리 : 위장 혹은 기만 전략 / '예수는 하나님의 아들이 아니다'라는 교리 / 나스크 교리 : 나중에 받은 계시에 의하여 먼저 받은 계시는 취소되었다

10장 무슬림에게 예수 그리스도의 복음 전하기 _205
이슬람 선교를 위하여 넘어야 할 장벽들 / 무슬림 전도의 실제

나가는 글 · 224
참고문헌 · 230

들 어 가 는 글

이슬람에 대한 다양한 시각과 기독교와 이슬람의 유사성 때문에, 기독교인이 이슬람을 어떻게 평가해야 할지 종종 혼돈스러울 때가 있다. 이러한 고민에서 시작된 것이 '크리스천을 위한 이슬람 세미나'이다. 매년 늦가을 종교개혁 주간에 필자가 대표로 있는 FIM국제선교회 주최로 세미나를 열었다.

그동안 7차례에 걸친 세미나에서 개혁주의에 입각한 이슬람에 관한 21편의 논문이 발표되었다. 여성신학자로는 이동주 전 교수(아신대)와 소윤정교수(아신대), 역사신학자로는 김지훈박사(신반포중앙교회)와 박상봉교수(합신대), 선교신학자로는 유종필박사(동산교회), 고광석교수(총신대), 조직신학자로는 김성봉교수(성서대)와 김지호교수(칼빈대)께서 참여하였다. 필자 또한 7편의 논문을 발표하였다. 이 세미나에서 발표된 논문들은 이슬람에 대한 개혁주의적 시각을 정립하는 데 많은 도움이 되었다.

이슬람의 도전 앞에 선 한국사회와 한국교회

한국은 오랫동안 선진국을 본받자는 깃발 아래 서유럽을 모델로 삼고 경제사회 부문에서 노력하였다. 또한 서유럽처럼 다문화 사회를 받아들였다. 그런데 우리가 본받고자 노력했던 유럽은 지금 이슬람으로 인하여 몸살을 앓고 있다. 유럽이 다문화사회를 시작한 배경에는 저출산과 고령화 그리고 노동인력의 부족이 있다. 한국 또한 저출산으로 인하여 한국인 인구가 줄어들고 있다.

통계청이 발표한 2017년 '11월 인구동향'에 따르면, 2017년 11월 기준 출생아 수는 1년 전보다 12.1% 감소한 2만 7천 명으로 조사되었다. 한 여성이 평생 낳을 것으로 기대되는 평균 출생아 수인 합계 출산율도 1.06-1.07명으로 예상된다.[1] 세계 최저 수준이다. 이대로 가다가는 2026년 초고령 사회, 2031년 총인구 감소 사태를 맞이한다. 반면에 이를 보완하기

---

1) 『국민일보』, 2018년 1월 16일.

위한 외국인 인구는 계속 늘어나서 국제통화기금(IMF)에 의하면 2050년에는 한국 인구의 35%가 이민자로 채워질 것이라고 전망한다.[2] 영국 옥스퍼드대학교 인구문제 연구소가 2006년, '지구상에서 제일 먼저 사라질 민족'으로 한국인을 꼽았다.[3]

종교 또한 마찬가지이다. 2017년 한국기독교목회자협의회(이하 한목협) 발표에 의하면, 한국에는 현재 탈종교화 현상이 나타나고 있다. 종교 인구가 감소하고 있다. 2012년 종교인은 국민의 55.1%에서 46.6%로 감소하였고, 반면에 무종교인은 2012년 44.9%에서 53.4%로 증가하였다. 기독교인 또한 감소하고 있다. 2012년 22.5%에서 20.3%로 감소하였다.[4]

이대로 간다면, 오늘날의 유럽은 한국의 내일이 될 것이다. 한국도 유럽처럼 이슬람이 성장하고 있다. 유럽의 기독교가 내리막길을 걷고 있는 것과 이슬람이 성장하는 것 사이에는 상관관계가 있다.

한국에서 이슬람 인구가 성장하는 첫 번째 원인은 이민이다. 1990년대 불결하고(dirty), 힘들고(difficult), 위험한(dangerous) 일을 기피하는 3D 기피 현상이 일어나면서 제조업체와 건설업체가 심한 인력난에 빠졌다. 이를 극복하기 위해 정부는 1991년 산업연수제도를 만들었고 그 해에 약 2만 명의 외국인 근로자들이 입국하기 시작하였다.

전 세계 무슬림의 3분의 2가 아시아에 살고 있는데, 가장 이슬람 인구가 많은 나라는 국민의 80%가 무슬림인 인도네시아(이슬람 인구 약 1억 9,000만)이고, 두 번째는 인구의 96%가 무슬림인 파키스탄(이슬람 인구 약 1억 7,000만)이

---

[2] 『투데이 신문』, 2016년 3월 14일.
[3] 『중앙일보』, 2016년 9월 1일.
[4] 권혁률, "추락하는 개신교에는 날개가 있다?," 한국기독교목회자협의회, '한국인의 종교생활과 의식조사 1차 발표회' 논평, 2017년 12월 28일.

며, 그리고 그 뒤를 잇는 나라는 인구의 89%가 무슬림인 방글라데시(이슬람 인구 약 1억 5,000만)이다.

세계 최대의 이슬람 인구를 가진 국가들이 한국으로 들어오는 주요 인력송출국인 셈이다. 이 외에도 이슬람 국가인 우즈베키스탄과 키르키스탄 등이 한국으로 인력을 보내고 있다. 이슬람 국가에서 온 외국인들로 인하여 이슬람 인구가 성장하고 있는 중이다.

이슬람은 역사적으로 이민을 통하여 성장한 종교이다. 이슬람의 예언자 무함마드가 AD 622년 메카에서 박해를 받자, 추종자 백여 명과 함께 메디나로 이주하였다. 그 해를 이슬람의 원년(히즈라, Hijrah)으로 삼는다. 메디나로 이주한 이후에, 이슬람은 급속도로 성장하기 시작하였다. 따라서 꾸란은 무슬림들에게 이민을 권장한다. "알라를 위해 이주하는 자는 지상에서 많고 넓다란 은신처를 발견할 것이며 알라와 선지자께로 이주하여 그의 집을 떠나 죽음이 그에게 이르렀을 때 그의 보상은 알라에게 있나니 알라는 관용과 자비로 충만하시느니라"(꾸란 4:100)라고 말하고 있다.

두 번째 원인은 결혼이다. 이슬람은 독신주의를 거부한다(꾸란 24:32). 따라서 결혼을 권장한다. 꾸란(꾸란 2:222)에 의하면, 무슬림 여자는 무슬림 남자와 결혼해야 한다. 무슬림 여성과 결혼하는 남성은 이슬람으로 개종한 후에야 결혼이 가능하다. 반면에 꾸란(꾸란 5:6)에 의하면, 무슬림 남성은 무슬림 여성 외에 '성서의 백성'(Book of People)과 결혼할 수 있다. 꾸란에서 성서의 백성은 기독교인과 유대인을 말한다. 따라서 무슬림 남성은 무슬림, 기독교, 유대교 여성과 결혼할 수 있다.

이슬람에 의하면 무슬림 남성과 기독교 여성이 결혼하여 아이를 낳았을 때, 그 아이는 아버지의 종교를 따라서 무슬림이 된다. 중동이 이슬람화된 원인 중에 하나는 무슬림 남성과 기독교 여성 간의 결혼이었다.

지금도 필자가 사역하던 이집트에서는 자녀가 태어나면 출생신고서 종교란에 반드시 아버지의 종교를 기입하게 되어 있다. 주민등록증에도 종교가 기록되어 있다. 무슬림 남성이 기독교 여성들과 결혼함으로써 무슬림 자녀를 낳게 되고 시간이 흘러 이슬람 인구가 증가하게 되었다.

또한 꾸란은 일부다처제를 합법적으로 허용한다(꾸란 4:3).[5] 지금 한국 여성들의 약 10-14%가 외국인과 결혼을 하고 한국 남성들의 약 10%가 외국인 여성과 결혼한다. 지난 2013년까지 약 8천 명의 한국 여성들이 무슬림들과 결혼하였다. 이제는 무슬림과의 결혼도 매력으로 다가오고 있다.

세 번째 원인은 개종이다. 한국인들 가운데 이슬람으로 개종하는 인구가 늘어가고 있다. 1956년 208명이었던 이슬람 인구는 1970년 3700명으로 늘어났고[6] 1976년 서울 이태원에 이슬람 중앙성원이 완성되자, 이슬람 인구가 1만 5천 명으로 늘어났다. 1988년 서울 올림픽이 열리기 바로 전, 아랍연맹이 발행하는 『아랍뉴스』(Arab League News) 7월 11일자 신문에 다음과 같은 기사가 실렸다.

"지금으로부터 100년 전에 한국에는 기독교인이 단 한 명도 없었다. 그러나 현재 전체 인구의 25%에 달하는 약 1,000만 명이 기독교인으로 보고되고 있다. 사상 유래 없는 놀라운 증가 추세를 보면, 한국은 상당히 종교성을 가진 나라이다. …한국에는 현재 3만 명의 무슬림들이 있다. 한국인의 종교 성향에 비추어 볼 때 향후 수십 년 안에 이슬람이 기독교를

---

5) 소윤정, "이슬람교의 여성관과 결혼관," 『이슬람선교포럼』, 한국선교신학회 (2009년), 73.
6) 이희수, 『이슬람과 한국문화: 걸프 해에서 경주까지 1200년 교류사』 (서울: 청아출판사, 2012), 350.

앞지를 수 있을 것이다. 머지않아 한국은 이슬람 국가 중의 하나로 불리게 될 것이다."

마치 예상이라도 한 듯이 이슬람 인구는 성장하고 있다. 2005년 이슬람 인구가 4만 명이 되었을 때,[7] 한국 이슬람 전파 50주년 기념대회가 있었다. 그 후 2009년에는 한국인 무슬림은 7만 1000명으로 성장했다.[8]

서구에서 이슬람으로 개종하는 인구를 살펴보면, 2012년 네덜란드에는 12,000명의 네덜란드인 무슬림이 있었다. 독일에는 10만 명의 게르만계 백인 무슬림이 있고, 일 년에 약 4천 명씩 이슬람으로 개종하고 있다.[9] 프랑스 이슬람 개종자의 4분의 1은 원리주의자로 본다.[10] 이탈리아에는 5만 명의 이탈리아 백인 무슬림이 있다.[11] 미국에서는 2001년 이전에는 1년에 약 2만 5천 명이 이슬람으로 개종했다. 그러나 이 수치는 9. 11. 이후로 4배가 되었다. 영국 무슬림의 12%가 백인 개종자이다.[12] 영국은 2020년이 되면 이슬람의 모스크 출석 인구가 기독교의 교회에 비하여 월등이 많을 것이며 영국에서 가장 넓게 실천하는 종교가 될 것으로 본다. 또한 매년 약 1만 명에서 5만 명이 이슬람으로 개종할 것으로 예상하고 있다.[13]

한목협 조사에서 가장 충격적인 것은 교회에 출석하지 않는 기독교인들이 급속도로 성장하고 있다는 것이다. 최근에 '가나안 성도'라는 신조어까지 생겼는데, '가나안'을 거꾸로 하면 '안나가'이다. 기독교인이라고 하는데

---

7) 한국 이슬람교 중앙회, *Islam in Korea* (서울: 한국 이슬람교 중앙회, 2007).
8) "한국 무슬림 인구 20만 명 넘어서," 『선교타임즈』 (2012/8): 21.
9) Philip Jenkins, *God's Continent* (Oxford: Oxford University Press, 2007), 226.
10) Jenkins, *God's Continent*, 156.
11) Jenkins, *God's Continent*, 226.
12) Philip Lewis, *Young, British and Muslim* (London: Continuum, 2011), 19.
13) Robert Smith, "Islam will be dominate UK's religion", *Gulf Daily News* (10 March 2004).

교회는 출석하지 않는 사람을 말한다. 그동안 가나안 성도의 비율은 11% 내외였다. 1998년 11.7%, 2004년 11.6%, 그리고 2012년에 10.5%였다. 그러나 2017년 조사에서는 23.3%로 2배 이상 상승했다.[14]

교회를 떠난 가나안 성도들이 이슬람으로 개종할 가능성은 얼마든지 있다. 이슬람 전문가 돈 리처드슨(Don Richardson)의 연구에 의하면, 미국에서 이슬람으로 개종하는 이들 중 80% 이상은 교회에 출석하던 기독교인들이다.[15] 기독교에서 이슬람으로 개종한 무슬림들은 기독교를 잘 안다는 생각에 기독교에 대해 더욱 비판의 날을 세우게 된다.

현재 한국에는 한국인 무슬림과 외국인 무슬림을 합하여 약 25만 명이 있다. 그들은 40내지 50여 곳에 모여 살며 16개의 이슬람 사원(Mosque)과 101개의 기도처소(Musallah)가 있다. 불법체류자 가운데 이슬람 인구가 2만 5천 명 가량으로 추정된다.[16] 이슬람은 오늘날 그리고 다음 세대에 한국사회와 한국교회가 직면한 커다란 도전 가운데 하나이다.

위기는 기회이다

위기는 위험한 기회이기도 하다. 초대교회 이후 교회는 수많은 도전에 직면했으며 문제를 해결하고 그 대안을 제시해 왔다. 이슬람의 도전 앞에서, 우리는 기독교의 전통과 역사에서 배울 내용이 있다. 그 가운데 하나가 종교개혁이다.

약 500년 전 유럽도 밀려오는 이슬람의 세력 앞에서 풍전등화와 같은

---

14) 권혁률, "추락하는 개신교에는 날개가 있다?," 2017년 12월 28일.
15) Don Richardson, *Secret of the Koran* (USA, 2003); 이희민 역 『코란의 비밀』 (서울: 쿰란출판사, 2008), 288.
16) 김승규, "무슬림을 향한 선교전략," 『월간목회』 통권 402호 (2016/9): 28.

상황이었다. 동유럽은 이미 이슬람 군대인 오스만 터키에 정복당하였고 유럽의 관문인 빈이 정복될 위기에 놓여있을 때, 종교개혁이 일어났다. 그리고 종교개혁이 성공적으로 확장되어 나가자 이슬람 문제도 사라졌다. 우리는 종교개혁자들이 이슬람에 대하여 어떻게 대처했는지를 살펴보면서 분별의 척도를 확보하고자 한다.

역사학자 에드워드 카(E. H. Carr)는 "인류에게 가장 큰 비극은 지나간 역사에서 아무런 교훈을 얻지 못하는 데 있다."고 말했다. 그는 "역사란 어제와 오늘 간의 끊임없는 대화"라고 갈파하였다. 이 말은 지나간 역사는 시간 속에 묻혀있는 유물이 아니라, 오늘날 우리의 모습을 비춰주는 거울이 되는 동시에 지나간 비극을 되풀이하지 않기 위하여 내일을 어떻게 맞을 것인지를 준비한다는 의미이다.

따라서 종교개혁자들을 통하여 우리는 오늘의 문제를 풀어내는 열쇠를 찾는 동시에, 내일 우리가 가야 할 방향에 대하여 대안을 얻을 수 있을 것이다. 이슬람에 대한 종교개혁자들의 의견은 분명하다. 그들의 견해를 세 가지로 요약하면 다음과 같다.

첫째, 이슬람을 경계해야 한다고 했다. 이슬람은 유일신 알라(Alla)에 대한 고백은 있으나 예수 그리스도의 주(主) 되심에 대한 고백이 없다. 기독교 신앙의 핵심적인 내용은 대속(代贖)의 은혜인데, 예수의 주님 되심을 부인하는 무슬림들에게는 대속적 구원은 없고 공덕에 의한 구원이 있을 뿐이다. 또한 예수 그리스도의 신성과 하나님의 아들 됨을 부정하며 삼위일체를 부정하기 때문에, 종교개혁자들은 이슬람을 일신론적 이단으로 보았다. 또한 꾸란은 하나님의 말씀이 아니라 기독교 이단들의 영향을 받아 기록된 무함마드의 작품이라는 것이다.

둘째, 무슬림을 그리스도의 사랑으로 대하라고 했다. 마르틴 루터(Martin Luther)는 기독교인들을 향하여 이슬람으로부터 도망하려고 하지 말고 오히려 무슬림을 사랑하고 섬기기 위해 최선을 다하며, 하나님께서 무슬림에게 보내신 선교사로서 그들에게 복음을 전할 방도를 찾으려고 애쓰라고 하였다. 믿음이 기독교인으로 하여금 하나님과 정상적인 관계를 맺도록 인도하듯이 선행과 사랑은 이웃과 좋은 관계를 맺도록 한다. 따라서 무슬림과 좋은 관계를 맺어야 한다. 존 칼빈(John Calvin)은 무슬림들의 도덕성을 높이 평가하였고 또한 많은 무슬림들이 성경의 삼위일체 하나님께 돌아올 것을 예정하셨다고 보았다.

셋째, 이슬람의 성장 배경에는 기독교인들의 타락이 있다고 보았다. 종교개혁자 불링거(Heinrich Bullinger)는 이슬람의 발흥과 성공의 이면에는 기독교인들의 악한 삶이 있다고 보았다. 구약에서 하나님의 백성들이 하나님의 말씀과 법에 머무르지 아니할 때, 이방인들을 통하여 벌하셨듯이 이슬람의 성장과 오스만 터키의 공격을 하나님의 채찍으로 보았다. 츠빙글리(Ulrich Zwingli) 또한 기독교인의 죄악에서 이슬람의 문제를 보았다.

이제 희망을 노래하자

그동안 흔들리지 않을 것 같았던 이슬람권에도 변화의 바람이 불고 있다. 이슬람의 종주국인 사우디아라비아에서 여성이 운전을 할 수 있게 되었고, 여성의 축구경기 관람이 허용되었다. 이집트 서민들로부터 시작된 코쇼리 혁명은 이집트 민주화를 한 발 앞당기게 되었고 중동 이슬람 여성들이 쓰고 다니는 히잡에도 패션 바람이 불고 있다.

또한 시리아 사태로 인하여 유럽에 온 난민들 가운데 많은 무슬림들이 개종하여 수백 명씩 세례를 받았다는 교회가 늘어가고 있다. 꾸란 4장 89절에 의하면, 이슬람에서 다른 종교로 개종한다는 것은 많은 희생을 감당해야 함에도 불구하고 지금 무슬림들이 기독교로 개종하고 있다. 이는 한 지역에서만 일어나는 현상이 아니다. 서부 아프리카에서 필리핀 남부 민다나오까지 이슬람권 전역에서 일어나는 현상이다.

교회역사학자인 데이비드 게리슨(David Garrison)의 연구에 의하면, 21세기에 들어와서 많은 무슬림들이 집단개종을 하고 있다고 보고한다. 19세기 말에 2차례, 20세기에 11차례 집단 개종 사건이 일어났는데, 21세기 들어 지난 13년 동안에는 69차례나 일어났고 그 중에는 1,000명 이상의 집단 개종도 있었다고 하니 놀라운 일이 아닐 수 없다.[17]

『국민일보』에 의하면, '프리미어 크리스채너티'(Premier Christianity)를 인용하여 2000년부터 16년 동안 약 800만 명의 무슬림이 기독교로 개종했다고 한다.[18] 지난 1400년 이슬람 역사 속에서 이렇게 많은 무슬림들이 기독교로 개종한 때는 없었다.

지금 무슬림들 사이에 새로운 변화가 일어나고 있다. 그런데 이 중요한 시기에 한국에는 이슬람 인구가 성장하고 있다. 종교개혁자들은 이슬람의 문제를 기독교의 타락으로 보고 종교개혁의 횃불을 높이 들었다. 루터가 1526-29년 어간에 쓴 그의 글에 의하면, 이슬람에 대해 이렇게 말한다.

"그들이야말로 기독교인들이 고통을 감수해야 하거나 회개와 눈물과 기도로 싸우고 내몰아야 할 하나님의 채찍과 진노라는 것을 알아야 한다." 이것이 이슬람을 향한 기독교인들이 가져야 할 자세라고 말한다.

---

[17] 성남용, "한국 무슬림에 대한 목회적 이해," 『우리의 이웃인가?』 (서울: 가리온/GMS, 2017), 61.
[18] 『국민일보』, 2016년 6월 8일.

500여 년 전에, 종교개혁자들의 외침은 오늘날 한국교회에도 적용된다. 문제는 우리에게 있다. 다시 한 번 종교개혁의 깃발을 높이 들어야 때가 되었다. 그로 인하여 기독교의 공동체가 회복되고, 복음에 대한 열정으로 무슬림들을 맞이해야 한다. 이슬람이 아무리 세상을 흔든다고 할지라도 결국 하나님의 손 안에 있는 수단에 불과하다.

이 책에 나와 있는 꾸란은 특별한 언급이 없는 경우, 파하드 국왕 꾸란 출판청에서 나온 최영길 씨가 번역한 『성 꾸란 의미의 한국어 번역』을 사용하였다. 하지만 이 꾸란에는 '알라'를 '하나님'으로 번역해 놓았기 때문에 이 책을 읽는 독자들에게 혼란을 가져올 수 있기에, 이슬람의 '알라'와 기독교의 '하나님'을 구별하기 위하여 꾸란 번역에 사용한 '하나님'이란 단어를 '알라'로 바꾸었다.

파송받은 선교사로서 필자가 이슬람 사역과 이슬람 연구를 병행할 수 있었던 것은 파송교회의 전적인 도움이 있었기 때문에 가능했다. 영동제일교회와 노태진 목사님 그리고 예일교회와 천환 목사님께 감사드린다. 또한 FIM국제선교회 법인이사로서 사명감을 가지고 이슬람과 종교개혁에 관한 6편의 논문을 발표하신 김성봉 교수님께 감사드린다.

지난 3년간 필자 옆에서 사역하면서 도움이 되었던 이동훈 목사님께 감사한다. 그의 앞날에 무궁한 발전을 소망한다. 이재영 목사님께 늦게나마 감사한다. 그가 총무로 재직할 때, 끊임없이 연구할 수 있도록 필자를 격려해 주었다.

큰 도움을 주지 못했는데 어느 새 영국에서 런던 임페리얼 칼리지(Imperial College London) 의과대학교를 졸업하고 의사(Junior Doctor)로서 첫발을 내딛게 된 큰 아들 주형이에게 감사한다. 작은 아들 예형이 옆에 아빠가 함께 있지 못하는 아쉬움이 크다. 아내가 자신의 사역과 아이들을 잘 감당해 줘서 집필에 전념할 수 있었다. 그런 면에서 아내는 이 책의 공동 저자라고 할 수 있다. 아내에게 진심으로 감사한다.

오늘도 이슬람권에서 복음을 전하고 있는 선교사님들과 이슬람에 대하여 알고자 하는 기독교인들 그리고 우리 시대에 종교개혁을 삶으로 실천하고자 애쓰는 동역자들에게 이 책을 바친다.

1부
종교개혁자들이 바라본 이슬람

1장

이슬람은 이단인가 타종교인가

"이슬람이 기독교 이단이라는 종교개혁자들의 견해가 있다."고 하면, 기독교인들은 처음 듣는 이야기라서 의아해 하거나 혹은 의문을 제기한다. 왜냐하면 그동안 이슬람을 타종교라고만 배웠기 때문이다. 필자도 신학교 다닐 때, 이슬람을 비교종교학 시간에 조로아스터교와 함께 30분 배운 기억이 있다. 아직까지 한국의 많은 신학교에서 이슬람을 비교종교학 시간에 배우고 있는 실정이다. 그만큼 한국에서는 이슬람에 대한 연구가 선행된 적이 없었다.

그 이유는 이슬람 인구가 한국에는 거의 없었기 때문에 필요를 느끼지 못했기 때문이다. 그러나 이제는 한국에서도 이슬람에 대한 학문적인 연구가 시급하게 요청되고 있다.

다원주의사회는 기본적으로 개인의 다양한 삶을 허용하며 최대한 존중한다. 따라서 모든 종교는 동등하며 그 나름대로 종교적 진리가 있다는 태도로 접근한다. 다수의 문화와 종교가 더불어 살아가는 현대사회에서, 기독교인들이 어쩔 수 없이 접하게 되는 사회적 현상이다. 만약 이슬람이 타종교라고 하면, 이슬람을 다양한 종교의 하나로서 용납하고 이해해야 한다.

하지만 이슬람을 이단이라고 하면 문제는 다르다. 복음을 왜곡시키는 잘못된 사상에 대한 연구와 함께 잘못된 것에 대한 변론이 요청된다. 나아가 논쟁과 변론에만 그칠 것이 아니라 이단이 형성될 수밖에 없었던 상황을 돌아보고 반성과 회개가 요청되며 이에 대한 대안을 제시해야 한다.

교회사에서 '이슬람은 타종교인가? 아니면 기독교 이단인가?'에 대한 논쟁이 있어왔다. 토마스 아퀴나스(Thomas Aquinas, 1225-1274)는 『이교도 논박대전』에서 이슬람을 타종교로 보았다.

최초로 이슬람을 연구하여 기독교 이단으로 보았던 사람은 다메섹의 요한(John of Damascus, 660-749)이었다. 그는 인생의 대부분을 이슬람 정권인 우마이야 왕조(Umayyad dynasty, 661-750)의 재정업무를 맡은 관리로서 보냈다.[1]

이슬람에 회의를 품은 그는 은퇴 후, 724년 유대 광야에 있는 마르사바(Mar Saba) 수도원으로 가 거기서 수많은 신학적 저서들을 남겼다. 그의 아버지는 재상을 지냈고, 그의 할아버지인 만수르 이븐 사르군(Mansur ibn Sargun)은 635년 다메섹에서 무슬림 장군인 칼리드 이븐 와리드(Khalid ibn Walid)에게 항복했다.

다메섹의 요한은 무슬림들 속에서 살았고 그의 가문은 이슬람 왕조의 요직에 있었으며 그 자신도 이슬람 정부의 관리였기에 이슬람을 정통하게 알 수 있었고, 꾸란의 지식에 식견이 있었음이 분명하다.

---

[1] Hartmut Bobzin, *Mohammed* (Munchen, 2002); 염정용 역, 『무함마드는 이렇게 말했다』 (서울: 들녘, 2005), 20.

그의 저서 가운데 이슬람을 다루는 내용은 『지식의 근원』(Fount of Knowledge)의 "제2부 - 이단에 관하여"인데, 그는 여기서 이슬람을 이단으로 간주하였다. 그 이유는 "무함마드가 이단이었던 아리우스파 수도사에게서 정보를 받아서 이슬람을 시작했으며, 비록 꾸란에서 예수님을 알라의 말씀이자 영으로 언급하지만, 그리스도의 신성을 부인하기 때문에 이단이다."[2]라고 했다. 제3부의 "데 헤레시부스"(De Haresibus)의 제101장은 무슬림과 기독교인과의 대화를 통하여 토론이 진행되고 있는데, 서문에서 이슬람을 "반기독교의 선구자"라고 하였다.

이단이란 무엇인가?

이단(heresy)의 교회사적 어원은 헬라어 '하이레시스'(hairesis)에서 시작되었다.[3] 신약성경에서 이 단어는 종파나 무리들을 지칭할 때 사용되었던 경우가 있기는 하지만(행 5:17, 15:5), 고린도전서 11장 19절에서는 교회 내부에 분파나 분열을 조장하는 편당을 지적할 때 이 말을 사용하였다. 그리고 갈라디아서 5장 20절에서는 부정한 죄를 지은 자들을 지칭할 때 사용되었다. 바울서신에 나타난 내용에서는 대부분 분파주의에 대하여 비난할 때 사용되었다. 이는 교부 시대에도 변함없이 지속되었다.

교부 가운데 최초로 이 말을 사용한 사람은 이그나티우스(Ignatius of Antioch, 35-107)이다. 그는 교회의 단일성을 해치는 무리를 지칭할 때 '하이레시스'를 사용하였다. 유스티누스(Justin Martyr, 103-165)와 클레멘스(Clement

---

2) Ludwig Hagemann, *Christentum contra Islam: Eine Geschichte gescheiterter Beziehungen* (Munster: LIT, 2001); 채수일, 채혜림 역 『그리스도교 대 이슬람, 실패한 관계의 역사』 (서울: 심산, 2005), 152-74.
3) Alister Mcgarath, *Heresy: A History of Defending the Truth* (New York: Harperone, 2009); 홍병룡 역, 『그들은 어떻게 이단이 되었는가』 (서울: 포이에마, 2011), 63.

of Alexander, 150-215)도 마찬가지였다. 교부들은 초대교회에 나타난 이단들의 집단을 규명할 때 하이레시스를 동일하게 사용했다. 그 후 교부들은 지속적으로 하이레시스를 사용하여 이단을 규명하였고, 중세기에는 교리문제뿐 아니라 교회의 단일성을 파괴하거나 교회에 불복하는 반대자들을 배척하고 규정짓는 데 통용되었다. 그리고 이러한 현상은 근대 교회사에서도 동일하게 일어났다.

이슬람을 이단으로 보았던 종교개혁자들

꾸란에는 성경과 비슷한 내용들이 참 많다. 아브라함은 꾸란에 69회 언급되고, 노아는 40회, 이집트 바로 왕은 71회, 모세는 136회나 언급된다.[4] 이렇게 성경과 비슷한 내용이 많음에도 불구하고 꾸란은 예수 그리스도가 하나님의 아들이라는 것을 17번 부정하고 있다.[5] 따라서 제네바의 종교개혁자였던 존 칼빈(John Calvin, 1509-1564)은 그의 저서에서 요한일서 4장 2절과 3절을 근거로[6] 예수님이 하나님의 아들로서 이 땅에 오신 것을 부정하는 이슬람은 기독교 이단이라고 주장하였다.

1550년에 집필한 데살로니가후서 주석에서는 "변절이 보다 널리 퍼졌도다! 무함마드가 변절자였으므로 그는 그리스도로부터 그의 추종자들과 터키인들에게로 돌아섰다. ⋯무함마드 분파는 격렬한 홍수와 같은데 그

---

4) Hamed Abdel-Samad, *Mohamed: Eine Abrechnung* (2015); 배명자 역, 『무함마드 평전』 (서울: 한스미디어, 2016), 246-7.
5) Abd al-Masih, *Dialogue with Muslim*, 이동주 역, 『무슬림과의 대화』 (서울: 기독교문서선교회, 2001), 19.
6) "이로써 너희가 하나님의 영을 알지니 곧 예수 그리스도께서 육체로 오신 것을 시인하는 영마다 하나님께 속한 것이요 예수를 시인하지 아니하는 영마다 하나님께 속한 것이 아니니 이것이 곧 적그리스도의 영이니라 오리라 한 말을 너희가 들었거니와 지금 벌써 세상에 있느니라"(요일 4:2-3).

폭력성으로 교회의 절반을 떼어갔다."[7]고 주장했다. 여기에서 '터키인'이라는 말은 '무슬림'과 동의어이다. 그는 예수님이 하나님의 아들로서 이 땅에 오신 것을 부정하는 이슬람을 기독교 이단으로 보았다.

또한 데살로니가후서 2장 3절을 주해하면서, '이슬람의 창시자 무함마드는 배교자요, 이단자'라고 하였다. 요한일서 2장 18절에 대한 주석에서는 여러 이단들 가운데 무슬림들과 유대인들을 '적그리스도 왕국의 전령사'들로 언급하고 있다.

칼빈은 이슬람을, 삼위일체를 부인하는 일신론적 이단으로 이해했다.[8] 루터는 이슬람을 하나님의 말씀에서 벗어나려는 열광주의자들, 혹은 이단으로 이해하였다.[9]

불링거(Johann Heinrich Bullinger, 1504-1575)는 자신의 다양한 저술들에서 이슬람에 대해 언급했을 뿐만 아니라, 1550년대 초부터 동유럽의 헝가리 목회자들과 교류하면서 오스만 터키와 이슬람에 대한 다양한 정보를 직접적으로 접하였다.[10]

그럼 불링거는 이슬람을 타종교로 이해했을까, 아니면 기독교 이단으로 이해했을까? 종교개혁 이전에는 이슬람에 대해 한편에서는 '이단자들'(Häretikern)로, 다른 한편에서는 '이교도들'(Heiden)로 이해했다. 그러나 종교개혁 이래로 다양한 연구를 통해서 루터와 함께 다른 종교개혁자들도 이슬람을 기독교 이단으로 인식했다. 16세기에는 이슬람이 '종교'(Religion)가 아닌 터키인들(Türken), 타타렌 사람들(Tataren) 그리고 마호메트 교도들(Mahometisten) 같은 명칭과 함께 '한 기독교 이단'(eine christliche Haresie)으로

---

7) 김성봉, "이슬람에 대한 종교개혁자들의 견해," 『목회와 신학』 (2013/11), 53.
8) 김성봉, "이슬람에 대한 칼뱅의 견해," 『FIM국제선교회, 크리스천을 위한 이슬람 세미나』 (2013년 가을), 11.
9) 김지훈, "루터와 이슬람," 『한국개혁신학』 (한국개혁신학회, 2016), 222.
10) 박상봉, "하인리히 불링거와 이슬람," 『FIM국제선교회, 크리스천을 위한 이슬람 세미나』 (2017년 가을): 22.

인식되었다.[11]

불링거의 견해는 한마디로 '이슬람은 기독교 이단'이라는 것이다.[12] 그가 1566년에 펴낸 것으로 여겨지는 『제2 스위스 신앙고백』에서 삼위일체 하나님에 대하여 고백하면서 이슬람의 가르침을 '잘못된 가르침'(Irrlehren)이라고 했는데, 이는 이단이라는 뜻이다. 그 단락의 마지막에서 "그러므로 우리는 거룩하시고 예배받으실 만한 삼위일체 하나님을 모독하는 유대인들과 무슬림 등 모든 이단자들을 정죄한다."고 하였다.

결과적으로, 불링거도 루터나 멜란히톤(Philip Melanchthon, 1497-1560)과 마찬가지로 다니엘서에 근거하여 교황주의와 함께 이슬람을 적그리스도와 연결시켰다.[13] 무슬림을 전쟁의 대상이 아니라 선교적 관점에서 보아야 한다고 생각했던 츠빙글리(Huldrych Zwingli, 1484-1531)는 8세기에 이미 이슬람을 기독교적 이단으로 간주했던 다메섹의 요한의 입장을 따랐다.

꾸란은 그리스도의 인성과 사역, 성육신, 예수 그리스도의 구원, 삼위일체와 같은 기독교 신앙의 중심교리를 받아들이지 않으며, 특히 예수가 하나님의 아들이라는 사실을 부정할 뿐만 아니라, 예수의 죽음과 부활을 부정하고 예수는 유일한 중보자라는 사실도 부정한다.

이슬람 형성에 영향을 끼친 기독교 이단들

이슬람이 시작될 때, 아라비아 반도에서 가장 큰 영향을 미친 종교는 유대교, 조로아스터교, 그리고 사비교와 토속종교였다. 그때 많은 기독교 이

---

11) 박성봉, "하인리히 불링거와 이슬람," 27.
12) 정대훈, "칼빈의 타종교와 이단에 대한 이해" (신학석사학위, 총신대학교, 2011년), 70.
13) Emidio Campi, "The Reformers and Islam," in: Reformed World 63 (2), 2013, 26-8. 박성봉, "하인리히 불링거와 이슬람," 27에서 재인용.

단들이 아라비아 반도에 흩어져서 살고 있었다. 그 이유는 비잔틴 제국에서 이단으로 정죄(定罪)된 다양한 이단들이 아라비아 반도로 피신했기 때문이다. 결과적으로 무함마드는 기독교 이단들의 영향을 많이 받았다. 그는 출처 불명의 많은 문서들과 이교도의 시각에서 기록된 신화들을 접하게 되었고, 이런 것들을 정통 기독교라고 생각하였다. 따라서 이슬람은 기독교와 비슷한 신학적 구조를 가지고 있으며, 꾸란의 모든 단어의 18%가 아랍어 성경의 어형을 지니고 있다.[14]

삼위일체에 대한 이슬람의 견해는, 당시에 아라비아 지역에서 영향력이 컸던 컬리리디아니즘(Collyridianism)이란 종파에 영향을 받았다.[15] 이 종파는 예수님의 어머니 마리아를 숭배하였다.[16] 꾸란에서 삼위일체를 성부, 성모, 성자로 이해했던 것은 바로 이 종파의 영향이었다. 또한 예수님에 대한 꾸란의 묘사는 당시 아라비아 지방에 상당한 영향을 끼친, 본질상 도세티즘(Docetism)에 속한 영지주의적 기독론의 영향을 받았다.[17] 이렇듯 무함마드는 기독교 이단들의 세력에 둘러싸여 있었다. 아비시니아(Abyssinia) 왕조는 단성론자(예수 그리스도가 단성, 즉 신성만을 갖는다고 함)들이었다.

무함마드에게 영향을 끼쳤던 또 하나의 중요한 이단은 에비온파(Ebionites)였다. 이슬람에서는 예수님을 보통 인간보다 영적으로는 우월하지만 그것 외에 특별한 점이 없는 존재로 해석하였다.[18] 이는 에비온파의 영향 때문이다. 무함마드의 첫 번째 부인이었던 카디자(Khadija)는 에비온

---

14) Abd al-Masih, 『무슬림과의 대화』, 171.
15) 이 분파의 이름은 떡 조각을 뜻하는 헬라어 kollyris에서 유래했다. 여신 마리아에게 떡을 바치는 행위를 지칭하는 것이다.
16) David Thomas. "The Doctrine of the Trinity in the Early Abbasid Era," in Islamic Interpretations of Christianity. ed. Lloyd Ridgeon (Richmond: Curzon Press. 2001), 78-98.
17) 참고, Gabriel Said Reynolds, ed., *The Qur'an in Its Historical Context* (New York: Routledge, 2007).
18) Mcgarath, 『그들은 어떻게 이단이 되었는가』, 163.

파 신자였으며, 무함마드에게 종교적으로 영향을 끼쳤던 와라까 빈 나우팔(waraqua bin naufal)은 카디자의 사촌으로서 에비온파의 사제였으며 메카에서 영향력 있는 종교 지도자였다.[19]

에비온파가 초기 교회사에서 이단이 된 것은 기독교와 유대교가 혼합된 종파였기 때문이다. 이들은 이레나이우스(Irenuaus, 120-200) 이후로 '에비오니트인'(히브리어로 에비온[ebjon], 즉 '가난하다'에서 유래했으며 경건한 유대인을 뜻한다)이라고 불린다. 이슬람과 에비온파의 공통점은, 특정한 음식 규정과 예배 전 목욕(세정) 규정 또는 '새로운 모세'가 나타날 것이라는 기대에서뿐만 아니라 특히 예수가 '단지' 대예언자일 뿐이라는 해석에서 두드러지게 드러난다.[20] 이 외에도 많은 기독교 이단들의 영향을 받았다.

꾸란에 나타난 기독교 이단들의 영향

1. 동정녀 마리아에 대한 이야기

꾸란 9장 28절에 보면, 예수의 어머니 마리아는 모세와 아론의 누이인 미리암이다. 따라서 꾸란에서 마리아는 이므란(Imram)의 딸[21]로 묘사되어 있다(꾸란 19:30). 이므란은 아므람(Amram)의 아랍식 표현이고, 구약성경에는 "아론과 모세와 미리암의 아버지"로 되어 있다(민 26:59). "아론의 누이"는 미리암을 부를 때(출 15:20) 사용되었다.

꾸란(3:35-36)에 따르면, 이므란의 아내는 마리아를 낳은 후에 성전으로 가서 마리아를 제사장들에게 넘겨주었고, 세례 요한의 아버지 사가랴

---

19) Mark A. Gabriel, *Islam and Terrorism* (Florida: Chrisma House, 2002), 69-70.
20) Bobzin, 『무함마드는 이렇게 말했다』(서울: 들녘, 2005), 95.
21) Joachim. Gnilka, *Bible und Coran* (Wien: Herder, 2004); 오희천 역, 『성경과 코란』(서울: 중심, 2005), 150.

(Zacharias)는 마리아를 지성소에 두고 아무도 그 방에 들어가지 못하게 하였으나, 천사가 매일 마리아에게 음식을 가져다주었다고 한다. 사가랴가 마리아의 보호자가 되어 성전에서 키웠다거나 마리아가 야자수나무 아래에서 예수님을 낳았다(꾸란 19:21-26)는 이야기는, 위경(僞經)인 『야고보 복음』(Protevangelium of James)에 나오는 이야기들이다.[22]

2. 예수님의 어린 시절에 대한 이야기

꾸란(꾸란 3:46)에 의하면, 예수가 아기 때에 요람에서 말을 하게 될 것이라는 계시가 임한다. 실제로 꾸란 19장 30절부터 요람에 있는 예수가 말하는 장면이 나온다. 그런데 이 내용은 아랍어로 번역되어 있었던 『시리아어로 기록된 예수의 유아기 복음서』(The Syriac Infancy Gospel, Injilu't Tufuliyyah)의 첫 번째 장에 기록되어 있다. 또한 꾸란에 예수가 유년기 때 진흙으로 참새를 만들었다는 이야기가 기록되어 있다(꾸란 3:49, 5:110). 이 내용은 외경(外經)인 『도마가 쓴 예수의 유년기 복음서』(Thomas Gospel Of The Infancy Of Jesus Christ) 2장 4절에 기록되어 있다.[23]

3. 예수의 십자가에 대한 부정

꾸란은 예수가 십자가에 못 박혀 죽었다는 것을 부정한다(꾸란 4:157). 예수는 죽지 않고 승천했을 뿐이다(꾸란 3:55). 또한 예수는 반드시 모든 인간들처럼 죽어야만 한다(꾸란 19:33).

왜 예수가 재림하여 반드시 죽어야 하는지에 대한 근거는 『성스러운 목

---

22) William St. Clair Tisdall, *The Original Sources of the Quran* (London: Society for Promoting Christian Knowledge, 1911), 156.
23) Tisdall, *The Original Sources of the Quran*, 169-170.

수 요셉의 죽음』(The Decease of our holy Father the old man Joseph the Carpenter)이라는 위경에서 찾을 수 있다. 아랍어로 되어 있는 책 31장에는 죽음을 경험하지 못하고 하늘로 올라간 에녹과 엘리야가 세상에 내려와 죽음을 맞이해야 한다고 기록되어 있다. 이와 비슷한 콥트 문헌인 『잠든 마리아의 역사』(The History of the Falling Asleep of Mary)라는 책에서 이 구절을 찾을 수 있는데, "이들(에녹과 엘리야)은 죽음을 맛보기 위하여 다시 땅에 내려와야 한다."[24]고 되어 있다. 꾸란에는 두 번(꾸란 3:185, 29:57)이나 "모든 영혼은 죽음을 맛보아야 한다."고 기록되어 있다.

4. 밤하늘의 여행

꾸란 17장 1절을 보면, 무함마드가 천국을 갔다왔다는 내용을 읽을 수 있다. 무함마드가 메카에서 천사 가브리엘과 함께 밤에 부라끄(Buraq, 노새보다 작고 당나귀보다 크며 하얀색 날개가 달린)라는 동물을 타고 시내산을 거쳐서 예루살렘의 알 끄사 사원(Al-Aqsa Mosque)까지 날아갔으며, 그곳에서 천사 가브리엘의 도움으로 7층천을 다니면서 각 층에서 서로 다른 선지자들을 만났다고 한다. 세례 요한과 예수는 두 번째 천국에, 아브라함은 가장 높은 일곱 번째 하늘에 있었다. 여러 선지자를 만나고 다시 그날 밤에 메카로 돌아왔다는 것을 밤하늘의 여행(Miraj)이라고 부른다. 이 밤하늘의 여행은 『아브라함 성서』(Testament of Abraham)라는 위경에 나오는 이야기이다.[25]

5. 저울

꾸란의 여러 군데에서 심판 날의 저울에 관한 언급이 나온다(꾸란 7:8-9,

---

24) Forbes Robinson, *Coptic Apocryphal Gospels* (Cambridge: University Press, 1896), 108-109.
25) Tisdall, *The Original Sources of the Quran*, 207-208.

21:47, 42:17, 101:6-9). 심판 날에 저울에 달아 보는 이슬람의 개념이 어디에서 시작되었는가? 이 내용은 『아브라함 성서』에서 찾아볼 수 있다. 이 문헌은 이집트에서 기록된 것으로, 유대교에서 기독교로 개종한 저자가 2세기 혹은 3세기에 집필한 것으로 알려져 있다.[26]

또한 사람의 선행과 악행을 저울질한다는 개념은 원래 고대 이집트에 있었다. BC 2500년경의 이집트 무덤에서 발견된 삽화인 『사자의 서』(Book of Dead)의 '심판 장면'에 저울이 등장한다. 심판 날 "오시리스(Osiris)가 재판관처럼 앉아서 저울의 결과를 기록한 토트신(Thoth)의 두루마리에 따라 죽은 자의 영혼을 다룰 준비를 하고 있다. 이 삽화와 『아브라함 성서』와 꾸란의 내용을 비교하면, '저울'에 관한 내용이 고대 이집트 신화로부터 가져온 내용임을 알 수 있다. 이는 『아브라함 성서』에 기록된 콥트교인들의 생각이 무함마드에게 전해졌다는 것을 알 수 있다.[27]

지금까지 살펴본 대로 정통 기독교의 가르침이 꾸란과 이슬람에 영향을 미친 것이 아니라 외경과 위경, 그리고 기독교 이단들의 교리가 꾸란의 형성에 영향을 끼쳤음을 알 수 있다.

---

26) Tisdall, *The Original Sources of the Quran*, 242.
27) Tisdall, *The Original Sources of the Quran*, 203-204.

2장

루터가 바라본 이슬람

21세기, 전 세계에서 가장 빠른 성장세를 보이는 이슬람은, 종교개혁 시대에 유럽을 향한 이슬람의 군사적 팽창이 절정에 이르렀던 상황과 유사해 보인다. 7세기 초반 이슬람이 탄생한 이후 이슬람과 기독교의 갈등은 16세기까지 지속되었다. 이슬람은 탄생 이후에 얼마 되지 않아서 예루살렘을 점령하며 동로마 제국을 무섭게 정복해 들어왔다. 당시 비잔틴교회와 로마 제국에게 이슬람은 두려움의 대상일 수밖에 없었다.

11세기 서방은 십자군 운동을 통하여 폭력적인 방법으로 이슬람을 정복하려 하였으나, 십자군 운동은 실패로 끝났고 유럽과 이슬람 세계는 잠시 휴전 상태로 들어갔다. 그러나 이슬람 세계의 새로운 지배자 오스만 터키가 1453년에 콘스탄티노플을 함락시킴으로써 비잔틴 제국을 멸망시키고, 계속하여 발칸 반도와 중앙아시아로 진출하여 광대한 지역을 점령하자,

이슬람은 유럽인들에게 공포의 대상이 되었다.

'터키인에 대한 공포'(Türkenfurcht)는 이후로 정치적, 종교적 핵심 문제에 속하게 되었다.[1] 이렇듯 루터가 활동했던 시기는 오스만(Osman)제국[2]이 유럽 진출을 위해 군사적 행동과 영토 확장에 정점(頂點)을 찍을 때였다. 심지어 이슬람으로 개종하는 자들이 줄을 잇는 것을 보면서, 이슬람의 유럽 점령이 가시화된 것뿐만 아니라 이슬람화(化)로까지 이어질 수 있다는 판단을 했다. 개혁자들 중에서 루터 외에도 이슬람에 관심을 가졌던 사람은 칼빈, 츠빙글리, 불링거와 같은 신학자들이 있었지만,[3] 가장 이슬람에 대해 생생한 문제의식을 가지고 고민했던 사람은 루터였다.

루터는 독일교회의 개혁을 위해 기치(旗幟)를 들었을 뿐만 아니라, 또한 유럽의 위기를 가져다 준 이슬람에 대해 큰 관심을 가졌다. 그는 독일의 교회와 사회의 안보에 중대한 책임감을 느꼈기 때문에 이슬람을 주목하지 않을 수 없었다. 그는 종교개혁과 유럽사회에 미칠 이슬람의 영향력을 제대로 이해할 필요가 있었을 뿐 아니라, 기독교인들이 이슬람에 대해 어떤 태도를 가져야 하는지까지도 대답해 주어야 했다.

이렇게 이슬람의 유럽침공이 종교개혁의 배경이 되었다는 것은 잘 알려진 사실이다. 루터는 종교개혁(1517년)이 시작된 이듬해 1518년부터 1543년까지 이슬람에 대한 자신의 이해를 강연과 설교, 저작 등을 통해 밝혔다.[4] 그는 당시 사람들의 이목을 끌었던, 이슬람과 결부된 부정적 이미지를 가톨릭교회에 투영함으로써, 가톨릭교회의 모순을 비판하고 종교개혁

---

1) 이성덕, "종교개혁 시대 이슬람의 팽창과 루터의 입장," 『한국기독교신학논총』 통권 24호 (2002): 144.
2) 오스만(Osman, 1258-1326)은 이슬람 세력들을 재정비했고 그 이후 그와 그의 후손들은 터키를 중심으로 오스만 터키(Ottoman Turks, 1299-1922)란 이름으로 기독교 국가인 유럽으로 진출하게 되었다.
3) E. Campi, "The Reformers and Islam," *Reformed World* 63 (2013): 17-35.
4) 변창욱, "기독교와 이슬람의 변증적 만남의 역사: 논쟁점을 중심으로," 『제8차 한국복음주의선교신학회/한국선교신학회 공동학회』 (2016), 19.

의 정당성을 확보하고자 했다.

팽창하는 이슬람

무함마드(Muhammad, 570-632)가 사망한 후, 100년이 지난 732년경 이슬람 군대는 메소포타미아, 시리아, 팔레스타인과 이집트, 북아프리카와 스페인에 이르는 방대한 영토를 차지했다.[5]

13세기에 징기스칸의 서진(西進)으로 말미암아 이슬람 제국의 형성이 와해되는 듯이 보였으나 오스만(Osman, 1258-1326)에 의하여 이슬람 세력들이 재정비되어 이후, 그와 그의 후손들이 터키를 중심으로 오스만 터키 (Ottoman Turks, 1299-1922)란 이름으로 기독교 국가인 유럽으로 진출하게 되었다. 1348년에 다르다넬로스를 가로질러 갈리폴리 반도에 들어갔고, 여기서부터 그들의 발칸 정복이 시작되었다. 소아시아에서 그들의 주도권을 확립하였고, 동남유럽에서도 그와 같은 일을 시작했지만, 그들은 아직 콘스탄티노플을 점령하지는 못하였다.

자칭 '기독교를 대항하는 성전(聖戰)의 지도자'라고 하였던 오스만 터키의 술탄 메메드 2세(Mehmet II, 1452-1481) 때인 1453년에 동로마 제국의 수도였던 콘스탄티노플이 함락됨으로써, 역사 속으로 비잔틴 기독교 제국이 사라졌다.[6]

그로 인해 터키 군대는 발칸 반도와 헝가리에 진주할 수 있었고, 그들의 힘은 다뉴브 강까지 미치게 되었다. 메메드 2세는 여세를 몰아 유럽의 중심부를 향하여 발칸 반도 안으로 터키 제국의 경계를 넓혀갔는데, 1465년

---

5) 이성덕, "종교개혁 시대 이슬람의 팽창과 루터의 입장," 141.
6) Jenkins, *God's Continent*, 105.

에는 헤르제고비나(Herzegovina)를 점령하였고, 1475년에는 크림반도(the Crimea)를 탈취하였다. 이 해는 루터가 태어나기 불과 8년 전이었다. 나아가 1500년에는 알바니아(Albania)를, 1512년에는 몰다비아(Moldavia)를, 1516년에는 로마니아(Romania)를, 1517년에는 몬테네그로(Montenegro)를 복속시켰는데, 이때가 바로 루터가 34살의 나이로 종교개혁의 기치를 들었던 때이다.

이후 4년 뒤, 1521년 여름에 술레이만 2세(Suleyman II, 1520-1566)가 세르비아의 수도인 베오그라드를 점령하여 보스니아가 1527년에 함락되었다. 무슬림들은 신속하게 헝가리를 거쳐 오스트리아, 폴란드, 러시아 심지어 리투아니아를 향하여 나아갔고, 1526년에는 헝가리의 왕 루이 2세(Louis II)의 군대가 다뉴브의 모학(Mohacs) 전투에서 패배하여 그는 죽임을 당하였다.

1529년에는 드디어 오스만의 군대가 빈(Vienna)을 포위하게 되었다. 1529년 빈에서 그 걸음을 멈추게 되기까지 이들은 계속하여 유럽 중앙으로 전진해 들어왔던 것이다. 1532년에는 오스만의 위협이 유럽 군대에 의하여 수그러드는 것처럼 보였지만, 그런 일은 1683년에 이르기까지 일어나지 않았다. 빈을 마지막으로 공격한 이후에 터키의 위협은 줄어들었으나, 이후 150년에 이르도록 술탄 술레이만과 그의 후손들의 지도하에 서유럽의 동부경계에까지 이르게 되었다. 1541년에는 헝가리 지배를 공고히 하였고, 루터가 죽던 1546년에는 몰다비아 전체가 터키의 지배를 당하게 되었다.

루터의 생애가 1483-1546년에 걸쳐 있고 『터키를 대항한 전쟁에 대하여』와 『터키를 대항하는 군대 설교』가 1529년 작품인 것을 고려한다면, 이슬람의 도전이야말로 루터에게 심각한 자극을 주었을 것이 틀림없다.

특히 그때 그들이 직면한 문제는 이념적으로 고무된 폭력의 출현, 전례 없는 수준의 기독교인과 무슬림 사이의 자각과 접촉 그리고 직면하게 된 이슬람 문화의 재기와 유대-기독교 문화의 붕괴 등이었다.[7]

이 절박한 상황에서 종교개혁이 일어난 것이다. 이슬람의 유럽침공으로 야기된 이 두려움은 종교개혁의 근본적인 배경이 되었다. 즉 기독교 세계를 향한 하나님의 진노라는 확신과 잘못된 기독교신앙을 바로잡아야 하나님을 기쁘시게 할 수 있다는 확신을 갖게 되었다. 오스만 제국 때문에 생긴 깊은 두려움을 마음에 새기지 않고 16세기 유럽의 분위기를 이해하는 것은 불가능하다.[8]

루터의 꾸란 이해

루터는 이슬람의 경전인 꾸란을 어떻게 이해했을까? 그는 이슬람의 과격한 군사적 행동으로 공포에 떨기도 했지만, 그들의 경건한 삶은 당시 기독교인들의 삶 속에서 찾기 힘든 면이라고 감탄하기도 했고, 때로는 패륜적이고 방탕한 결혼제도에 경악을 감추지 못하기도 했다.[9]

루터가 1542년, 즉 라틴어역 꾸란의 전편을 다 읽기 전까지는, 꾸란에 대해 믿을 수 있는 자료가 부족했다. 그가 접할 수 있는 자료는 도미니칸 선교사였던 리콜도(Riccoldo da Monte di Croce, 1243-1320)에 의해 1300년경에 나온 『사라센족의 법에 대한 논박』과 쿠사의 니콜라스(Nicolaus of Cusa, 1401-1464)에 의해 1461년에 나온 『꾸란의 감별』 정도였다.

---

[7] 유해석, 『기독교와 이슬람 무엇이 다른가』 (서울: 생명의말씀사, 2016), 212-213.
[8] Diarmaid MacCulloch, *The Reformation* (New York: Penguin Group, 2003); 이은재 소상원 역, 『종교개혁의 역사』 (서울: 기독교문서선교회, 2011), 106-107.
[9] 왕철준, "루터의 이슬람 이해" (신학석사학위, 고신대학교, 2017), 30.

『사라센족의 법에 대한 논박』에는 다음과 같은 내용이 나온다. "그러나 그가 '쓰러지는 병'에 걸렸기 때문에, 그는 천사와 이야기를 나눈다고 주장했다. 그가 자주 쓰러졌기 때문에 그가 그 병에 걸렸다는 사실을 아무도 알지 못하도록 하기 위해서였다. 그러고 나서 그는 스스로 말했듯이 종소리가 자신의 귓가에 울리는 것처럼 들렸던 방식 그대로 예언들을 지어냈다."[10]

여기에서 쓰러지는 병은 간질병을 의미한다. 리콜도는 무함마드가 간질병으로 쓰러졌다가 일어나서 읊었던 것을 꾸란으로 간주하였다. 물론 이 말은 리콜도가 지어낸 것이 아니다. 이슬람에 따르면, 무함마드가 계시를 받을 때 육체적인 고통이 수반됐다고 한다. 가끔씩 무함마드는 "취해서 땅에 떨어진 것처럼 느꼈으며 낙타 새끼처럼 신음했다."고 한다. 이 내용은 무함마드가 오랫동안 간질병을 앓지 않았는지를 의심하게 만드는 부분인데, 그는 모든 계시를 정상적인 정신을 가지고 인식했던 것 같지는 않다.

그 당시 사람들은 무함마드를 제정신이 아닌 사람으로 취급했다. 심지어 꾸란에도 "그때 그들이 말하더라. 그대에게 꾸란이 계시되었다니 그대가 미친 자가 아니뇨?"(꾸란 15:6), "제정신을 벗어난 시인을 위하여 우리의 신을 포기해야 하느뇨?"(꾸란 37:36)는 구절도 있다.[11]

무함마드에 대한 가장 오래된 비잔틴 역사 작품들 중 하나는 테오파네스(Theophans Confessor, 760-818)의 『연대기』(*Chronographia*)이다. 이 책은 얼마 되지 않아서 아나스타시우스(Anastasius Bibliothecarious, 810-878)가 라틴어로 번역하여 서양에 알려지게 되었다. 이 『연대기』에도 무함마드가 간질병에 걸렸다는 사실이 언급되어 있다. 간질병은 고대 그리스인들에게는 '신성

---

10) Bobzin, 『무함마드는 이렇게 말했다』 (서울: 들녘, 2005), 29.
11) 유해석, "무함마드와 이슬람에 영향을 끼친 이단들," 『크리스천 투데이』, 2015년 8월 20일.

한 병'으로 통했지만, 후대에는 자연적인 지병으로 여겨졌다. 하지만 부정적인 낙인이 계속 따라 다녔다.[12]

『꾸란의 감별』은 니콜라스의 전반적인 철학의 문맥에 이슬람을 설정해 놓고 쓰여졌다. 이 책은 그가 세상을 떠난 지 3년 만에 출판되었고, 메메드 2세가 콘스탄티노플로 입성한 지 8년 만에 출판되었다. 루터는 이것마저도 꾸란을 이해하는 데 도움이 되지 않는다고 생각했다. 왜냐하면 두 작품은 이슬람의 부정적인 모습만 편파적으로 부각시킨다고 보았기 때문이다. 그는 이 저작들을 기독교인들로 하여금 이슬람에 대해 겁을 먹고 증오하게 하고, 꾸란에 대해 반발을 일으키며, 오히려 이슬람을 반박하지 못하도록 기독교인들을 무능력하게 만드는 산물로 취급했다.

그래서 루터는 기독교인들에게 이슬람과 꾸란에 대해 정확한 정보를 제공해야 할 필요성을 느꼈다. 그는 기회가 된다면 꾸란을 독일어로 번역하고 싶었고, 이 책의 해악(害惡)을 누구나 알도록 하고 싶었다. 그러려면 꾸란에 대해 보다 신뢰할 수 있는 자료가 절실했지만, 유감스럽게도 루터의 손에는 정보가 부족했다. 그는 이 상황을 1530년에 쓴『터키의 종교와 관습들에 관한 글의 서문』에 붙인 서문에서 다음과 같이 언급했다.[13]

"이제까지 나는 무슬림의 종교와 관습을 무척 알고 싶어 했는데, 꾸란에 대한 일부 논박과 쿠시의 니콜라스의『꾸란의 감별』외에는 제공된 것이 없었다."

---

12) Bobzin,『무함마드는 이렇게 말했다』, 28-29.
13) Luther, WA 30: 2(WA는 바이말판 루터총서: Weimarer Ausgabe=D. Martine Luthers Werke. Kritische Gesamtausgabe[Weimar, 1883-]. 이후에는 WA로만 표시한다.); Hagemann,『그리스도교 대 이슬람』, 171. 각주 90에서 재인용.

루터는 1542년 전까지 꾸란의 전편을 읽지 않았고, 무슬림을 직접 대면한 바도 없었으며, 꾸란의 변증서 몇 권 정도만 읽었을 뿐이었다. 꾸란에 대한 자료의 빈곤으로 이슬람을 정확하게 이해하는 데 한계에 부딪쳤다. 이로 인해 루터는 리콜도와 니콜라스의 견해에 대해 부정적이었고, 오히려 꾸란의 긍정적인 면을 부각시킴으로 마치 꾸란을 칭찬하는 것처럼 비치기도 했다. 그는 이슬람의 도덕성을 높이 평가했었다. 심지어 터키인[14]들과 3일만 함께 지내도 개종할 가능성이 높다고 하면서, 이슬람의 의식, 예절, 생활의 진지함과 철저함은 기독교인들이나 수도사, 수녀, 성직자들보다 더 낫다고 보았다.

그러나 그 이후에는 루터의 꾸란 이해가 현격한 차이를 보였다. 그는 먼저 지난 날 꾸란에 대한 자신의 무지를 인정했고, 기독교의 꾸란 변증서 내용들에 동의했으며, 이슬람과 꾸란에 대해 이전보다 훨씬 더 강경하게 대응했다.[15] 꾸란에 대한 루터의 이해는 1542년 이전과 이후로 구분지을 수 있다.

1. 반사회적이고 파괴적이다 (1542년 이전)

루터는 꾸란을 통해 기독교와 이슬람을 종교적으로 비교하였다. 루터는 꾸란을 논박하려면 신앙의 내용으로 접근해야 하며, 외적인 선행과 의식으로 이루어진 이슬람과 기독교는 근본적으로 다르다고 보았다. 루터는 꾸란이 세 가지 영역에서 반사회적이고 파괴적이라고 주장했다.

첫째, 종교적 영역에서 그리스도를 거절하고 무함마드를 높임으로 그리

---

14) 종교개혁자들이 말한 '터키'라는 표현은 이슬람이라는 표현이기도 하다. 당시에 이슬람은 터키인(Turks)라고 불렸다. 따라서 문장에 따라서 터키는 오스만 터키 제국이 되기도 하고 또 이슬람이 되기도 한다.
15) Hagemann, 『그리스도교 대 이슬람』, 169.

스도의 왕국을 파괴한다.[16]

꾸란은 예수가 하나님의 아들이라는 것을 믿지 않으며, 구원자라는 사실도 인정하지 않는다. 꾸란에서는 무함마드에 대한 믿음을 세상에 전해야 할 뿐 아니라, 세상이 이것을 거부할 때에는 칼로 징벌해야 한다고 주장한다. 이런 것을 볼 때, 꾸란은 그리스도와 그의 왕국을 파괴하고 있는 것이다. 꾸란은 예수를 거절함으로써 삼위일체 및 성례와 같은 모든 기독교의 교리들을 인정하지 않는다. 그리고 오직 무함마드의 행위 교리와 칼에 대한 교리만을 인정하고 있다. 루터는 요한복음 8장 44절을 해석하면서 무함마드는 거짓 영에 사로잡힌 자이며, 그의 악마가 꾸란을 통해 영혼들을 죽이고 있으며, 기독교 신앙을 혼란시킨다고 하였다.[17]

둘째, 정치적 영역에서 꾸란은 세속 정부를 파괴한다.[18]

무함마드는 통치가 칼로 이루어진다고 주장한다. 꾸란은 칼이 가장 영예로운 사역임을 강조한다. 따라서 루터는 오스만 터키 제국을 살인자, 혹은 강도라고 비판했다. 무슬림 정부는 평화를 장려하기보다는 세속적인 질서를 무너뜨렸다. 루터는 요한복음 8장 44절을 해석하면서 터키인들은 인간을 죽이기 위해서 칼을 잡았고, 그들의 신앙은 설교와 기적에 의해서가 아니라 칼과 살육에 의해 발전되어 왔다고 역설했다.[19]

셋째, 도덕적 영역에서 꾸란은 일부다처제를 허용하여 결혼 제도를 파괴한다.

꾸란은 일부다처를 허용하고(꾸란 4:3), 남자가 원하는 대로 여자를 취하게 할 뿐만 아니라 원하는 대로 버릴 수도 있도록 허용하고 있다(꾸란 65:1-

---

16) 김지훈, "루터와 이슬람," 『한국개혁신학』, (한국개혁신학회, 2016), 221.
17) Hagemann, 『그리스도교 대 이슬람』, 164.
18) 김지훈, "루터와 이슬람," 221.
19) 김지훈, "루터와 이슬람," 222.

2). 또한 부인을 때릴 수 있도록 허용하고 있다(꾸란 4:34). 이것은 결혼이 아니며, 가정을 파괴하는 행위이다. 루터는 꾸란이 세 가지 규범을 따라 무슬림을 다스린다고 보았으며, 당시 그와 논쟁했던 대적들을 무슬림과 동일시하기도 했는데, 세속의 통치권을 인정하지 않았던 뮌처(Thomas Müntzer, 1489-1525)주의자들[20] 뿐 아니라 행위를 통한 구원을 주장하고, 결혼을 무가치하게 만든다는 점에서 교황주의자들이 이슬람과 같다고 보았다.

2. 사탄의 작품이다(1542년 이후)

루터는 비로소 1542년 금식일을 맞아 라틴어역 꾸란 전체를 읽었다. 이후에 그는 이전의 태도와는 전혀 다른 모습으로 이슬람과 꾸란에 대해 강경하게 대응했다.[21] 그는 1542년 자신이 독일어로 번역한 『수도사 리콜도의 꾸란 반박』(Verlegung des Alcorn Bruder Richardi)의 서문에서 자신의 꾸란 연구에 대한 심경을 밝혔다. 루터는 꾸란을 직접 읽음으로써 꾸란에 대해 크게 실망하였고, 종교적 단점이 아닌 신학적 문제점으로 대응했다. 루터는 꾸란을 사탄의 작품으로 단정지었다. 사탄이 무함마드를 교사하고 있다고 보았기 때문이다. 그는 서문에서 다음과 같이 주장했다.

"헬라클레이오스 황제 시대에 한 인간이 나타났는데, 그는 악마이며, 사탄의 첫째 아들이고, 진리와 그리스도교 교회에 대적했다. 그의 이름은 무함마드였다. 그는 거짓말쟁이자 모든 거짓의 아버지로서, 거짓과 불의로 가득 찬 율법을 만들었는데, 마치 신의 입에서 말해진 것처럼 꾸민 그

---

20) 종교개혁 시기에 활동한 독일의 급진 종교개혁가이며 재세례파 지도자 토마스 뮌처를 따르던 자들로서, 민중이 압제자에게서 해방된 신정 정치를 실현하려고 농민 반란을 이끌었다.
21) 김지훈, "루터와 이슬람," 229.

책을 그는 꾸란이라고 이름 붙였다."[22]

　루터는 이성을 가지고 있는 사람은 꾸란의 내용을 믿을 수 없다고 판단했다. 꾸란은 조작되고 거짓된 것임이 확연히 드러나기 때문이었다. 루터는 꾸란에 대한 심각한 실망을 토로했고 꾸란의 근원을 따져서 비판했다. 꾸란의 출처와 저자를 명확히 알 수 없으므로 거짓 그 자체로밖에 볼 수 없었다.[23] 그는 이 책에서 이슬람의 혼인법과 천국에 대한 관능적인 상징의 비판을 극대화시켰다.
　이 책의 핵심은 이슬람의 교리에 대한 신학적 반박이다. 그들은 성자 그리스도의 신성과 성령을 부인할 뿐만 아니라 영생에 침묵하고 있다. 루터는 꾸란의 내적인 모순과, 성경과 대조하여 나타난 모순들을 부각시켰다. 그의 의도는 사탄과 공모자가 아닌 이상, 꾸란의 교리를 받아들일 만한 사람은 아무도 없음을 보여주고자 했다. 특히 꾸란이 선하고 정결한 덕목을 강조함으로써 이슬람의 폭력성을 교묘하게 감추려는 것은, 마치 광명한 천사로 나타나서 기독교인들을 신앙으로부터 이탈시키려는 사탄의 계략과 동일하다도 보았다.
　그의 꾸란 이해의 목적은 이슬람에게 기독교 개종과 선교를 요구하기보다 먼저 기독교인들을 교육하고자 하는 데 우선순위가 있었다. 즉 무슬림을 실제로 접하거나, 터키인과 싸웠던 사람들이나, 혹은 포로가 된 사람들이 꾸란에 대해 방어할 수 있는 능력을 갖도록 하기 위해서였다. 루터는 기독교인들이 꾸란을 읽음으로 이슬람으로 개종되는 것을 기우(杞憂)라고 여기고, 도리어 허황되고 신성모독적인 꾸란을 읽음으로써 믿음과 복음의

---

22) Hagemann, 『그리스도교 대 이슬람』, 164.
23) 이성덕, "종교개혁 시대 이슬람의 팽창과 루터의 입장," 155.

진리를 더욱 견고히 할 것이라 생각했다.

로마 가톨릭과 유사 종교인 이슬람

루터의 초기 입장을 보면, 그는 로마 가톨릭교회가 주장한 십자군과 이슬람이 주장한 지하드의 유사성을 신학논쟁에 이용함으로써 이슬람에게서 로마 가톨릭교회의 잘못을 꼬집어 내려 했다. 이는 이슬람을 종말에 교황과 함께 나타날 적(敵)그리스도로 이해하면서부터였다. 그의 후기 입장을 보면, 그는 지하드 이외에 로마 가톨릭에서 이슬람과 같은 잘못을 발견하려고 시도하였다.

1. 십자군과 지하드를 거룩한 전쟁으로 주장한 정치적인 유사성

루터는 1518년 『사면의 능력에 대한 논쟁의 해답들』(*Resolutiones disputationum de indulgentiarum virtute*)[24]에서 로마 가톨릭교회의 십자군 전쟁과 관련하여 처음으로 이슬람에 대해 직접적으로 언급했는데, 두 가지로 정리할 수 있다.

첫째, 전쟁을 반대하는 성명(聲明)을 냈다. 십자군 전쟁은 기독교인들이 스스로 회개하지 않기 때문에 터키인이라는 채찍을 통해 우리의 죄를 벌하시는 하나님에 대한 투쟁일 수 있다는 것이다. 그는 이슬람을 '불의의 채찍'(virgam iniquitatis)으로 이해했고, 이 채찍을 내리시는 분은 하나님으로 판단했다.[25] 이는 이스라엘 역사에서도 보듯이 가나안 땅에 들어간 이스라엘이 하나님을 떠났을 때, 하나님께서는 블레셋을 비롯한 이방 나라들

---

24) Luther, WA 1: 535; 김지훈, "루터와 이슬람," 219에서 재인용.
25) Hagemann, 『그리스도교 대 이슬람』, 54-55.

을 징계의 채찍으로 삼았다. 그런 점에서 볼 때, 기독교의 타락이 이슬람의 징계를 불러온 것으로 이해했다. 루터는 이슬람 자체보다 교회 내부의 부패를 더 큰 문제로 여겼고, 그 부패에 대해 회개하라고 촉구하시는 하나님의 도구로서 이슬람을 이해했다.[26]

둘째, 만약 싸우고자 한다면, 기독교인들은 먼저 자기 내면에서부터 싸움을 시작해야 한다고 밝혔다.[27] 루터가 주장하는 자기 내면에서부터 시작하는 영적인 전쟁은 자신의 죄를 회개하면서, 적그리스도인 사탄을 거부하고 예수 그리스도께 진지하고 단순한 마음으로 돌아오는 것이다.

이미 이슬람을 빗대어 로마 가톨릭교회를 비난했던 위클리프(John Wycliffe, 1320-1384)는 이슬람의 발흥 원인을 로마 가톨릭교회의 자만, 탐욕, 소유욕 때문으로 보았고, 교회의 죄악이 세속화된 종교 이슬람을 낳았으며, 교회가 내부로부터 회개할 때 이슬람은 쇠퇴할 것이라 주장했다.[28]

이러한 그의 주장은 루터에게 종교개혁 외에 이슬람에 대한 이해에도 영향을 주었다. 루터는 가톨릭교회가 내세우는 십자군 전쟁을 인정하지 않았을 뿐 아니라, 백성들을 성전(聖戰)으로 호도(糊塗)해 참전시킴으로 고통과 희생만 키웠다고 지적했다.

이런 비열한 술책은 이슬람이 내세우는 지하드(Jihad)와 유사했다. 지하드는 무슬림의 구원을 이루는 근거가 되었다.[29] 지하드의 하루는 천일(千

---

26) Luther, WA 1, 535, 35-39; 이성덕, "종교개혁 시대 이슬람의 팽창과 루터의 입장," 144에서 재인용.
27) Hagemann, 『그리스도교 대 이슬람』, 161.
28) 서원모, "중세 그리스도교의 이슬람 대응: 이슬람 문명권, 비잔티움, 라틴 그리스도교 세계의 비교," 『한국개혁신학』 (한국개혁신학회, 2016), 155.
29) 지하드는 무슬림의 구원을 이룬다고 다음과 같이 말한다. "알라의 길에서 살해를 당했거나 죽었다면 알라로부터 관용과 자비가 있을지니 이는 생전에 축적한 것보다 나으리라. 너희는 알라의 길에서 순교한 자가 죽었다고 생각지 말라. 그들은 알라의 양식을 먹으며 알라 곁에서 살아 있노라"(꾸란 3:169). 지하드를 하는 동안에 무슬림으로 전사하면 그는 죽은 것이 아니라 알라와 함께 살아있는 것이나(꾸란 2:154, 3:169, 4:74, 48:25). "나의 길에서 수고한 자 성전하였거나 살해당한 그들을 속죄하여 줄 것이며 강이 흐르는 천국으로 들어가게 하리니 이것이 알라로부터 받을 보상이라. …"(꾸란 3:195). 지하드(Jihad)는 죄악을 속(贖)하며

日)의 기도보다 더 가치 있음을 강조하였다. 이슬람은 지하드를 주장하면서 순교를 전제한다.

루터는 로마 가톨릭교회의 십자군 전쟁과 이슬람의 지하드를 성전으로 규정하는 것에 대해 비판했으며, 적극적인 반대 입장을 표명했다. 루터는 양측이 동일하게 이런 전쟁을 성전으로 인식하고 있다는 점에서 정치적인 유사성을 발견했다.

루터가 이슬람 전쟁에 대해 이전과는 달리 숙고하게 된 것은 1528년 8월 이후였다. 헝가리는 왕위계승을 놓고 이슬람과 대립했으며, 이런 구도는 고스란히 터키의 침공에 대한 두려움과 긴장으로 이어졌다. 멜란히톤은 터키의 침략에 대한 방어는 기독교인의 정당한 의무임을 강조하기도 했다. 루터 역시 자신의 입장을 분명히 할 필요가 있었다. 그는 『터키인들에 대한 전쟁에 관하여』에서 1518년에 보여 주었던 입장을 견지하는 동시에, 지금까지 자신이 해 왔던 주장에 대해 명확한 해명을 보여주었다. 여기서 밝힌 루터의 입장을 세 가지로 간략하게 정리할 수 있다.[30]

첫째, 로마 가톨릭교회의 십자군에 대해서는 여전히 반대했다. 그는 예수의 이름으로 수행될 전쟁, 십자가의 표징 아래 벌어지는 전쟁은 마태복음 5장 38절 이하에 나오는 평화에 관한 명령과 맞지 않는다고 판단했기 때문이다.[31] 그러나 이것이 터키에 대한 그 어떤 전쟁도 금지된다는 것을 의미하지는 않았고, 두 가지 전제가 충족될 때 전쟁의 가능성을 열어 두었

(꾸란 3:157-158, 169-171, 193-195, 4:100, 61:9-12), "너희 재산과 너희 생명으로 성전에 참여하는 것으로 너희가 알고 있다면 그것이 너희를 위한 복이며, 알라께서 너희의 과오를 용서하사 강물이 흐르는 에덴의 천국 안의 아름다운 거주지로 인도하시리니 그것이 위대한 승리"라고 칭송한다(꾸란 61:11-12). 지하드의 하루가 천일(千日)의 기도보다 더 가치 있다고 했다.

30) 왕철준, "루터의 이슬람 이해," 46.
31) Hagemann, 『그리스도교 대 이슬람』, 155.

다.[32] 루터는 터키인들에 대한 전쟁 자체를 반대한 것이 아니라 예수 그리스도의 이름으로 수행되는 터키에 대항하는 전쟁에 반대했던 것이다.[33]

둘째, 제국은 이슬람 대응 방식으로 전쟁을 할 수 있다. 루터는 이슬람 대응 방식의 전쟁을 '두 왕국론'(Zwei-Reiche-Lehre)[34]에 대입하여 주장했다. 루터는 터키 전쟁을 수행해야 한다면, '두 왕국 이론'을 염두에 두고 세상의 전쟁과 교회의 전쟁으로 구분했다.

세상의 전쟁은 혈과 육에 대항하여 칼을 드는 것으로 악과 맞서 싸우는 것이다. 교회의 전쟁은 세상의 전쟁과 달리 공중의 권세 잡은 자에 대한 것으로, 다른 무기나 검, 갑옷, 총, 말을 가지고 싸우는 것이 아니다.[35] 교회의 순종, 즉 선한 양심이 무기이며, 전쟁에서 승리할 수 있는 유일한 수단은 하나님의 은총이다. 그는 세속 왕권과 교회권의 분리라는 이해 속에서 이슬람의 전쟁 대응 방식을 주장했다. 즉 교회는 회개를, 세상의 왕권은 전쟁을 강조한 것이다.

이슬람이 자신의 소유가 아닌 유럽을 점령하고 수탈하는 것은 유럽을 향한 하나님의 징벌이지만, 동시에 그들의 행위는 약탈이고 강도이며, 하나님께서 주신 권한을 넘어서는 범죄였다. 그런 점에서 루터는 이슬람을 '하나님의 징벌 막대기'이자 동시에 '사탄의 종'으로 간주했다. 따라서 루터는 로마 가톨릭교회에게 백성들을 전쟁에 참전시키기보다는 백성들로 하

---

32) 첫 번째 전제는, 전쟁은 황제의 이름으로, 황제의 주권과 지휘권 아래에서 수행되어야 한다. 두 번째 전제는 그런 전쟁은 국토와 국민을 지키기 위한 방어의 필요성을 절대적으로 전제해야 한다.
33) Hagemann, 『그리스도교 대 이슬람』, 155.
34) Bernhard Lohse, *Luthers Theologie in Ihrer Historichen Entwicklung und in Ihrem Systematischen Zusammenhang* (Göttingen: Hubert & Co., 1995); 정병식 역, 『마틴루터의 신학: 역사적, 조직신학적 연구』 (서울: 한국신학연구소, 2002), 224. 로제는 루터의 사상을 '두 왕국론'(Zwei-Reiche-Lehre)이라는 용어로 처음 요약한 것이 칼 바르트임을 지적하면서, 그의 사상을 표현하기에 어울리지 않는다고 지적한다. 그럼에도 불구하고 루터가 두 왕국을 구분하는 것은 그의 작품에서 자주 발견된다.
35) Luther, WA 30/II: 114; 김지훈, 『한국개혁신학』, 220에서 재인용.

여금 회개와 기도를 하도록 촉구하였다.[36]

셋째, 황제나 군주는 이슬람을 얕보지 말고 전쟁준비를 착실히 하는 것이 그들의 소명이자 직분임을 강조했다.[37] 그는 만약 황제가 충분히 준비하지 않고 소홀히 한다면 터키의 세력을 더욱 강대하게 하는 데 일조하는 것이며, 하나님의 백성을 이방인의 손에 통치받도록 내버려 둠으로써 소명과 직분을 등한히 여기는 것이라 주장했다.

2. 교황과 무함마드는 적그리스도라는 유사성

1529년 이후부터 루터는 터키인들을 종말론적으로 이해하기 시작했는데, 이는 터키인들의 빈(Vienna) 포위 소식을 듣고 충격에 빠지면서, 종말이 임박했음을 느꼈기 때문이었다. 그는 비텐베르크(Lutherstadt Wittenberg) 교회의 회개와 기도를 지지하는 것과 더불어『터키에 대항하는 군대 설교』(*Heerpredigt wider den Türken*, 1529)를 발표했는데, '터키에 대항하여'라는 표현들을 많이 사용하면서 이전보다는 더욱 터키에 대해 강력한 저항을 촉구하였다.

그는 다니엘서 7장의 각각의 사항을 열거하면서, 이미 다니엘이 무함마드와 터키인에 대하여 예언하고 있다고 해석했다. 그러나 당시에 무함마드는 반이슬람 책들과 논박문에서 여러 번 이슬람의 화신으로 그려졌는데 특히 그 패권을 차지한 터키인들의 화신으로 더욱 부각되었다는 사실에 유의해야 한다. 기독교에서는 교황과 터키인을 적그리스도의 두 우두머리라고 불렀던 루터의 주장을 계승하여 두 명의 적그리스도, 즉 서양에서는

---

36) Luther, WA 30/II: 117; 김지훈,『한국개혁신학』, 221에서 재인용.
37) Luther, WA 30/II: 145; 김지훈,『한국개혁신학』, 223에서 재인용.

교황, 동양에서는 무함마드라는 설이 생겨났다.[38]

루터는 이 글에서 두 부분으로 나누어 설교했다. 첫째는 양심적인 사람들을 가르쳤고, 그 다음은 게으른 사람들에 대해 경고했다.[39] 그의 의도는 터키인들이 누구인가를 분명히 알게 하고, 성경에 따라 그들을 어떻게 여겨야 하는지를 가르치고자 했다.

루터는 1566년에 출판한 『탁상 담화』(Tischreden)에서 적그리스도를 교황과 터키인을 합쳐 놓은 것으로 언급하며, 적그리스도의 정신 혹은 영혼은 교황으로, 그의 육체는 터키인으로 묘사했다.[40] 교황과 무함마드가 최후의 날에 기독교를 황폐화하고 파멸시킬 것이라고 언급하며, 그들을 두 폭군으로 풍자했다. 그는 교황을 다니엘서 11장에 나타나는 '자신을 가리켜 모든 신보다도, 모든 예배보다 더 높은 존재'인 폭군으로, 무함마드를 다니엘서 7장에 나타나는 '칼을 가지고 성도들을 괴롭히는 존재'인 폭군으로 서술했다.

무함마드에 대한 비판을 고스란히 교황에게 대입하고 있음을 알 수 있다. 루터는 이슬람을 칼의 상징인 무력으로 기독교 사회를 위협하는 외부의 적이라 보았다. 또한 가톨릭교회는 위선적인 말로 그리스도인의 영혼을 파멸시키는 내부의 적으로 이해했다. 그는 이슬람을 외부의 적그리스도, 가톨릭교회를 내부의 적그리스도로 간주한 것이다.[41]

루터가 이슬람을 종말론적 적그리스도로 이해하게 된 것은, 다니엘서 7장에 나타난 '작은 뿔'을 이슬람과 동일시하면서부터이다.[42] 이슬람의 승

---

38) Bobzin, 『무함마드는 이렇게 말했다』, 34.
39) Hagemann, 『그리스도교 대 이슬람』, 159.
40) Martin Luther, The Table Talk; 이길상 역, 『탁상 담화』 (서울: 크리스챤나이세스드, 2005), 203.
41) Hagemann, 『그리스도교 대 이슬람』, 161.
42) 이성덕, "종교개혁 시대 이슬람의 팽창과 루터의 입장," 149-50.

승장구(乘勝長驅)는 다니엘의 예언이 성취된 것으로 보았다. 루터의 다니엘서 7장의 설교를 살펴보면,[43] 열 뿔 중에서 작은 뿔을 무함마드와 터키로 해석한다. 이 작은 뿔이 자라나서 먼저 있었던 세 개의 뿔을 뽑는데, 세 개의 뿔을 이집트, 그리스, 아시아로 보았다. 술탄과 사라센 제국은 아시아와 이집트 사이에서 자랐고, 루터의 때에 그리스까지 장악한 것을 보면서, 무함마드 제국이 작은 뿔임을 확신했다.

루터는 작은 뿔의 해석을 이어가면서, 뿔이 가지는 입에 대해서도 논하였다. 작은 뿔의 입은 그리스도와 기독교를 반대하고 오히려 가장 불량하고 작은 선지자를 높인다. 루터는 무함마드가 와서 그리스도와 기독교를 반대했고, 자신을 높이고 있기에 다니엘서의 작은 뿔과 무함마드를 동일시하는 해석을 하였다. 하지만 루터는 이렇게 높아진 터키 제국이라 할지라도 최후 심판의 날에 추락할 것과 그 후에는 성도의 왕국이 임할 것을 주장했다.

그는 비록 터키에 대한 승리가 예언되었음에도 불구하고, 세속의 지도자들은 터키에 저항하는 것을 포기하지 않을 것을 촉구했다. 적극적으로 무슬림에 대항하라고 주문한 것이다. 그렇다고 해서 루터는 이슬람과의 전쟁을 프로테스탄트적인 십자군(종교전쟁)으로까지는 확대시키지 않았다. 루터는 이슬람과의 정당한 전쟁을 세상 군주가 주도하는 세속적인 투쟁 방법의 전쟁으로 인식했기 때문이다.

이렇게 루터가 종말론적인 사고로 교회에 교훈을 주려고 했던 것은 두려움이 아니라 '위로'였다. 비록 당시 교회가 고난 속에 있을지라도 이것은 하나님의 보호하심이 없기 때문에 벌어지는 일이 아니다. 오히려 하나님의 뜻을 이루고 있는 것이며, 교회가 고난 속에서 인내한다면 이로 인해서

---

43) Luther, WA 30/II: 161-72; 김지훈, 『한국개혁신학』, 224-5에서 재인용.

하나님의 영광이 나타나게 될 것이다. 교회는 고난 속에서 자신의 신앙을 확신해야 한다.[44]

루터는 터키의 군사력에 대해서 많은 언급을 하지 않는다. 그가 염려하는 것은 교회가 온전한 신앙과 회개로 이슬람 문제를 대처하고 있는가 하는 것이다. 교회가 회개한다면 하나님께서 고난의 기간을 짧게 하실 것이다. 결국 이슬람이 저렇게 막강한 힘을 휘두른다고 할지라도, 그리스도께서 오실 때 모두 멸망할 것이다. 그러므로 성도는 고난에 눌리지 않고 고개를 들고 하나님을 바라보는 것이 필요하다. 루터의 이러한 자세는 그가 가지고 있는 하나님의 섭리에 대한 신앙과 그에 따른 세계관을 보여준다.

3. 구원론에 있어서 행위구원론이라는 유사성

루터는 성경에 근거하여 오직 믿음으로만 구원받는다고 주장했고, 믿음 외에 공적(功績)인 행위를 구원에 추가하는 것을 강력히 반대했다. 루터는 '오직 은혜'를 주장했고, 교황청은 '공로주의'를 고집했다.[45] 종교개혁을 주장하며 구원교리 논쟁을 벌이고 있을 즈음에, 이슬람의 등장으로 신학적 논쟁은 새로운 국면을 맞게 되었다. 루터는 이슬람을 행위구원의 종교로 보았고, 로마 가톨릭교회의 구원 교리와 유사한 부분이 있다고 판단하여 신구교의 신학논쟁에 이슬람의 행위구원을 빗대어 로마 가톨릭을 비판하였다.

특히 이슬람의 5행(行)은 행위구원을 강조하는 증거였다. 루터는 양측의 구원교리를 비교하면서, 이슬람과 로마 가톨릭은 행위구원을 주장하기에 신학적 유사성이 있는 종교로 여겼다. 그는 이슬람의 삶의 방식을 칭찬하

---

44) Hagemann, 『그리스도교 대 이슬람』, 144.
45) 김현우, "로마 가톨릭 교황권에 대한 마틴 루터의 논박" (신학석사학위, 호남신학대학교, 2002), 60-62.

면서, 한편으로는 로마 가톨릭과 교황을 조롱했다. 루터는 이슬람의 도덕성을 높이 평가했다. 그렇다고 해서 이슬람을 수용한 것은 아니었다.

루터는 이슬람 종교를 기독교, 유대교 그리고 이교도들[46]의 신앙을 혼합한 종교라고 생각했다. 특히 이슬람의 구원론과 빗대어 로마 가톨릭교회 구원론의 오류를 지적하고자 했다. 이슬람의 구원교리 중 곧바로 구원에 이르는 방법은 성지순례와 성전(聖戰), 혹은 지하드(Jihad)라 일컫는 전쟁에 참전하거나 전쟁에서 순교하는 것이다. 이슬람의 '5행'(行) 중 마지막에 해당되는 성지순례는, 가난에서 벗어날 수 있고 죄를 제거하며 처음 태어났을 때처럼 순결하게 되고, 구원을 보장받는 행위로 인정되었다.[47]

루터는 유럽에 공포를 가져 온 이슬람 전쟁의 원인을 이런 무모한 구원교리에서 찾았다. 그러므로 이슬람은 그리스도의 믿음을 통한 구원이 아니라, 그 자신이 선택한 선행을 통해 거룩해지려는 '잘못된 의'를 주장했다. 그리하여 자신의 행위로, 자신 스스로가 죄를 속해야만 하고, 고행과 보속(補贖)에 의하여 의를 얻어야만 된다고 무슬림들을 가르쳤다. 그들은 사람들을 그리스도를 떠나서 자신들에게로 향하게 하였고, 자신의 의와 신뢰를 선행에 두었다. 루터는 이렇게 한다고 하여 하나님 앞에서 칭의와 구원을 성취시킬 수 없다고 반박했다.

이렇듯 이슬람은 그리스도의 믿음과 하나님의 은혜를 통한 구원이 아니라, 자신들의 행위로 구원받으려 했고, 구원자이신 그리스도를 거부하였다.

---

46) 조로아스터교, 콜리리디아니즘, 영지주의, 에비온파, 사비교의 영향을 받았다. 또한 꾸란의 내용 중 상당수는 성경의 외경 및 위경에서 차용되어 왔음을 알 수 있다. 이러한 이단들에게 영향을 받은 무함마드는 기독교의 삼위일체를 삼신론으로 이해하였고, 이러한 생각이 꾸란에 반영되었다. 여기서 우리는 무함마드가 단 한 번도 성경적인 기독교 복음을 접하지 못했다는 사실을 결코 잊어서는 안 된다. 잘못된 기독교 교리는 무함마드로 하여금 복음에 담긴 진정한 의미를 찾지 못하도록 막았고, 반기독교적인 종교인 이슬람이 탄생할 수 있는 거름이 되었다.

47) 존 오웬은 *Works*, III에서 당시 로마 가톨릭의 수도사들의 유행에 따른 방법으로 이슬람교에서 고안된 방식을 그대로 채택하여 성화를 이루어 가는 방식이라고 말한다.

뿐만 아니라 그리스도의 의 없이 자신의 선행으로 구원받고자 하는 그들의 교리는 로마 가톨릭교회의 교리와 신학적으로 매우 유사했다.

4. 도덕적 타락의 유사성

르네상스 시대 교황들 중에서 식스투스 4세(Sixtus Ⅳ, 재위 1471-1483)부터 파울루스 3세(Paulus Ⅲ, 재위 1534-1549)까지 약 70년간 교황권은 가장 부패하였다.[48] 이 시기는 루터의 생애(1483-1546)와 거의 일치한다. 루터는 평생 동안 교황권의 타락과 부패를 지켜보았다. 교황의 부패는 하위(下位) 신부들까지로 이어져 성적(性的) 방탕과 음란한 생활로 이어져 사회의 지탄을 받고 있었다. 교황들은 무소불위의 권력으로 타락과 부패를 일삼았다. 여러 명의 첩을 두었고, 어린 소녀를 성 노리개로 삼거나 근친상간을 일삼았다. 성직자의 타락의 결과로 사생아도 늘어났고, 성직과 성물을 매매해 치부하는 일도 잦아졌다. 루터는 로마 교황과 고위 성직자들이 자식에게 부와 교회의 자리를 세습하고, 성직과 성물을 매매하는 것에 분노했다.[49]

특히, 루터는 이슬람의 일부다처 제도를 비판하면서 로마 가톨릭을 이슬람과 연관시켰다. 성적인 방종과 일탈, 축첩(蓄妾)을 묵인하는 로마 가톨릭은 일부다처 제도를 허용하는 이슬람과 다를 바 없었다. 루터가 지켜보았던 이슬람의 일부다처제는 꾸란 4장 3절 "만일 너희가 고아들을 공정하게 공정하게 대처하여 줄 수 있을 것 같은 두려움이 있다면 좋은 여성과

---

48) ① 식스투스(1471-1484) : 성직 팔아 치부하고, 8명의 조카를 추기경에 임명하였다. ② 인노켄티우스 8세 (1484-1492) : 여러 여인에게서 16명의 자녀를 두었다. ③ 알렉산데르 6세(1492-1503): ⓐ '바노자데이 카타네이'라는 여자와 그녀의 딸 '로사'와 교제했고, ⓑ '로사'에게서 다섯 자녀를 두었으며, ⓒ 자기 두 자매와 딸 (루크레티아)과 공개적으로 근친상간 생활을 하였고, ⓓ 딸과의 사이에 한 자녀를 두었으며, ⓔ 1501년 10월 31일 바티칸에서 성(性)파티를 열었다. ④ 레오 10세(1513- 1521): 8세에 내수도원장이 되었고, 13세에 추기경이 되었으며, 무한대의 쾌락에 놀아났다. ⑤ 파울루스 3세(1534-1549): 3남 1녀의 아버지였고, 10대 조카 2명을 추기경에 임명했나.
49) 이동희,『꺼지지 않는 불 종교개혁가들』(서울: 넥서스, 2015), 7.

결혼하라. 두 번 또는 세 번 또는 네 번도 좋으니라. …그것이 너희를 부정으로부터 보호하여 주는 것보다 적합한 것이라."에 근거하고 있다.

루터의 이슬람 이해를 도덕적 측면, 특히 결혼과 가정생활의 관점에서 본다면 로마 가톨릭이 보여준 성적 타락과 패륜은 이슬람의 일부다처제와 동일하다. 루터는 이슬람의 일부다처제가 미망인과 고아들을 구제하기 위한 국가적, 사회적 보호체계보다는 남성들의 성욕을 채우는 범죄행위로밖에 보이지 않았다.

로마 가톨릭교회의 상황도 이와 다를 바 없었다. 주교들과 지방 신부들은 결혼과 가정생활을 무시하고 사생아들을 부양하거나 낙태 또는 영아살해 등으로 처리했다.[50] 로마 가톨릭교회는 범죄한 성직자에게 육아비용과 축첩벌금(Concubinage fee)을 부과하는 솜방망이 처벌로 그들의 비행을 묵인하였다.[51] 16세기 가톨릭교회의 내부문건에 의하면, 첩과 동거하거나 창녀촌을 이용하는 성직자가 각 지역의 25%-30%을 넘을 정도였다.[52]

더불어 루터는 로마 가톨릭의 방종과 타락도 문제로 여겼지만, 독신(獨身)을 미화하고 결혼생활을 반대하는 주장도 동의하지 않았다. 그는 강제적 독신제도의 폐해로 성직자의 성적 타락이 야기되었다고 보았다.

루터는 결혼생활뿐만 아니라 신앙으로 교육하는 가정생활도 그리스도인의 중요한 의무라 여겼다. 『대교리 문답서』(Grosser Katechismus, 1529)와 『탁상 담화문』(Tischreden, 1531-1544)에서 부모는 자녀를 하나님의 말씀으로 교육시켜야 하며, 자녀는 부모에게 말씀을 잘 배우고 순종해야 한다고 가르

---

50) Kenneth Scott Latourette, *History Of Christianity* Vol. 2: Reformation To Present (Sanfrancisco: Harper, 1975); 윤두혁 역, 『기독교회사(중)』 (서울: 생명의 말씀사, 2003), 231.
51) R. Tudor Jones, *The Great Reformation* (Evangelical Press, 1997); 김재영 역, 『기독교 개혁사』 (서울: 종합선교 나침반사, 1990), 16.
52) 오덕교, 『종교개혁사』 (서울: 합동신학대학원출판부, 2005), 9.

친다. 또한 여성이 가정에서 자녀의 양육을 책임지는 중요한 위치와 사명을 가지고 있음을 언급하였다.

루터의 이러한 가정관에서는 이슬람의 일부다처제가 가정의 본질을 훼손시키고 파괴시키는 죄악이었다. 루터는 여성을 가정과 사회에 꼭 필요한 구성원으로 창조된 사람으로 이해했으므로 꾸란의 여성 이해를 수용할 수 없었다. 그는 이슬람의 일부다처 제도는 결혼과 가정, 사회의 질서를 파괴하는 범죄행위로 간주했다. 무함마드와 꾸란은 혼인 상태에 대한 고려가 전혀 없고 도리어 남자가 원하는 대로 아내들을 취하도록 허락하고 있다.[53] 당시는 무슬림 남자들 사이에서 열이나 스무 명의 아내를 취하는 것을 관례로 여기기도 했다. 더 나쁜 것은 남편이 원하기만 하면 누구든지 여성들을 가축 이상으로 여기지 않으며 그들을 버리거나 파는 일이 가능했다는 것이다.[54]

이에 루터는 "터키인은 남자와 여자를 나누어, 여자들이 마치 가축이나 되는 것처럼 서로 주기도 하고 팔기도 한다. 이것은 개나 돼지의 결혼이지, 결혼생활은 아니다."라고 말하였다. 루터가 볼 때, 교황은 결혼을 제한함으로 결혼 상태를 파괴시켰고, 터키인들은 자유로운 이혼을 합법화하여 분리시킬 수 없는 한 남자와 한 여자 사이의 신성한 결혼관계를 대수롭지 않게 여김으로써 결혼 상태를 파괴하였다.

종교개혁 당시, 이슬람의 침략은 온 유럽을 혼란에 빠뜨리기에 충분한 사건이었다. 루터는 세상의 종말이 멀지 않았다고 생각했을 정도였으니

---

[53] 무함마드의 아내는 13명이었고, 첫 부인인 25살 연상의 카디자부터 9살의 아이샤까지 다양한 부인을 두었다. 참고로 세 번째 아내인 아이샤는 무함마드 친구의 딸로서 6살 때 정혼을 했고, 혼인시 무함마드는 53세, 아이샤는 9살이었다. 또한 자이납은 무함마드의 양아들의 아내였으나 계시를 통하여 이혼을 허락하고 무함마드는 자이납과 결혼을 했다.
[54] 남편들이 '나는 너와 이혼한다.'라는 단순한 문장을 세 번 되풀이함으로써 부인에게 이혼을 요구할 수 있다. 이것은 오늘날 '트리플 딸라크'(Triple talaq)라고 불린다(꾸란 65:1, 2).

말이다. 루터는 이슬람이 마귀의 종이라고 묘사하며, 그들이 꾸란의 어이없는 가르침을 따른다는 사실에 놀라워했다. 그들은 강퍅한 자들이기에 좀처럼 회개하지 않는다고 생각했다.

그럼에도 불구하고 그들도 역시 구원의 대상이라는 큰 원리에 대한 믿음은 변하지 않았다. 종말론적 선교이해와 선교의 긴박성을 가지고 종말이 오기 전에 무슬림들에게 복음을 전파해야 한다고 생각했다. 루터는 믿음, 순종, 경건, 용기, 인내 등과 같은 덕목이 무슬림을 능가할 정도가 될 때, 무슬림이 개종할 것이라 생각했다. 동시에 루터는 성도들이 스스로의 믿음을 지키며, 선교를 하기 위해서는 신앙고백으로 무장할 것을 요구했다. 기독교와 이슬람은 신앙고백에서 차이가 나기 때문에, 이 신앙고백을 확고히 할 때만이 성도들이 스스로를 지킬 수 있다고 믿었다.

그는 교회가 이 침략을 어떻게 대처해야 하는지를 차분하게 조언한다. 이 조언은 지금의 한국교회에도 유용하다. 왜냐하면 내적으로는 끊임없이 부정부패와 윤리의식의 추락이 나타나고 있고, 외적으로는 많은 이단들과 이슬람이 급속히 성장하고 있는 현실을 맞이하고 있기 때문이다. 교회가 그 고난을 어떻게 감당하느냐에 따라서 그 고난의 길이가 결정될 것이다.[55]

외부의 적과 싸우는 것은 내부의 적인 죄와의 싸움이 선행할 때 가능하다. 현재 한국교회는 루터의 조언에 따라서 내부적으로 말씀과 거룩을 따르며, 교회가 가지고 있는 신앙고백을 확인할 필요가 있다. 우리 곁에 이슬람이 다가오고 있다. 이 중요한 시기에 한국교회와 기독교인들은 다시 개혁을 논해야 한다. 개혁된 교회는 항상 개혁되어야 하기 때문이다. 지금

---

55) Hagemann, 『그리스도교 대 이슬람』, 145.

이 바로 그때이다. 이슬람으로 인하여 종교개혁을 가속화시켰던 마르틴 루터의 말에 귀를 기울여야 한다.

"터키인들과는 교황과 그의 추종자들이 가르치는 육체적인 방법으로 싸워서는 안 되고…그들이야말로 기독교인들이 고통을 감수하거나 회개와 눈물과 기도로 싸우고 내몰아야 할 하나님의 채찍과 진노라는 것을 알아야 한다."[56]

---

56) F. N. Lee, *Luther on Islam and Papacy*, 2000; 김성봉, "이슬람에 대한 루디의 염려," 『FIM국제선교회, 크리스천을 위한 이슬람 세미나』 (2012년 가을), 10에서 재인용.

3장

이슬람에 대한
루터의 대안

종교개혁자 루터(1483-1546)의 시대는 이슬람의 전성기였다. 따라서 그 시기는 이슬람으로 인한 영적 긴장이 한창 절정에 이른 때였다. 또한 이슬람이 관용의 종교라는 말이 퍼지면서, 이슬람으로 개종하는 사람들까지 생기기 시작했다. 하지만 루터는 단호하게 이슬람을 유대교, 기독교, 이교도의 신앙을 섞어놓은 잡동사니(patchwork)로 보았다. 루터는 다음과 같이 주장한다.

"이것으로부터 모든 사람은 무함마드가 우리 주 그리스도와 그의 왕국의 파괴자라는 것을 쉽게 알 수 있을 것이다. 만일 누군가가 그리스도에 대한 신앙 조항들, 즉 그가 하나님의 아들이고, 그가 우리를 위해 돌아가셨으나 여전히 살아계시며, 하나님의 우편에서 통치하신다는 것을 부인한다면, 도대체 그리스도에게 남은 것이 무엇이 있겠는가? 성부, 성자, 성령, 세례, 성례, 복음, 신앙, 기타 모든 기독교 교리의 생명이 사라져 버린 셈이다. 그리스도 대신 오직 무함마드만이 그의 행위에 대한 교리와 특히 칼에 대한 교리와 함께 남을 뿐이다. 바로 이것이 이슬람 신앙의 주된 교리인데, 그 안에는 모든 혐오와 모든 오류와 모든 악마가 한 더미로 쌓여 있다."[1]

이처럼 루터가 이슬람에 대하여 부정적으로 진단하는데도 불구하고 기독교인이 이슬람으로 개종하는 것에 대한 위기감을 느끼고 있다는 것은 루터가 쓴 『터키의 의식과 윤리에 대한 책』의 서문에 잘 나타나 있다.
"이 책(꾸란)을 통해 우리는 터키인 또는 무함마드의 종교가 의식와 윤리에 있어서 우리의 종교보다 훨씬 더 훌륭하다는 것을 발견하게 된다. 그들은 어떤 종교인 또는 성직자보다도 훌륭하다. 꾸란에서 드러나는 그들의 음식, 의복, 거주지, 단식, 기도, 집회 등의 정숙함과 소박함은 우리 가운데서 찾아볼 수가 없다. …그들의 종교와 비교할 때 우리의 종교는 그림자에 불과하다. 확실히 우리는 그들에 비해 세속적이다. …이 같은 이유 때문에 많은 사람들이 쉽게 기독교를 버리고 이슬람을 택한 후 열렬하게 따르는 것이다. 나는 가톨릭 신자, 수도승, 성직자를 비롯한 이 부류의 어떤 자도 터키인과 사흘 동안 지낸다면 자신의 신앙을 지키지 못할 것이라고 진실로 생각한다."[2] 라고 하였다. 루터는 이슬람이 종교로서 매력적이라고 보았고, 절박한 심정으로 기독교인들에게 쓴 저서를 통하여 이슬람에 대한 다양한 대안을 제시했다.

---

1) Luther, LW 46:177. "Thus the Turk's faith is a patchwork of Jewish, Christian, and heathen beliefs."; 우병훈, "미로슬라브 볼프의 하나님은 어떤 하나님인가?: 그의 책 『알라』를 중심으로," 『한국개혁신학』 (한국개혁신학회, 2016), 21에서 재인용.
2) 김정명, "종교개혁 시대 프로테스탄트들의 이슬람에 대한 이미지 연구," 『중동연구』 통권 34호 (2015): 73.

이슬람에 대한 루터의 저서들

마르틴 루터가 이슬람에 대하여 최초로 언급한 것은 종교개혁이 일어난 그 다음 해인 1518년에 쓴 『사면의 능력에 대한 논쟁의 해답들』(Resolutione Disputationum de Indulgentiarum virtute)이다. 또한 서신 등을 통해 이슬람에 대하여 언급했지만, 본격적으로 이슬람에 대해 글로 써서 출판한 작품은 1529년의 『터키인들에 대항하는 전쟁에 대하여』(Vom Kriege wider die Türken)였다.

이 작은 책의 주된 목적은 중부유럽으로 침입하는 터키에 대하여 독일 기독교인들이 군사적 대응을 해도 되는지, 해서는 안 되는지에 대한 그의 입장을 설명하는 것이었다. 그 당시 개신교인들 사이에는 터키 제국의 오스만이 가톨릭의 합스부르크보다 종교적 다양성에 대해서는 훨씬 더 너그럽다는 소문에 근거한 평화주의가 있었다.

그럼에도 루터는 첫째, 유럽은 터키의 제국주의에 대항하여 세속 관리들이 벌이는 방어전을 지지해야 하며, 둘째, 독일들은 터키인들 사이에 관용이 있다는 확인되지 않은 정보에 속지 말아야 한다고 논하였다. 기독교인들에게 개종을 강요하지 않을지라도 기독교인들을 이등시민으로 차별하거나 기독교신앙을 표현하지 못하게 한다면 점차 기독교는 사라지고 말 것이라고 하였다.

이 책에서 루터는 이슬람에 대항하는 단호한 전쟁을 촉구하면서 이슬람에 대한 간결하면서도 통찰력 있는 분석과 비판을 제공했다. 루터는 기독교와 관련된 꾸란의 기본적인 신학에 초점을 맞추는데, 흥미로운 점은 꾸란이 예수와 마리아를 높게 평가한다는 점을 지적하면서 긍정적으로 시작한다. 그러나 이러한 주제는 신학적으로 중요한 문제가 아니라고 말힌다. 왜냐하면 이슬람은 예수의 인격과 사역을 전적으로 재구성하기 때문이다.

이슬람에서 예수를, 이슬람의 메시지가 무함마드에 의하여 시작되고 꾸란이 만들어지기까지 아담에게 처음 전달된 그 계시를 다시 전하는 단순한 선지자로 여긴다는 것이다. 따라서 예수의 사역은 끝이 났지만, 무함마드의 사역은 여전히 유효하다고 본다고 루터는 지적한다.

이슬람의 선교는 주로 다른 종교의 자리를 빼앗는 것이라고 보았다.[3] 루터는 이슬람의 보편적인 메시지가 신학적이기보다는 오히려 정치적이며, 설교와 기적으로 확산된 기독교와는 달리 이슬람은 주로 칼과 살인에 의하여 성장했다고 보았다.[4]

특히 루터는 무슬림 가정에서의 가족관계 특히 남녀관계에 대하여 언급하면서 순결하지 않고, 불안정하며, 억압적이라고 하였다. 남편은 부인을 경작하기 위한 들판으로 묘사한 꾸란 2장 223절의 시작 부분과 끝 부분(228-237), 특히 꾸란에 언급된 여자와의 이혼 방법을 읽고 나서는 이슬람은 결혼과 여성을 하찮게 여기기 때문에 여인들이 확실성과 견고성을 갖지 못한다고 보았다. 남자가 여자에게 이혼한다고 선포함으로써 이혼이 성립되는데 이러한 결혼은 결혼이 아니라고 말한다. 루터는 이슬람은 우리 주 예수 그리스도를 파괴하는 자요, 적이며, 신성모독자로서 복음과 믿음 대신 무함마드의 온갖 종류의 거짓말을 내세우며, 모든 정부와 가정생활과 결혼을 파괴하는 자들이라고 결론지었다.[5]

그 후 터키 군대의 움직임을 전해 들은 루터는 또 하나의 작품을 출판하게 되는데, 그것은 『터키인들에 대항하는 군대설교』(*Heerpredigt wider den*

---

3) Robert Spencer, *The Truth about Muhammad: Founder of the World's Most Intolerant Religion* (Lanham, MD:Regenery Press, 2006); 김성봉 "이슬람에 대한 루터의 염려," 『FIM국제선교회, 크리스천을 위한 이슬람 세미나』(2012년 가을); 5.
4) Luther, LW 46:178-181; WA 30, II:123-126.
5) Luther, LW 46:195; WA 30, II:139; 김성봉, "루터의 염려," 5에서 재인용.

Türken)였다. 이 책의 전반부는 오스만 터키의 발흥이 다니엘에 의하여 예언되었다는 내용과 미래에 무함마드의 제국의 무슬림들 가운데서 살게 될 기독교인들에게 주는 목회적인 교훈이 다양하게 제공되어 있다.

세 번째 작품은 『터키인들에 대항하는 기도에 관한 훈계』(*Vermahung zum Gebet wider den Türken*)인데, 이 작품을 총 세 번(1539년, 1541년, 1543년)에 걸쳐 썼다.[6] 이와 함께 1530년 출판된 『터키의 의식과 윤리에 대한 책』(*Libellus de ritu et moribus Turcorum*)의 서론을 썼다. 또 기억할 만한 것은 루터가 1542년에 편집 번역한 작품으로서, 1300년경에 도미니칸 수도사인 리콜도(Riccoldo de Monte Croce, 1243-1320)가 쓴 『꾸란에 대한 반박』(*Confutatio Alcorani*)이다.[7] 루터는 이 책을 편집하여 번역하였다.

이슬람에 대한 또 다른 작품은 1542년에 아랍어에 능통했던 취리히의 신학자 테오도르 비블리안더(Theodor Bibliander, 1509-1564)가 독일어로 번역한 꾸란의 서문이다.

루터는 1543년 초에 나온 이 책의 서문을 썼다. 다양한 루터의 글을 통하여 루터가 이슬람을 어떻게 이해했는지를 살펴볼 수 있다. 루터는 스스로 이슬람과 관련된 다양한 문헌을 섭렵한 16세기 이슬람 전문가 가운데 한 명이었다. 그는 직접 이슬람을 연구하기 위해 라틴어 꾸란을 독일어로 인쇄하는 데 지원을 아끼지 않았을 뿐만 아니라 꾸란 번역서의 서문을 쓰기도 했다.

루터가 이슬람 교리연구에 그토록 집착했던 이유는 크게 두 가지로 요약할 수 있다. 첫째, 당시 기독교인들이 자칫 이슬람으로 대거 개종할지

---

6) 정병식, "루터의 관용: 신앙과 사랑 사이의 긴장," 『한국교회사학회지』 통권 3/호 (2014년), 49.
7) 이성덕, "종교개혁 시대의 팽창과 루터의 입장," 144.

모른다는 우려 때문이었고, 둘째, 존 위클리프[8]와 마찬가지로 가톨릭교회 비판의 준거로서 이슬람을 삼는 것이 시대적으로 가장 적합하다고 판단했기 때문이었다.[9]

루터는 1530년 헝가리의 게오르기우스(Georgius de Hungaria, 1422-1502)가 출판한 『무슬림의 의식과 도덕에 대한 책』(Vorwort zu dem Libellus de ritu et moribus Turcorum, 1530)에서 '경건한 독자에게'(Lectori pio)라는 서문을 썼다. 이 책은 게오르기우스가 터키에 사로잡혀 오랜 기간 동안 노예로 있으면서 직접 보고 경험한 것을 기록한 책이다. 루터는 이 책을 터키와 이슬람에 대하여 알 수 있는 매우 유익한 책으로 여겼다.[10]

매력적인 이슬람

이슬람이 동유럽을 점령하는 과정에서 일어난 전쟁에서 포로로 잡혀간 이들이 많았다. 도미니쿠스 수도원(Dominican Monastery)의 멤버인 게오르기우스가 1480년 오스만 터키에 사로잡혀 터키에서 노예로 살면서 자신이 직접 보고 경험한 것을 1530년에 책으로 출판하였다. 게오르기우스는 이슬람으로 개종하려는 위기에 처하기도 했으나 성공적으로 탈출한 후 이슬

---

8) 이슬람과의 비유를 통하여 로마 가톨릭을 비판했던 최초의 신학자는 종교개혁 시기 이전에 종교개혁을 외쳤던 14세기 옥스퍼드 출신의 신학자 존 위클리프(John Wycliff, 1331-1384)였다. 그는 종교개혁이 발생하기 약 150년 전에 로마 교황 중심의 가톨릭이 처한 종교 또는 정치적 타락상을 비판했던 선구자적 인물이었다. 그는 1378년-1384년 동안 쓴 일련의 저작물에서 이슬람과의 비교를 통해 가톨릭을 비판했다. 존 위클리프는 이슬람이 발흥하게 된 원인이 다름 아닌 가톨릭교회가 저지른 악행 때문이라고 여겼다. 다시 말해 이슬람은 가톨릭교회의 자만, 탐욕, 소유욕과 함께 시작되었다는 것이다. 그는 교회의 세속화가 세속화된 종교 이슬람을 낳았듯이, 교회가 내부로부터 올바른 방향으로 갈 때야 비로소 이슬람이 쇠퇴할 것이며 그 외에는 다른 방도가 없다고 주장하며 교회 내부의 개혁을 외쳤다. R. W. Southern, *Western Views of Islam in the Middle Ages* (Harvard University Press, 1962), 80; 김정명, "종교개혁 시대 프로테스탄트들의 이슬람에 대한 이미지 연구," 71에서 재인용.
9) 김정명, "종교개혁 시대 프로테스탄트들의 이슬람에 대한 이미지 연구," 72.
10) 정병식, "루터의 관용," 43.

람이 유혹할 수 있는 다양한 목록을 제공했다. 이슬람이 주는 매력은 타락한 기독교에 식상한 사람들에게 유혹이 되었다. 따라서 루터는 이슬람의 매력과 그에 대한 대안을 제시했다. 루터는 게오르기우스를 인용하면서 이슬람의 매력을 다음 다섯 가지로 열거하였다.

1. 무슬림 성직자들의 헌신

루터는 이슬람 성직자의 헌신과 영적 처신은 로마 가톨릭의 성직자와 심지어 엄격한 수도원의 규율과 비교해도 더 월등하다고 하였다. "이슬람 사제들이나 성직자들은 사람들이 그들을 가리켜 사람이 아니라 천사라고 여길 정도로 진지하고, 용기있고, 강한 삶을 살아간다. 교황제도에 속해 있는 우리의 성직자들과 수도승들은 이들에 비하면 장난과도 같다."[11] 사실 이슬람 신학에 의하면 인간은 모두 동등하기 때문에 가톨릭과 같은 사제들이 이슬람에는 존재하지 않는다. 따라서 루터가 말한 무슬림 성직자는 이슬람의 교사들과 모스크에서 봉사하는 이맘들을 가리킨다. 당시 타락한 성직자들의 행태가 이슬람의 이맘들과 비교된 것이다.

2. 기도에 대한 겸손한 헌신

게오르기우스가 기독교 예배와 대조하여 이슬람의 공적인 예배는 두려움을 일으킬 만하다고 기록한 내용을 살핀 후에 루터는 "여러분은 무슬림들이 이슬람 사원에 기도하러 모였을 때, 그들의 기도방식은 고요함과 질서정연한 아름다움이 있는데 우리 교회에는 그러한 질서와 고요함을 찾아

---

[11] Luther, WA 30/2:187.1-4; 김성봉, "이슬람에 대한 종교개혁자 루터의 실존석 변통,"『FIM국제선교회, 크리스쳔을 위한 이슬람 세미나』(2016년 가을), 2에서 재인용.

볼 수 없다."¹²⁾고 하였다. 이슬람은 기도를 중요하게 여긴다. 무슬림들은 기도하기 전에는 세정의식(wudu)을 한다. 얼굴을 씻고, 특히 입, 코, 귀와 같은 구멍과 손부터 발까지, 그리고 발부터 발목까지 씻어야 한다. 신체 전체(ghusl)를 닦는 것은 성관계, 혹은 월경 이후에 하는 것이다. 이러한 이슬람의 기도하는 모습은 경건해 보이고 공적인 기도는 더욱 경건하게 보인다.

꾸란에는 분명히 하루 4차례의 기도를 언급(꾸란 30:17-18)하고 있지만 무함마드 생존 시에는 각각 세정의식(洗淨儀式)을 치르는 5번의 기도가 지켜졌다. 5번의 기도는 일출(al-fajr), 정오(az-zuhr), 오후(al-asr), 일몰(al-maghrib), 저녁(al-isha) 예배이다. 질병이나 여행, 전쟁과 같은 특수상황에서는 이 기도방식을 변경하거나 어느 정도 연기할 수 있다.

기도는 개인적으로 행할 수도 있지만, 이슬람 사원에서 집단적으로 예배를 드리는 것은 특별한 의미를 지닌다. 얼굴을 제2의 성지인 메카의 카바를 향한 채 예배 참석자들은 예배 인도자인 '이맘' 뒤에 평행으로 정렬한다. 이맘은 꾸란을 암송하면서 그들을 인도한다. 금요일에는 정오 직후의 보통예배 대신 집단예배(al-jumah)를 하고, 이때 단상에서는 설교를 한다. 연중 2번의 축제일(ids)에는 아침에 특별 집단예배를 하는데, 하나는 라마단 바로 다음날이고 또 하나는 순례(hajj)하고 난 다음에 있다. 특히 밤에 하는 개인 기도는 의무는 아니지만 강조되고 있으며, 독실한 무슬림들 사이에서는 흔히 지켜진다.

3. 기적들에 대한 증언

이슬람은 성인들의 무덤을 순례하는데, 그때 그곳에서 많은 기적들이

---

12) Luther, WA 30/2:187, 18-21; 김성봉, "루터의 실존적 변증," 2에서 재인용.

일어난다고 게오르기우스는 전한다.[13] 기독교와 달리 이슬람에서는 이슬람의 신(神)인 알라(Alla)와 인간 사이에 인격적인 관계가 나타나지 않는다. 그러나 무함마드가 죽은 이후에 신과 개인적인 합일을 열망하는 신비주의자들에 의하여 수피즘(Sufism)이 활성화되었다.

수피즘은 전통적인 교리학습이나 율법이 아니라 현실적인 방법을 통해 신과 합일되는 사상을 최상의 가치로 여긴다. 수피즘의 유일한 목적은 신과 하나가 되는 것으로, 이를 위하여 춤과 노래로 구성된 독자적인 의식을 갖고 있다. 또한 성인들의 무덤을 순례하고 각종 기적들을 추구한다. 오스만 터키 시대에 많은 수피즘이 활성화되었다. 특히 터키의 콘야(Konya)에서 이슬람 신비주의 철학자인 무함마드 루미(J. Muhammad Rumi, 1207-1273)에 의하여 신과의 합일을 추구하고 기적을 추구하는 사상이 보편화되었다.

4. 무슬림들에게 나타나는 총체적인 경건의 모습

루터가 본 이슬람의 매력은 무슬림들에게 나타나는 총체적인 경건이었다. 그는 무슬림과 무함마드의 종교적인 의식이 기독교의 종교적인 의식과 사제들의 의식보다도 훨씬 훌륭하다고 말했다. 게다가 이슬람 지도자들은 포도주를 마시지 않고 돼지 고기를 먹지 않는다. 그들은 의복을 아무렇게나 입지도 않고, 지나치거나 화려하게 입지도 않는다. 음식과 옷, 그리고 거주지와 모든 것에서 검소함과 단순성이 기독교인들보다 훌륭하다고 칭찬했다. 백성들 사이에 평등이 있었고, 그들의 지도자와 다른 공직자들에게 대단한 순종과 존경을 보였다.[14] 기독교인들이 그들보다 더 부패했다. 이로 인하여 많은 사람들이 그리스도를 향한 믿음에서 떠나서 이

---

13) 김성봉, "루터의 실존적 변증," 2.
14) Luther, WA 30/2:189, 26-31; 김성봉, "루터의 실존적 변증," 3에서 재인용.

슬람으로 개종했다.[15] 이 모든 것들을 루터는 "독일에서 기꺼이 가지고 싶다."[16]고 기록하였다.

그러나 원하는 바를 취할 때는 대단히 조심해야 한다고 경고했다. 이슬람의 문화를 받아들이는 데 있어서 위험한 요소들을 함께 받아들이게 되면 이슬람 신앙을 받아들일 수도 있다고 경고했다. 예를 들어, 이슬람식 결혼법을 받아들이면 하나님께서 정하신 결혼이 파괴되기 때문이다. 위에 언급한 이슬람의 긍정적인 요소들은 바람직하게 여겨질지는 모르지만 기독교인들이 그런 것에 굴복하게 되면 이슬람 신앙을 받아들일까 봐 루터는 염려했다.[17]

5. 이슬람의 승승장구

루터는 기독교인들이 시험에 들 수 있는 결정적인 사실은 하나님의 공의가 부재한 것처럼 보일 수 있다는 데 있다고 했다. 기독교 입장에서 보면 신앙심이 없는 무슬림들은 벌을 받아야 마땅함에도 불구하고 유럽과의 전쟁에서 계속 승리를 하고 이슬람 신앙으로 무장된 것을 보면, 실제로 무슬림들이 마치 하나님이 택하신 자들처럼 보인다는 것이다. "무슬림들은 완강하고 냉혹하여 기독교로 개종할 가능성은 없어 보인다."라고 쓰고 있다.[18] 무슬림들과 비교해 보았을 때, "기독교인들의 신앙은 부끄럽고 기독교인 만큼 악한 자들이 없다."고 보았다.[19]

이와 같이 루터가 이슬람의 좋은 점들을 부각시킴에도 불구하고, 루터

---

15) Luther, WA 30/II, 205; 김지훈, "루터와 이슬람," 139에서 재인용.
16) Luther, WA 30/2:190.1; 김성봉, "루터의 실존적 변증," 3에서 재인용.
17) 김성봉, "루터의 실존적 변증," 3.
18) Luther, WA 30/2:191.8; 김성봉, "루터의 실존적 변증," 3에서 재인용.
19) Luther, WA 30/2:191. 9-13; 김성봉, "루터의 실존적 변증," 3에서 재인용.

는 이슬람을 결코 긍정적으로 보거나 평가하지 않았다. 그가 이슬람이나 터키인의 장점을 언급한 것은 어디까지나 교황과 가톨릭의 부패와 무능함을 강조하기 위한 방편일 뿐이었다. 루터는 기본적으로 이슬람과 기독교는 신학적인 공통점이 거의 없다고 보았다.[20]

루터 당시 부패한 로마 가톨릭 사제들과 교회에 실망한 적지 않은 기독교인들이 이슬람과 무슬림들의 매력에 빠져서 자신의 신앙의 정체성을 상실하는 경우도 있었다. 루터는 이 같은 위험을 감지하고 그런 위험에 직면하게 된 사람들에게 목회적 조언을 아끼지 않았다.[21] 이슬람의 매력과 그에 대한 루터의 대안에 귀를 기울이면서 오늘날 이슬람 인구가 증가하고 있는 한국교회도 교훈으로 삼아야 한다.

이슬람에 대한 루터의 대안

1. 기본적인 교리문답을 배워라

루터는 기독교인들에게 기본적인 교리문답을 배우라고 격려했다. "이제 사도신경을 배우십시오. 그대들이 아직 자신의 공간을 가지고 있을 동안에, 십계명과 주기도문도 배우십시오. 그것들을 잘 익히십시오. 특히 예수 그리스도와 관련된 이 고백을 잘 간직하시기 바랍니다. …."[22] 그 중에서도 특히 우리 주 예수 그리스도에 관한 내용인 사도신경의 제2조항을 잘 암송할 것을 적극 권하는데, 그는 그 조항에 우리 신앙의 핵심이 담겨있기 때문이고 했다. 이런 내용은 유대인들도, 무슬림과 사라센인도, 심지어

---

20) 김정명, "종교개혁 시대 프로테스탄트들의 이슬람에 대한 이미지 연구," 73.
21) 김성봉, "루터의 실존적 변증," 3.
22) Luther, LW 2:192, 22-31; 김성봉, "루터의 실존적 변증," 5에서 재인용.

어떤 교황주의자와 거짓 기독교인들도, 다른 불신자들도 갖지 못하고 오직 참된 기독교인만이 가질 수 있다고 하였다.[23] 루터는 기독교인으로 남기 위해 믿어야 하는 절대적으로 본질적인 것을 분명히 하였다. 오늘날 한국 기독교는 가장 기본적인 교리부터 새롭게 배우는 운동이 일어나야 한다. 기본적인 교리만 분명하게 알고 있어도 이슬람으로 개종하는 일은 없을 것이기 때문이다.

2. 무슬림 가운데서도 그리스도인답게 섬기면서 살아가라

게오르기우스는 많은 기독교인들이 터키인으로부터 벗어나기 위해 극단적인 선택을 하는 경우가 많았다고 전한다. "얼마나 많은 사람들이 그들의 비참한 환경 때문에 그 시험을 통과하지 못했고 절망의 구렁텅이에 자신을 던졌던가. 얼마나 많은 사람이 도망하였으며 그들의 생명을 위험에 처하게 하였던가. 그들은 산과 숲에서 굶주림과 목마름으로 죽었으며, 더 나쁘게는 자살하고 목을 매달았고 강에 투신하였다. 그들은 육적인 상태뿐만 아니라 영혼조차 파괴하였다."[24]

이에 대하여 포로로 끌려간 사람들에게 루터는 다음과 같이 권면했다. "그대들은 인내하면서 하나님에 의해 보내진 그러한 어려움과 고통을 자발적으로 받아들여야 한다고 생각하라. 하나님 때문에 견뎌라. 그리고 가능한 가장 진실한 방식과 가장 부지런한 방식으로 그대들이 팔려간 그대들의 주인을 섬기라."[25]고 권면했다.

터키인들이 포로로 잡힌 기독교인들을 짐승과 가축처럼 매매하기 때문

---

23) 김성봉 "루터의 염려," 10.
24) Adam S. Francisco, *Martin Luther and Islam. A Study in Sixteenth-Century Polemics and Apologetics*, Leiden Boston, 2007, 170; 김성봉, "루터의 실존적 변증," 8에서 재인용.
25) Luther, LW 2:192, 22-31; 김성봉, "루터의 실존적 변증," 8에서 재인용.

에 심지어 부모가 그 자녀들과 함께 포로로 잡히게 될 경우에 그 자녀들과 함께 있을 소망을 갖지 말라고 말하였다. 마치 선지자 예레미야가 바벨론으로 포로로 잡혀간 유대인들에게 경고했듯이, 그는 기독교인들에게 터키 제국의 다스림 아래에서 그 어떤 것을 보게 되더라도 외적인 크기나 화려함 때문에 마음을 빼앗기지 말고 오직 주님께만 마음을 두라고 권면하였다.[26]

루터는 그들에게 제국으로 도망치려고 하지 말고 오히려 그들의 운명을 받아들이고, 지속적으로 그리스도 안에서 하나님 앞에서의 의로움을 기억하면서 터키인을 사랑하고 섬기기 위해 최선을 다하며, 교회에 의해서가 아니라 하나님에 의한 역사적 상황을 통하여 무슬림에게 보냄을 받은 선교사로서 그들에게 그리스도를 전할 방도를 찾으려고 애쓰라고 하였다.[27]

3. 고통을 감수하라

루터는 기독교인들에게 고통을 감수하라고 권했다. 그러한 고통은 '구원에 좋고 필요한 것'인데 순종이나 고통이 그 자체로 유익하기보다 그것이 구원을 위하여 인간의 일이 아니라 하나님에 대한 신뢰를 배울 수 있게 하기 때문이라고 했다. 루터는 구약에서 몇 가지 예를 인용했다. 라반에 대한 야곱의 봉사로 시작하여 바로에 대한 요셉의 봉사, 애굽에서의 유다 백성의 포로생활과 바벨론에서의 포로생활을 언급했다. 그들의 비참함에도 불구하고 결국에는 "그들이 하나님의 은혜와 기적에 의하여 일으킴을 받았을 뿐만 아니라 구속되었다."[28]고 하였다.

---

26) 김성봉, "루터의 염려," 10.
27) Luther, WA 30/II,185-195; 김성봉, "루터의 염려," 10에서 재인용.
28) Luther, WA 30/2:194,10-1; 김성봉, "루터의 실존적 변증," 8에서 재인용.

그는 신약에서도 이에 대한 몇 가지 예를 찾아내었다. 유대인들과 이방인 통치자인 빌라도와 헤롯에 대한 그리스도의 복종뿐만 아니라 로마에서의 사도들과 모든 순교자들이 그에 해당한다.[29] "그런 고로 우리는 그리스도께서 그의 고통으로 우리를 사탄, 죽음 그리고 죄로부터 구원하셨을 뿐만 아니라, 그의 고통은 고통 가운데 있는 우리가 따라야 할 하나의 모범임을 첫째로 명심해야 한다. 비록 우리의 고통과 십자가가 우리가 그것에 의하여 구원을 받을 수 있다거나 그것을 통하여 최소한의 이득이라도 벌 수 있다고 생각해서도 안 되지만, 그럼에도 우리는 그에게 속하기 위해서라면 그리스도를 따라서 고통을 겪어야 한다. 왜냐하면 우리가 십자가에 달리신 그리스도를 믿어야 할 뿐 아니라 그와 함께 십자가에 못 박혀야 한다고 정하셨기 때문이다."[30]

루터에 의하면, 고통은 그리스도인의 삶의 한 부분이다. 따라서 도망치기보다는 직면해야 하며 그것을 그리스도인의 삶의 한 부분으로 결연하게 지고 가야 한다.

4. 주의하라

루터가 취한 마지막 주제는 만약 무슬림들이 신앙이 없다면 왜 하나님은 그들 군대에게 성공을 허락하셨는가이다. 이에 대하여, 루터는 이슬람의 화려한 외형에도 불구하고 그들의 참된 본성은 사탄적이라고 하였다.[31] "터키인들의 이 같은 거룩한 외형 가운데 그토록 많은 소름끼치는 가공할 추행들이 숨겨져 있는데, 말하자면 그들은 그리스도에 대하여 거짓말할

---

29) Luther, WA 30/2:194, 18-20; 김성봉, "루터의 실존적 변증," 9에서 재인용.
30) Francisco, *Martin Luther and Islam*, 171; 김성봉, "루터의 실존적 변증," 10에서 재인용.
31) Francisco, *Martin Luther and Islam*, 168; 김성봉, "루터의 실존적 변증," 11에서 재인용.

뿐 아니라, 그의 피, 죽음, 부활과 그가 세상에 행한 모든 선을 모독하며 부끄러워하며, 그들의 무함마드를 그리스도 위에 모신다. 이렇게 함으로써 그들은 또한 성부 하나님을 모독하며 하나님의 자리에 사탄을 두고 숭배한다."[32] 루터는 다음과 같은 조언으로 마무리했다.

"멸망당하거나 구원받는 것이 얼마나 많은 사람이 혹은 적은 사람이 믿는지 혹은 믿지 않는지에 달려 있지 않고, 하나님께서 명하셨는지 혹은 금하셨는지, 그의 말씀인지 아닌지에 달려 있다."

그 믿음을 가진 특정 백성에게 호의적으로 보이는지 혹은 적대적으로 보이는지 하는 것은 별반 다를 바가 없다. 세상에 관심을 두지 말라. "왜냐하면 하나님과 그의 말씀은 비록 하늘과 땅이 사라질지라도 남기 때문이다. 그런 고로 그리스도를 견고하게 붙잡으라. 그리해야 그대들이 사탄의 화살과 폭풍으로부터 보호받으며 그리스도의 사람으로 남게 되며 구원받을 것이다."[33]고 권면했다.

루터는 몇 마디로 그 상황을 요약하였다. "만약 우리가 이슬람으로 간다면 우리는 사탄에게로 가는 것이다. 만약 우리가 교황주의자들 가운데 머문다면 우리는 지옥으로 가는 것이다."[34] 기독교인들은 양면에서 사탄에 의하여 둘러싸여 있다. 기독교 신앙의 세계는 형식의 세계가 아니라 본질의 세계이며, 남에게 보여주기 위한 외형의 모습이 아니라, 내면의 세계이다. 따라서 몇 명이 모이는 것이 중요한 것이 아니라 본질적으로 하나님의 말씀 위에 서 있느냐가 중요한 것이다.

끊임없이 남에게 보이기 위한 외형을 추구하는 오늘날의 교회에 시의적

---

32) Luther, WA 30/2:191.18-23; 김성봉, "루터의 실존적 변증," 11에서 재인용.
33) Luther, WA 30/2:192.11-4; 김성봉, "루터의 실존적 변증," 11에서 재인용.
34) Luther, WA 30/2:196.33-197.1; 김성봉, "루터의 실존적 변증," 11에서 재인용.

절한 말이 아닐 수 없다. 이슬람이 주는 위협만이 아니라 이슬람이 주는 매력으로 인하여 기독교에 식상한 많은 기독교인들로 신앙을 버리게 하는 시련은 오늘날에도 여전히 있을 수 있다. 오늘날 한국에서도 많은 사람들이 이슬람으로 개종하는 일이 일어나고 있다.[35] 이런 시대에 한국교회는 기독교의 기본 신앙에 충실하고 그 신앙에 견고히 서는 일이 중요하다.

---

35) 한국인 이슬람 인구는 1970년 3,700명에서 2009년에는 7,1000명으로 성장하였다 ("한국 무슬림 인구 20만 명 넘어서", 『선교다임즈』 [2012/8], 21).

4장

칼빈이 바라본 이슬람

칼빈 시대의 이슬람

존 칼빈(John Calvin, 1509~1564)은 종교개혁을 이끈 프랑스의 기독교 신학자다. 역사의 여명(黎明)기에 칼빈은 가톨릭 사제, 법률가, 기독교 인문주의자가 되고자 했다. 그러나 갑작스러운 회심을 통해, 그는 오직 성경만을 유일한 텍스트로 삼아 그것의 교사(doctor), 해석자(interpres), 수호자(custos)로서 자신에게 부여된 삶을 살았다. 칼빈은 기독교회의 대개혁자로서 개혁주의 신앙과 신학을 수립하고 오늘날 소위 칼빈주의(Calvinism)를 이룩한 인물이기도 하다.

칼빈은 1509년 7월 10일 프랑스 파리에서 약 96킬로미터 떨어진 노용(Noyon)에서 태어났다. 부친은 사교관구(司敎管區)의 공증인이었고, 모친은 경건한 기독교 신자였다. 어린 시절부터 칼빈은 철두철미한 신앙과 경건을 배워나갔다.

1523년에 그는 파리대학에 입학하였고 신학과 스콜라철학을 전공했으며, 1528년에는 또 다른 대학들에서 헬라어와 히브리어, 그리고 독일 기독교회 개혁운동에 대한 교육도 받았다.

그런데 아버지와 노용성당(Noyon Cathedral)의 주교가 결별(訣別)하는 사건이 일어났다. 칼빈은 그 후에 부친의 명령으로 법률을 공부하기 위해 오를레앙(Orleans)으로 갔다. 오를레앙에서 몇몇 인문주의자 밑에서 배웠으나 세속적인 쾌락을 찬양하는 당시의 인문주의 사상에는 물들지 않았던 것 같다. 그는 자기가 체계화한 철학에는 그다지 경의를 표하지 않으나 단련과 금욕은 칼빈주의 신조에 불가결한 본질적인 것이 되었다. 오를레앙에 있는 동안 칼빈은 개혁주의자들의 저작을 탐독하고 개혁론자와 두터운 교류를 맺었다.

23세 때에 『세네카의 관용론 주석』(Calvin's Commentary on Seneca's De Clementia)을 써서 학계의 찬사를 받았다. 그리고 그는 국가적으로 멸시받는 파리의 개신교도들의 편에 섰다. 불분명하지만 그 당시에 칼빈의 회심(回心)이 있었던 것으로 추정된다. 이 회심의 성격은 로마 가톨릭으로부터 개신교로, 교황주의적 미신으로부터 개혁주의로, 그리고 스콜라주의적 전승주의(傳承主義)로부터 성경적인 단순성으로의 회심이었다. 가톨릭교회의 심한 박해를 피해 칼빈은 1535년 봄에 바젤로 이주했다.

그 해 당시 26세가 된 칼빈은 『기독교강요』(Institutio Religionis Christianae, 1536년)를 저술하였다. 이 책은 라틴어로 쓰여졌으며, 당대의 그 어떤 저작보다도 종교개혁에 큰 영향을 미쳤다. 『기독교강요』는 종교개혁의 신념을 포괄적이고 논리적으로 해명한 최초의 책이었다. 칼빈은 여기에서 종교법의 중세적 개념을 수정함으로써 루터보다 한걸음 더 앞서 갔다. 루터의 저작에 비하면 이 책은 훨씬 엄숙했다. 칼빈이 살았던 종교개혁 시대에 이슬

람은 가장 큰 팽창을 이루었고, 이슬람 제국의 황금기였다.[1]

칼빈도 이슬람 제국의 움직임에 대해 알고 있었으며 이에 대해서 우려를 나타내고 있었음을 파렐(Guillaume Farel, 1489-1565)과 주고받은 편지 속에 잘 나타나 있다.

1541년 독일황제(신성로마 제국 황제)는 지금 "터키인의 공격"으로 두려워하고 있으며 터키인에 대한 다양한 소문이 퍼져있다고 말하였다.[2] 칼빈은 1544년에 쓴 그의 저서 『교회개혁의 필요성』(De necessitate reformandae eccleesiae)에서 "터키인(이슬람)과의 전쟁은 온 정신을 혼미하게 만들어 버렸고, 놀라움으로 가득 차 있는 상태"[3]라고 말하였다. 이처럼 루터와 마찬가지로 칼빈 역시 당시 이슬람을 두려움의 대상으로 생각했으며, 무엇보다도 이슬람의 움직임에 대한 국제정세를 꿰뚫고 있었던 것으로 보인다.

칼빈이 무슬림들과 실제적인 논쟁을 벌였다거나 그들과 직접적으로 접촉했다는 기록은 없다. 왜냐하면 루터 당시는 빈(Vienna)을 정복하기 위해 이슬람 세력이 물 밀 듯이 밀려왔을 때인데 반해, 칼빈 당시는 이슬람 군대가 빈을 정복하지 못한 채 물러간 상태로, 이슬람의 공격으로부터 어느 정도 안정된 시기였기 때문이다. 또한 지정학적으로 루터는 이슬람이 시시각각 다가오는 독일에서 사역했지만, 칼빈은 이슬람 세력으로부터는 안정적인 제네바에서 사역했기 때문에 이슬람에 대한 긴장도에도 어느 정도 차이가 있었다. 그러나 칼빈의 작품 속에 나타난 이슬람에 대한 언급으로 볼 때, 칼빈은 이슬람에 대해 많이 연구했음을 알 수 있다.

---

1) Françis Robinson, *The Cambridge Illustrated History of the Islamic World* (Cambridge Uni. Press, 1996); 손주영과 2명 역, 『사진과 그림으로 보는 캠브리지 이슬람사』 (서울: 시공사, 2006), 102-108.
2) John Calvin, "To Farel (1541. 3. 28)," *Selected Works of John Calvin: Tracts and Letters*, Vol. 4 (Grand Rapids: Baker Book House, 1983), 241-243.
3) John Calvin, "The Necessity of Reforming the Church (1544)," 232.

이슬람에 대한 칼빈의 이해

루터가 이슬람에 대해 상당히 많은 저작물을 남긴 데 비해, 칼빈은 이슬람에 대한 저작물을 남기지 않았다. 그러나 대표적인 그의 저서『기독교강요』초판부터 최종판까지, 신명기를 비롯한 방대한 설교문과 주석을 통해 이슬람에 대한 자신의 생각을 나타내고 있다. 이슬람에 대한 칼빈의 이해도 루터처럼 로마 가톨릭과 유대교에 연결지어 전개한다는 점에 주목할 필요가 있다. 또한 이슬람에 대해서 처음에는 관용적인 입장을 취했다가 서서히 강경한 입장으로 바뀌었다.『기독교강요』초판에서는 무슬림에 대해 평화적인 태도를 보인다.

"그러므로 비록 교회적 권징에 따라서 출교된 자들과 친근하게 지내는 것과 내적인 교제를 갖는 것이 허용되지 않는다고 할지라도 우리는 가능한 모든 방법으로, 혹은 권고로 혹은 교리로, 혹은 자비로 혹은 온유로, 혹은 하나님을 향한 우리의 기도로 그들이 회심하여 더욱 좋은 열매를 맺도록 교회의 연합과 하나 됨 안으로 그들을 받아들이도록 힘써야 한다. 이 사람들뿐만 아니라 터키인들과 사라센인들 그리고 참된 종교의 다른 대적들도 또한 이와 같이 다루어져야 한다."[4]

그들을 돌이키게 하기 위해서 노력을 하되 일상생활에 꼭 필요한 것을 사용하지 못하게 한다든지, 그들의 인격을 모독한다든지, 칼과 무기로 협박하는 방법을 사용하는 것은 결코 용납할 수 없다고 했다. 하지만 칼빈

---

4) John Calvin, *Institutio Christianae Religionis* (1536); 문병호 역,『기독교강요』(초판) (서울: 생명의말씀사, 2009), 208.

역시 루터와 마찬가지로 시간이 흐를수록 이슬람에 대해 강력한 태도를 보였다.[5] 이슬람에 대한 칼빈의 태도의 가장 큰 특징은 신학적 오류를 지적하는 그의 엄격함이다. 그는 오직 구원자는 예수 그리스도 한 분뿐이라는 진리에 대해서는 어떠한 타협도 양보도 하지 않았고, 이러한 개혁주의 신앙 원리를 이슬람에 적용시켰다.

1. 무슬림들은 우상숭배자다(유일한 구원자는 예수 그리스도)

칼빈의 작품을 보면 종종 이슬람, 터키인, 무어족 등 타종교에 대한 언급이 등장한다. 하지만 그는 이슬람을 비롯한 타종교를 통한 구원의 가능성은 단호히 거부하였다. 그는 『기독교강요』에서 이슬람(Turks)에 대해 4번 언급했는데,[6] 『기독교강요』 제2권 6장 "타락한 인간은 그리스도 안에서 구속함을 받아야 한다." 4절 "하나님 신앙은 그리스도 신앙"에서 칼빈은 이슬람에는 중재자 되시는 그리스도가 존재하지 않는다며 다음과 같이 선언했다.

"수많은 사람들이 한때, 자기들이 천지를 지으신 지극히 높으신 하나님을 경배한다고 자랑했으나, 그들에게 중보자가 없었기 때문에, 결국 하나님의 긍휼하심을 참으로 맛보지도 못했고, 그리하여 그가 과연 자기들의 아버지이심을 납득하지도 못하고 말았던 것이다. 결국 그들은 그리스도를 자기들의 머리로 붙잡지 않았기 때문에, 그저 덧없이 사라져 가는 지식을 소유하는 것으로 그치고 만 것이다. 그들은 결국 유치하고 더러운 미신에 빠져서 자기들의 무지를 스스로 드러내고 말았다. 오늘날

---

5) 정대훈, "칼빈의 타종교와 이단에 대한 이해," (신학석사학위, 총신대학교, 2011), 73.
6) John Calvin, *Institutes* (2.6.4/ 3.13.5/ 4.2.10/ 4.16.24).

무슬림들 역시, 천지의 창조주가 바로 하나님이라고 힘차게 외치면서도, 여전히 그리스도를 배척하여 결국 참되신 하나님의 자리에 우상을 대신 올려놓고 그를 섬기고 있는 것이다."[7]

그는 『기독교강요』에서 터키인은 비록 천지를 창조한 유일신을 믿고 있지만, 예수 그리스도를 부정하고 있다는 점에서 우상숭배자가 되었다고 언급한다. 또한 칼빈은 베드로전서 1장 3-5절의 주석에서 유대인들과 터키인들을 우상숭배자라고 했고,[8] 요한일서 2장 22절 주석에서도 역시 동일하게 주장하였다.[9]

칼빈은 여기서 그리스도를 부인하는 자들을 더 넓은 범위로 확대시킨다. 그 이유는 예수께서 그리스도이심을 고백하는 한마디 말만으로는 충분하지 않으며 하나님께서 복음서에서 예수에 대해서 가르쳐 주시는 대로 예수님을 인식해야만 하기 때문이다.[10] 칼빈은 그리스도의 영원한 신성을 부인하는 아리우스주의(Arianism), 그리스도를 단순히 환상적인 인물로 생각하는 마르키온주의(Marcionism), 그리스도의 하나님의 아들 되심을 부인하는 사벨리우스주의(Sabellianism), 그리스도에게서 은혜와 능력을 박탈한 펠라기우스주의(Pelagianism) 그리고 인간의 선행이 의와 구원을 얻는 데 한 몫을 차지한다는 가톨릭을 적그리스도라고 했다.

또한 무슬림과 유대주의(Judea)도 삼위일체 하나님 대신 우상을 섬기는 적그리스도라고 부른다. 우리가 유일하신 하나님이 계시다고 고백할 때,

---

7) John Calvin, *Institutes* (1559); 원광연 역, 『기독교강요』 (최종판)(서울: 크리스챤다이제스트, 2015), 426-427.
8) John Calvin, *Commentaries on the Catholic Epistles*, trans. John Owen (Bellingham, WA: Logos Bible Software, 2010), 28.
9) Calvin, *Commentaries on the Catholic Epistles*, 197.
10) John Calvin, 『칼빈성경주석 17』 (서울: 성서원, 2002), 217.

그는 삼위일체 하나님으로서 아들이신 예수 그리스도를 통해서 우리에게 말씀하시고 알려지신 분임을 잊지 말아야 한다.

요한일서 2장 23절의 주석에서, 칼빈은 "모든 충만한 신성이 그리스도 안에 있기 때문에 그리스도를 떠나서는 그 어디에서도 하나님을 발견할 수 없다. 그러므로 터키인들과 유대인들 혹은 그와 유사한 사람들은 하나님 대신 순전히 우상을 조작해 내고 있는 것이다."[11]라고 말한다.

뿐만 아니라 1555년 10월 26일에 행한 신명기 13장 6절-11절 설교에서, "우리는 우리 생각이나 상상력에 따라서 하나님 상(象)을 만들어 내어서는 안 되며, 하나님께서 알려주신 계시에 따라서 하나님을 생각해야 한다. …터키인들이 말로는 하나님을 섬긴다고 하더라도 사실 그들은 우상숭배를 하고 있으며, 이 점에 있어서는 유대인들도 동일하다."고 했다. 또한 칼빈은 교황주의나 무함마드의 꾸란과 같이 새로운 종교를 조작해 내는 자들은 용서 없이 죽음에 처하도록 하나님께서 정해 놓으셨다고 주장했다.[12]

이처럼 칼빈 신학의 중심에는 예수 그리스도가 존재한다. 그는 이러한 그리스도 중심주의 관점에서 이슬람을 비판한다. 그는 "아버지라는 가장 감미로운 이름을 떠올리며 그 이름을 주장하지 않고는 참된 신앙을 가질 수 없다."[13]고 선언하였다.

이처럼 칼빈은 기도할 때에 하나님을 아바 아버지라 친밀하게 부를 수 있는 것은 기독교인들의 특권이라고 했다. 따라서 칼빈은 기독교의 친밀

---

11) John Calvin, 『칼빈신약성경주석』 Vol.4. 존칼빈성경주석출판위원회 역편 (서울: 성서교재간행사, 1992). 218-219.
12) John Calvin, *Sermons on the Deuteronomy* (Deut. 13:6-10. 1555), 544-545.
13) John Calvin, *Institutes of the Christian Religion*, trans. by Ford Lewis Battles, ed. by John T. McNeil (Philadelphia: The Westminster Press, 1961), 768.

한 아버지 개념이 이슬람에는 존재하지 않음을 분명하게 인식했다. 칼빈에 의하면, 이슬람의 가장 큰 문제점은 그리스도를 거부하는 데 있으며, 예수 그리스도 외에서는 하나님에 대한 참된 지식을 얻을 수 없다는 것이다.[14]

칼빈은 『올리베탕 성서』(Olivetan bible, 1535)의 서문에서 "생명과 구원에 이르는 길은 하나뿐으로, 곧 하나님의 약속에 대한 믿음과 확신인 바, 이것은 복음 없이는 가질 수 없다."고 분명히 말한다.[15] 또한 그는 『교회개혁의 필요성』(1543)에서 예수만이 참된 진리(pure doctrine)[16]라고 하였다. 이와 같이 칼빈에게 '구원의 길은 오직 한 길 예수 그리스도'라는 사실 만큼은 타협과 양보의 문제가 아니었다. 왜냐하면 그것은 개혁주의 신앙의 정체성이었기 때문이다. 그러나 종교가 다르다 하더라도 결코 무력으로 신앙을 강요하지 않았으며,[17] 그들이 참된 진리로 돌아올 수 있도록 끊임없이 설득하였다.

2. 무함마드의 계시는 거짓 계시다

칼빈은 성경 속의 하나님의 계시는 그리스도 안에서 종결되었는데 반해, 무함마드는 자연신학으로 돌아간다고 보았다. 특히 칼빈은 성경으로 충분하다고 강조한다. 그러나 로마 가톨릭과 이슬람은 구약과 신약성경 안에서 발견되는 계시에 만족하지 못한다고 주장한다. 이는 로마 가톨릭

---

14) Jan Slomp, "Calvin and the Turks", *Studies in Intrerreligious Dialogue* 19 (January 2009), 55.
15) John Calvin, "올리베탕 성서 서문(1535)," 『칼뱅작품 선집 II』, 박건택 역 (서울: 총신대출판부, 2009), 170.
16) John Calvin, "The Necessity of Reforming the Church(1543)," *Selected Works of John Calvin Tracts and Treatises,* ed. and trans. Henry Beveridge, Vol.1 (Grand Rapids, Michigan: Baker Book House Company, 1983), 215.
17) Herman J. Selderhuis(ed.), *The Calvin Handbook* (Grand Rapids, Michigan/Cambridge, U.K.：William B. Eerdmans Publishing Company, 2009), 155.

이 성경 외에 교회전통을 중시하듯이, 이슬람이 기독교의 성경이 아니라 꾸란을 완전한 계시로 간주하는 것으로 보았기 때문이다.[18]

이렇게 칼빈은 기독교 성경의 세계관 안에서 무함마드의 계시를 비판하였다. 그리고 무함마드가 이슬람 전통 안에서 신적인 위치를 점유하고 있다고 생각했다. 이슬람에서 예수를 수많은 선지자들 가운데 하나로 해석한 것에 대하여, "칼빈은 예수 대신에 무함마드를 하나님의 아들처럼 신성시한다고 보았다."[19]

그는 신명기 13장 설교에서 기독교의 신앙은 삼위일체 하나님께 나아가기를 구하지 않는 사악한 자들에 의해 공격을 받아왔다[20]고 하면서, 사악한 자들에 이슬람, 이교도, 그리고 유대교를 포함시켰다. 이들은 마치 썩어진 것같이 교회로부터 분리되었다. 특히 칼빈은 복음에 대한 그들의 반대와 기독교를 없애려고 하는 그들의 노력이 오히려 기독교가 더욱더 성장하게 만들기 때문에 거짓 선지자들이 일어나는 것을 볼 때에 우리는 여전히 하나님께 영광을 돌려야만 한다고 했다.

이슬람은 구약과 신약에서 마지막 예언자 무함마드가 예언되었다고 이야기한다. 그들은 구약의 신명기 18장 15절[21]의 "나와 같은 선지자"를, 예수님이 아닌 무함마드로 본다.[22] 칼빈은 사도 베드로가 "나와 같은 선지자"를 무함마드가 아닌 그리스도로 확증하고 있음에 주목하였다.[23] 베드

---

18) 변창욱, "종교개혁자들의 이슬람," *Muslim - Christian Encounter* (횃불트리니티신학대학원대학교 한국이슬람연구소, 2017): 120.
19) 안신, "칼빈의 유대교와 이슬람에 대한 이해,"『인문과학연구논총』통권 35권 2호 (명지대학교 인문과학연구소, 2014): 246.
20) Francis Nigel Lee, "Calvin On Islam," 2.
21) "네 하나님 여호와께서 너희 가운데 네 형제 중에서 너를 위하여 나와 같은 선지자 하나를 일으키시리니 너희는 그의 말을 들을지니라"(신 18:15).
22) 꾸란 3:48, 5:26-27, 5:49-50, 3:49, 43:63-64, 57:27.
23) "모세가 말하되 주 하나님이 너희를 위하여 너희 형제 가운데서 나 같은 선지자 하나를 세울 것이니 너희가 무엇이든지 그의 모든 말을 들을 것이라"(행 3:22).

로는 모세에게 예언된 선지자의 등장을 예수의 탄생으로 파악하였으며, 스데반은 그 예언한 이를 모세라고 설명하였다.[24]

여기서 분명한 것은 성경적으로 볼 때, 이슬람의 무함마드는 모세에게 예언된 선지자가 아니라는 것이다. 이슬람의 전통이 아무리 오래 되었다고 해도 전통이 신(神)적인 진리를 보증하는 것은 아니라고 판단하였다.[25]

이슬람에서의 예수는 모세와 무함마드의 중간 역할을 하는 선지자이다. 이슬람에서 말하는 예수는 무함마드가 올 것을 예언한 하나님의 영이며, 하나님으로부터 보냄을 받은 예언자요, 표적, 메시아, 말씀의 종이며, 하나님께 순종한 올바른 자 중의 한 사람이며, 심판대 증인이요, 하나님의 능력에 힘입어 기적을 행한 자이고, 현세와 내세에 존경을 받을 만한 저명한 사람으로 보지만, 인간의 죄를 위하여 십자가에서 죽으신 예수의 죽음은 인정하지 않는다.[26] 이슬람에서는 예수님이 십자가 사건 바로 전에 천국으로 가셨고, 유다로 추정되는 대리인이 예수 대신에 십자가에 못 박혔다[27]고 믿는다.

칼빈은 거짓 영이 나타나 하나님의 이름을 선포할 때, 우리는 그것이 참인지 거짓인지를 성경 말씀에 비추어 살펴보아야 한다고 말했다.[28] 실제로 무함마드가 계시받던 장면에 대한 이븐 한발(Ahmad IbnHanbal, 780-855)의

---

24) "이스라엘 자손에 대하여 하나님이 너희 형제 가운데서 나 같은 선지자를 세우리라 하던 자가 바로 이 모세라"(행 7:37).
25) Lee, "Calvin On Islam," 6.
26) "마리아의 아들이며 알라의 선지자 예수 그리스도를 우리가 살해하였다라고 그들이 주장하더라. 그러나 그들은 그를 살해하지 아니하였고 십자가에 못박지 아니했으며 그와 같은 형상을 만들었을 뿐이라. 이에 의견을 달리하는 자들은 의심이며 그들이 알지 못하니 그렇게 추측을 할 뿐 그를 살해하지 아니했노라. 알라께서 그를 오르게 하셨으며 알라는 권능과 지혜로 충만하심이라"(꾸란 4:157-158).
27) John T. Seamands, *Tell It Well: Communicating the Gospel Across Cultures* (Kansas: Beacon Hill Press, 1981); 홍성철 역, 『타문화권 복음 전달의 원리와 적용』 (서울: 세복, 1995), 317.
28) Wulfert de Greef, *The Writings of John Calvin: An introductory guide* (London: Westerminster John Knox Press, 2008), 78.

기록에 의하면, "계시받을 때 그는 낙타새끼같이 색색거렸고, 땀이 이마에 맺히고 가끔 그의 입에서 거품이 나오고 의식불명 상태로 땅에 누워있었다."[29] 이러한 현상은 무속문화나 정령숭배 문화권에서 무당들이 겪는 신비체험과 유사하다.

이슬람에서는 요한복음 14장 16절에서 예수님이 말씀하신 "다른 보혜사"[30]를, 성령이 아닌 무함마드로 본다.[31] 이에 대하여 칼빈은 "다른 보혜사"는 무함마드가 아니라 성령이라고 했다. 그리고 칼빈은 1554년 2월 26일부터 시작한 욥기 설교(4장 15절)를 통해서, 무슬림들은 성경의 가르침에 만족하지 못하고 무함마드가 복음에서 벗어나서 새롭고 완전한 계시를 가져올 것으로 착각하고 있다고 하였다.[32] 칼빈은 단호하게 새로운 계시는 없다고 말하면서, "어떤 새로운 교리나 계시에 대한 헛된 기대로 자신을 속이지 말라."[33]고 했다. 그러므로 칼빈은 이슬람을 계시의 종교로 보지 않고 사람이 만든 것이라고 생각했으며, 계시는 신구약 성경 외에는 없다고 분명하게 밝혔다.

3. 무함마드는 적(敵)그리스도이며 그를 따르는 자들은 배교자다

칼빈은 1556년에서 1557년 사이에 출판한 신명기에 관한 설교(신 18:15; 33:2)에서 꾸란과 자신의 법령을 전능한 지혜라고 말하는 이슬람과 로마교황을 적그리스도의 두 뿔로 말하며, 무함마드와 교황은 진리에서 떠난 사

---

29) 이동주, "성경과 꾸란의 언어 비교연구: 꾸란의 영광 성령을 중심으로," 『ACTS 신학과 선교』, (2002): 163.
30) "내가 아버지께 구하겠으니 그가 또 다른 보혜사를 너희에게 주사 영원토록 너희와 함께 있게 하리니"(요 14:16).
31) 최종휴, 『성경이 꾸란에게 말하다』 (서울: CLC, 2016), 63.
32) John Calvin, *Sermons on the Job* (Job. 4:15. 1554)(Edinburgh: The Banner of Truth Trust, 1993), 72.
33) Calvin, *Institutes* (1536), IV.3.52.

기꾼이자 협잡꾼(imposters)이라고 폄하하였다.[34] 이슬람을 포함한 다른 종교에 대한 칼빈의 인식은 신명기 주석에 잘 나타나 있다. "유대교인들이나 무슬림들이나 그 밖의 이교도들이 스스로 천지의 창조주이신 하나님을 경배한다고 하지만, 실상은 가상적인 하나님을 섬기는 것이다. …진리 대신 의심스럽고 불확실한 생각을 좇고 있는 것이다. 그들은 어둠 가운데 헤매고 있으며 하나님 대신 그들 자신의 상상을 경배한다. 간단히 말해서, 그리스도를 떠나서는 모든 종교가 거짓되고 변하는 것이며 그러한 종류의 예배는 모두 혐오해야 하고 단호히 정죄되어야 마땅하다."고 했다.[35]

칼빈은 무함마드는 거짓 선지자이며, 무함마드를 따르는 자들은 하나님의 참된 교회로부터 단절된 자들이며 진리의 '배교자'(apostata)라고 보았다. 또한 디모데후서 1장 3절[36]에서 칼빈은 무슬림들도 무함마드의 계시 이후로 "조상 때부터 하나님을 섬긴다."고 말하지만, 무함마드와 함께 "악마의 꿈"을 나누어 마신 것에 불과하다고 비판하였다.[37] 칼빈은 무슬림들도 아브라함의 언약백성으로서 하나님을 예배하는 특권을 부여받았지만, 하나님의 섭리의 과정에서 떨어져 나간 것으로 이해했다.[38] 또한 칼빈은 로마가톨릭교회의 교황과 이슬람의 무함마드를 모두 "오염되고 오래된 샘에서 흘러나오는 물"로 평가하였다.[39]

칼빈은 데살로니가후서 2장 3절[40] 주석에서 이 불법의 사람은 어느 개

---

34) Calvin, *Sermons on the Deuteronomy*, 666.
35) Calvin, *Sermons on the Deuteronomy*, 243.
36) "내가 밤낮 간구하는 가운데 쉬지 않고 너를 생각하여 청결한 양심으로 조상적부터 섬겨오는 하나님께 감사하고"(딤후 1:3).
37) Lee, "Calvin On Islam," 13-16.
38) 양신혜, "칼빈의 종교적 관용에 대한 이해," 『한국기독교신학논총』 통권 85호 (2013), 132.
39) John Calvin, *Calvini Opera Database*, ed. Heman J. Selderhuis, 9 (Peldom: Instituutvoor Reformatieonderzeok, 2005), 536. 양신혜, "칼빈의 종교적 관용에 대한 이해", 132에서 재인용.
40) "누가 어떻게 하여도 너희가 미혹되지 말라 먼저 배교하는 일이 있고 저 불법의 사람 곧 멸망의 아들이 나타나기 전에는 그날이 이르지 아니하리니"(살후 2:3).

인이 아니라 로마 가톨릭과 이슬람이라고 보았다.

"바울은 개인이 아니라 사탄이 하나님의 성전 한복판에 가증스러운 자리를 세울 목적으로 탈취하기로 한 한 왕국을 두고 말하고 있다. 이것이 우리는 로마 가톨릭 제도에서 성취되고 있음을 본다. 무함마드가 배교자가 되어 그의 추종자들인 터키인들을 그리스도에게서 떠나게 하고 이 배신은 더 넓게 확대되었다. 모든 이단자들은 자기들의 당파를 이용해서 교회의 통일성을 파괴하고 있으며, 이 결과 그리스도로부터의 이탈이 많아지게 되었다."[41]

칼빈은 실제로 바울의 예언이 자신의 시대에 확증되고 있다고 보았다. 그는 이슬람이 배교자로서 교회의 절반을 폭력으로 쪼개어 갔고 그 나머지 절반은 로마 가톨릭이 그의 독으로 감염시키고 있다고 지적했다.

이슬람에 대한 칼빈의 선교적 적용

1. 하나님의 절대 주권과 하나님의 사역

역사적으로 이슬람과 기독교는 대립관계에 있어 왔다. 지금도 이슬람 국가에서 기독교인들은 핍박과 고난 속에서 그들의 신앙을 지켜가고 있다. 외부적인 박해가 없는 이 땅에 살고 있는 기독교인들에게, 이런 고난은 얼핏 낯선 영역이다. 전능하신 하나님께서 살아 계시고 온 우주를 통치하신다면, 이 땅에 환란과 악이 존재하는 것이 과연 가능한가라고 질문하게 된다.

칼빈은 악에 대한 하나님의 의지와 행위의 개념에서, 이를 3중 행위 개

---

41) Calvin, 『칼빈성경주석17』, 495.

념으로 설명했다. 즉 인간도 행하고 동시에 하나님도 행하신다는 것이다. 그런데 이 행위에는 서로 다른 방식과 목적이 있을 뿐이다.[42] 먼저 하나님의 목적은 환란을 통해서 그의 종 욥의 인내를 연습시키시는 데 있었다. 하지만 사탄은 그를 절망으로 몰아가고자 했고, 갈대아인들은 불법적으로 다른 사람의 재물을 탈취하고자 했다(욥 1:17).

이렇게 한 사건에 대하여, 하나님, 사탄, 갈대아인이 서로 다른 목적으로 서 있는 기능구조를 가지고 있다. 방식에 있어서도 주님은 사탄에게 그의 종이 시달리도록 허락하셨고, 이를 위해 갈대아인들을 사탄의 사역자로 넘겨주셨고, 사탄은 그의 사악함으로 갈대아인의 마음에 사악한 마음을 일으켰으며, 갈대아인들은 미친 듯이 그의 불의로 치달아 그 죄에 많은 무리가 참여하여 죄를 짓는 그런 방식으로 이루어졌다. 이렇게 하나님의 은밀한 명령에 의하지 않고는 어떤 것도 이루어질 수가 없다.[43]

그래서 칼빈에 의하면, 하나님 의지가 모든 것들의 원인이요 하나님은 악한 자를 통해서도 그가 은밀히 정하신 것을 성취하신다는 것이다. 다만 그의 뜻은 그의 자신 안에서도 하나요 단순하지만, 우리 인간은 무능력하여 그가 어떻게 다양하게 뜻하고 계시며 어떤 것이 일어나지 않게 하는지 이해할 수 없기 때문에 우리에게 그의 섭리가 다양하게 보인다고 하였다. 하나님의 절대 주권을 인정하지 않는 한, 우리는 피조 세계에서 일어나는 모든 일의 원인자를 찾을 수 없게 된다. 따라서 이슬람도 결국 하나님의 주권 아래에 있는 것이다.

---

42) 김영규, 『엄밀한 개혁주의와 그 신학』 (서울: 하나, 1998), 37.
43) Calvin, *Institutes* (1559), Ⅰ, 18, 1.

2. 하나님이 쓰시는 진노의 그릇

이슬람의 탄생과 발전이 하나님의 절대 주권과 섭리 가운데 일어난 일이라면 거기에는 분명한 하나님의 뜻이 존재한다. 출애굽기에 나오는 열 가지 재앙은 억압받는 이스라엘 백성과 모든 민족들에게 하나님만이 참 신이심을 증명하는 사건이었다. 하나님의 목적은 자신의 능력을 보이고 자신의 이름을 온 천하에 전파하는 데 있었다. 이를 위하여 하나님은 바로라는 인물을 세우시고 바로의 마음을 강퍅케 하심으로 열 가지 재앙을 애굽 가운데 내리신다.

여기서 성경은 억압받는 이스라엘 백성을 구출하는 주체로서 하나님을, 또 바로의 마음을 강퍅케 하신 주체로 역시 하나님을 기록하고 있다. 즉 모든 것을 섭리하시는 주관자로서 하나님을 제시한다.

칼빈은 출애굽기 9장 16절[44]과 관련해서 두 가지가 고려되어야 한다고 말한다.[45] 첫째는 바로를 멸망에 이르도록 하신 하나님의 예정이며, 이 예정은 하나님의 공의롭고 은밀한 계획과 관련이 있다. 둘째는 이 예정의 목적은 하나님의 이름을 선포하는 데 있다. 하나님께서는 성경을 통해서 자신이 바로를 세우신 것과 그의 성품도 하나님으로 말미암아 그에게 주어졌다는 것을 말씀하고 계신다.

로마서 9장을 통해, 바울은 바로가 어떤 보편적이고 혼돈된 자극에 의하여 어쩔 수 없이 강제적으로 무모하게 악한 행동을 취한 것이 아니라고 말한다.[46] 그는 스스로 원해서 본성대로 행한 것이다. 무함마드와 이슬람 역시 하나님께서 바로를 들어 쓰신 방식과 동일하게 섭리하신다고 볼 수

---

44) "내가 너를 세웠음은 나의 능력을 네게 보이고 내 이름이 온 천하에 전파되게 하려 하였음이니라"(출 9:16).
45) John Calvin, 『칼빈성경주석 19』 (서울: 성서원, 2002), 303.
46) Calvin, 『칼빈성경주석 19』, 303.

있다. 하나님께서는 무함마드와 그 추종자들의 마음을 강팍케 하시고 그들을 자신들의 정욕 가운데 내버려두셨다. 그들은 자신들이 원하는 대로 그들만의 신(神)을 만들어 냈으며 그 신을 섬기기로 작정하였다. 그러고는 하나님의 교회에 대하여 지하드(Jihad)를 선포하고 기독교인들을 공격한다.

7세기 이슬람의 태동기에 동로마 제국의 비잔틴 기독교의 상황은 두 가지 면에서 어두움 가운데 놓여있었다. 첫째로 올바른 진리의 교리가 가르쳐지지 않음으로써 온 세상이 진리에 목말라했고, 교회마저 올바른 교리의 부재로 말미암아 자신의 정체성을 잃어가고 있었다. 둘째로 성도들의 도덕적인 삶이 무너지고 있었다. 이것은 기독교가 세상에서 소금의 역할을 포기한 것이나 다름없었다.

바로 이러한 시기에 이슬람이 탄생하였고 곧 이슬람은 기독교를 위협하는 가장 큰 세력으로 성장하였다. 하나님은 무함마드와 그 추종자들의 정치적, 세상적 욕심을 허용하시고, 그것들을 사용하심으로 부패와 쇠락 가운데 있는 하나님의 교회를 깨우고자 하신 것이다. 따라서 이슬람은 하나님이 쓰시는 진노의 그릇인 것이다.

3. 무슬림을 부르시는 하나님

칼빈은 이슬람의 교리적, 신학적 잘못을 단호히 배격하고 비판하면서도 무슬림 역시 구원의 대상이라는 사실을 잊지 않았다. 칼빈은 무슬림은 증오의 대상이 아니라 인격적으로 대우해 주어야 하며, 참된 진리의 말씀으로 돌아올 수 있도록 기도해야 하고 나눔과 섬김을 보여야 하는 선교 대상으로 인식하였다.[47]

---

47) 정대훈, "칼빈의 타종교와 이단에 대한 이해," 79-80.

그는 신명기 23:7[48)]을 인용하며 할례받지 못한 에돔족속 안에 이스라엘의 형제들이 있는 것같이 세례받지 못한 무슬림이 아직은 우리의 형제는 아니지만 미워해서는 안 된다고 말했다. 이것은 하나님께 모세에게 하신 특별한 언급 때문이며 오늘날 기독교인들이 무슬림을 어떻게 대할 것인가에 대한 답변이기도 하다. 더불어 이사야 19장 21-25절 주석을 통하여, 하나님께서 거룩한 성경의 참 삼위일체 하나님 앞으로 많은 무슬림이 돌아오도록 예정하셨음을 믿는다고 고백하고 있다.

이사야 선지자는 애굽인들이 하나님께서 주신 교훈을 받아들이고 따른 후에 어떻게 할 것인지를 예언하며 여호와께서 애굽인들에게 은혜로우시며 그들과 화해하실 것이라고 말하면서, 동시에 애굽인들은 개종하자마자 즉시 용서받으리라는 것을 보여준다. 또 23절에서는 여호와께서 그의 선하심을 온 세계로 퍼뜨리실 것을 예언한다. 특히 이사야는 이스라엘의 가장 뿌리 깊은 원수였으며 다른 어떤 민족보다도 하나님 나라에서 더 멀리 떨어진 것같이 보였던 두 민족(앗수르와 애굽)에 대해서 말한다.[49)]

그러므로 우리는 이 예언을 통하여 교회의 치명적인 원수를 용서하시고 그의 자녀를 삼으실 만큼 은혜로우신 하나님께서 기꺼이 모든 민족을 부르신다는 것을 알 수 있다. 또 이 부르심에 완고한 이슬람이 포함되어 있음도 인정해야 한다.

이사야 선지자는 19장 24절에서 애굽인들과 앗수르인들이 이스라엘과 마찬가지로 축복받을 것이라는 약속을 끝으로 말한다. 한마디로 말해서 이사야는 이 축복이 애굽인들과 앗수르인들에게도 나누어질 것이라고 말

---

48) "너는 에돔 사람(로마 가톨릭)을 미워하지 말라 그는 네 형제임이니라 애굽 사람(무슬림)을 미워하지 말라 네가 그의 땅에서 객이 되었음이니라."
49) John Calvin, 『칼빈성경주석 7』, (서울: 성서원, 2002), 118-23.

하며,[50] 또한 이 두 민족의 이름하에 나머지 모든 민족을 포함시키시는 것이다. 우리는 영광스러운 여호와의 날에 이슬람과 유대인들이 그리스도께로 나와 그와 연합하는 것을 보게 될 것이다.

---

50) Calvin, 『칼빈성경주석 7』, 123-5.

5장

불링거가 바라본 이슬람

종교개혁은 유럽사회가 로마 가톨릭교회 중심의 중세적 질서체제에서 근대적 민족국가로 변모하는 과정에서 결정적인 역할을 한 매우 중요한 역사적 사건이었다.

한편 이 시기는 오스만 제국의 유럽을 향한 군사적 팽창과 영토 확장이 최고조로 달했던 순간이었다. 이 무렵 이슬람에 대한 관심이 그 어떤 시기보다 고조되었다. 종교개혁자들은 이슬람의 유럽 점령이 가시화된 것뿐만 아니라 이슬람화까지 이어질 수 있다고 판단하였다.

종교개혁자들 중에서 이슬람에 관심을 가졌던 사람은 루터, 칼빈, 츠빙글리, 불링거와 같은 신학자들이 있었지만, 가장 이슬람에 대하여 체계적으로 연구하여 이슬람 책을 저술했던 신학자는 불링거(Johann Heinrich Bullinger, 1504~1575)였다.

그는 스위스 취리히의 종교개혁자로서 40년 이상 교회를 효과적으로 이끈 탁월한 지도자일 뿐 아니라 역사적으로 혼란했던 시기에 사람들에게 존경받는 신학자요, 설교자요, 상담가였다. 불링거는 로마 가톨릭교회에서 개종한 후, 츠빙글리를 돕다가 나중에 그를 계승했으며, 설교와 저술을 통해 스위스를 종교개혁으로 끌어들인 주요인물이다.

그는 쾰른대학교(University of Cologne) 재학 중 종교개혁에 공감하게 되었다. 로마 가톨릭 성직자 신분을 박탈당한 후, 스위스 카펠(Kappel)에 있는 시토 수도회(Cistercian)의 수도원 학교에서 가르쳤다(1523-1529). 1523년 츠빙글리를 알게 되어 점차 그의 신학을 받아들이게 되었으며, 1528년 베른(Bern)에서 열린 성직자 회의에서 신학논쟁이 벌어졌을 때 츠빙글리를 지원했다.

그 다음해 그는 브렘가르텐(Bremgarten)에서 개혁파 목사가 되었고, 1531년 츠빙글리가 죽자 그를 대신하여 취리히에서 목사직을 수행하였다. 흥미로운 사실은 취리히의 신학자이며 종교개혁자로 불리는 불링거와 츠빙글리 그리고 비블리안더(Theodor Bibliande, 1505-1564) 세 명은 모두 이슬람에 조예가 깊었다.

츠빙글리는 바젤에서 공부할 때, 이슬람에 대한 지식을 충분히 습득하였다. 라틴어로 번역된 꾸란을 읽은 것으로도 알려져 있다. 츠빙글리는 이슬람이 유럽 기독교의 심각한 위협이 됨을 인식하고 있었지만, 루터와 달리 이슬람에 관한 저술을 집필하지 않았다. 꾸란 안에 있는 잘못된 믿음을 확인했으며 그 믿음에는 오류가 매우 많은 것으로 이해했다. 그는 오스만 터키를 유럽 기독교에 대한 하나님의 채찍이자 시험으로 이해했다.[1] 츠빙글리는 서구 기독교가 이슬람으로 인하여 위협을 느끼고 있다고 보았다.

---

1) 박상봉, "하인리히 불링거와 이슬람," 20.

그는 8세기에 이슬람을 연구했던 다메섹의 요한의 입장을 따르면서, 이슬람을 교리적으로 이단으로 여겼다. 츠빙글리는 이슬람은 타락한 유럽인에 대한 하나님의 복수요 징벌이었으며 이슬람에 대항하여 십자군을 일으키는 것을 반대하였다. 그 이유는 십자군이 교황의 손에 들어가서 복음을 방해하는 용도로 잘못 사용될 수 있기 때문이었다. 그가 십자군 대신에 무슬림들을 복음을 전해야 하는 선교적 대상으로 고려했다는 것은 특기할 만한 일이다.[2]

비블리안더는 언어적으로 매우 박식한 인물이었는데, 취리히 성경을 번역하는 일에 참여했을 뿐 아니라 또한 취리히 학교(Schola Tigurina)에서 구약 교수로 활동했다. 1530년대 후반부터 그는 유럽에 대한 오스만 터키의 위협에 주목했다. 특히, 바젤에 있는 요한네스 오포린(Johannes Oporin, 1507-1568)에게 이슬람에 대한 저술들과 꾸란을 제공해 줄 것을 요청하고 연구에 집중한 것으로 알려져 있다.[3]

그리고 츠빙글리의 무슬림에 대한 선교적인 이해에도 관심을 가졌다. 츠빙글리가 죽은 이후에는 무슬림 선교를 실천하기 위해서 비블리안더는 이집트 선교사로 가기 위해 아랍어 공부에 집중하기도 했다.

하지만 취리히 교회의 수석목사로 선출된 불링거가 비블리안더에게 계속해서 취리히에서 활동할 것을 요청했기 때문에, 결국 그는 이집트 선교사가 되려는 계획을 실천하지 못했다.

불링거는 이슬람 전문가였던 비블리안더를 통하여 이슬람에 대한 구체

---

2) 김성봉, "이슬람에 대한 종교개혁자들의 견해," 『FIM국제선교회, 크리스천을 위한 이슬람 세미나』 (2011년 가을), 19.
3) Christian Moser, *Theodor Bibliander* (1505-1564); Annotierte Bibliogtapie der gedruckten Werke, Zrich 2009, 8; 박상봉, "하인리히 불링거와 이슬람," 21에서 재인용.

적인 지식을 습득한 것으로 알려져 있다.[4] 불링거는 교회일치의 뜻을 품고 성찬에 대한 루터와 자신의 견해차를 극복하기 위해 1536년 제1 헬베티아 신앙고백(Helvetic Confession) 초안 작성에 참여했다. 이 노력은 실패로 끝났으나, 그 후 개혁자 존 칼빈과 취리히 일치신조(Consensus Tigurinus, 1549)에 합의하고 자기가 직접 작성한 제2 헬베티아 신앙고백(Confessio Helvetica Posterior, 1566)에 대해 다른 복음주의 개혁파 교회들과 합의했다.

이슬람에 대한 불링거의 이해

1. 꾸란의 가르침

기독교 신앙은 대속의 은혜에 근거한 칭의를 주장하지만, 선행에 근거한 이슬람은 낙원의 쾌락을 약속하고 잔인한 정복 전쟁으로 잘못 이끌게 된다.[5]

이런 종교에는 예수 그리스도가 필요없게 된다. 따라서 꾸란은 예수를 단지 하나님의 선지자로 보며 예수 자신이 하나님의 아들인 것을 부정한다. 또한 예수가 인간을 위하여 대신 죽으셨다는 것도 부정한다.[6]

또한 이슬람은 예수의 하나님의 아들 되심을 부인할 뿐 아니라 삼위일체도 부인한다. 성부 하나님만을 인정하는 이슬람의 믿음에 대항하여 불링거는 요한일서에 나오는 다음과 같은 말씀을 인용한다.

---

4) 박상봉, "하인리히 불링거와 이슬람," 21.
5) 원제목: Heinrich Bullinger; Matthias Erb, Der Tuergg. Von anfang und ursprung desz Turggischen Gloubens / der Tuerggen / ouch jrer Kunigen Und Keyseren [⋯], Zurich 1567. 6v와 7r (이하, Bullinger, Der Tuergg.); 김성봉, "이슬람에 대한 종교개혁자 불링거의 견해" 『FIM국제선교회, 크리스천을 위한 이슬람 세미나』 (2014년 가을): 6.
6) Klageartikel, 35r. "Demnach verlougnet er/ dass Jesus Christus Marie Sun/ Gottes sun sye. ⋯Item Christus sye nit fuer uns gestorben"; 김성봉, "불링거의 견해," 6에서 재인용.

"아들을 부인하는 자에게는 또한 아버지가 없으되 아들을 시인하는 자에게는 아버지도 있느니라"(요일 2:23).

꾸란은 예수의 죽음과 부활 그리고 하나님의 유일한 중보자 되심도 부인한다. 이러한 예수님의 사역에 대한 부인은 예수 안에 있는 믿음으로만 의롭게 된다는 기독교 신앙의 주된 교리를 부인하는 것을 의미한다.[7]

꾸란은 일부다처를 주장하며 결혼을 파괴하고 죄가 없는 여자들을 남자의 쾌락과 충동에 예속되도록 한다.[8] 또한 무함마드는 그의 새로운 신앙을 칼로 퍼트렸으며, 그의 추종자들에게 꾸란을 멸시하는 자들을 핍박하도록 명령하였다. 불링거는 그의 책, 역사를 다루는 장에서 터키인들의 비인간적인 잔인함, 여자들과 소녀들에 대한 부끄러운 처신 등을 기술하였다.[9]

불링거는 터키인의 신앙을 '무함마드의 신앙'으로 규정했다. 이 의미는 이슬람은 인간이 만들었다는 것을 강조하는 것이다. 또한 무함마드가 천사 가브리엘을 통해서 계시를 받았다고 주장하지만, 그 내용은 성경의 가르침에서 벗어난 것이라고 그는 말했다.[10] 무함마드가 받았다는 꾸란의 계시는 거짓말이라고 확신했고, 이러한 전제 속에서 불링거는 꾸란이 '율법의 모음'이라고 이해했다. 그리고 꾸란에 근거한 종교인 이슬람은 변형된 유대교이자 '유죄판결을 받은 이단'으로서 잘못된 기독교임을 분명히 하였다.

결국 불링거는 꾸란의 모든 내용을 "그릇되고, 잘못되었으며, 부패된 거

---

7) 김성봉, "불링거의 견해," 7.
8) Bullinger, *Der Tuergg*. 6v; 김성봉, "불링거의 견해," 7에서 재인용.
9) 김성봉, "불링거의 견해," 7.
10) Bullinger, *Der Tuergg*, 1. (참고로, 1567년 초판에는 장(page) 표기가 없다. 이 때문에 박상봉은 순서에 따라서 장표기를 했다고 밝힌다.), 박상봉, "하인리히 불링거와 이슬람," 29.

짓말"로 보았다.[11] 무함마드는 이슬람이 죄 용서와 영원한 생명을 줄 수 있다고 하며, 인간의 행위를 강조하는 펠라기안주의적(Pelagianism)[12]인 구원론을 주장한다고 보았다.[13] 이는 로마 가톨릭교회의 구원론과 결국은 같은 성격이다.

이슬람의 구원론은 예수 그리스도의 구속사역에 근거한 이신칭의와 전혀 다른 이해를 가지고 있는 것이다. 끝으로 이슬람은 낙원에서 구원받은 삶을 육체적인 기쁨, 먹고 마시는 즐거움, 아름다운 여인들과 함께하는 쾌락 등으로 이해하고 있다고 불링거는 설명한다.[14] 성경의 내세관과 다르다는 것을 지적한 것이다.

2. 오스만 터키의 박해를 받는 헝가리 기독교인에 대한 권면

1526년 8월 29일, 오스만 터키가 헝가리를 점령했다. 이 전쟁에서 헝가리 왕 러요시 2세(II. Lajos, 1506-1526)는 비운 속에 전사하였고 헝가리는 세 지역으로 분할되었다. 헝가리 수도를 포함한 서북부 지역은 교황청과 밀접한 관계를 맺고 있는 합스부르크 왕가에 의하여 통치되었고, 중남부 지역은 오스만 터키의 손에 들어갔다. 동북부 지역은 헝가리 국호의 정통성을 가지고 1541년까지 유지되었으나, 그 후에 1688년까지 오스만 제국의 통치지역으로 합병되었다.

---

11) Bullinger, *Der Tuergg*, 2; 박상봉, "하인리히 불링거와 이슬람," 30에서 재인용.
12) 펠라기안주의(Pelagianism)란 5세기 펠라기우스(Pelagius, 360년?~420년)와 그의 추종자들이 가르친 기독교 이단이었다. 인간 본성의 선함과 인간의 자유의지를 강조했다. 펠라기우스는 기독교인들 사이에 만연한 도덕적 태만을 걱정했으며, 자신의 가르침을 통하여 기독교인들의 행위가 개선되기를 원했다. 인간이 약하기 때문에 죄를 지을 수밖에 없다는 사람들의 주장을 거부하고 하나님은 인간이 선과 악 사이에서 자유롭게 선택하도록 했다고 주장했고, 따라서 죄란 한 인간이 하나님의 법을 저버리고 자발적으로 범한 범죄 행위라고 보았다. 따라서 원죄에 대한 교리와 유아세례의 필요성을 거부했다.
13) Bullinger, *Der Tüergg*, 4; 박상봉, "하인리히 불링거와 이슬람," 30에서 재인용.
14) Bullinger, *Der Tüergg*, 7; 박상봉, "하인리히 불링거와 이슬람," 31에서 재인용.

이러한 고통스러운 상황에서, 헝가리 기독교인들은 긴 인내의 시간을 보내야 했다. 그 무렵 독일과 스위스 종교개혁의 영향 속에서 학문적, 종교적, 문화적 도약을 이끄는 운동이 헝가리에서 발생하였다. 이러한 배경 속에서 츠빙글리의 죽음 이후에 스위스 취리히 교회의 대표적인 신학자였던 불링거의 이름이 헝가리에도 알려지게 되는 계기가 있었다. 결국 터키인들의 위협을 받고 있는 헝가리 기독교인들의 힘든 현실을 외면할 수 없었던, 오스트리아 빈에 위치한 헝가리 총리실의 비서 요한네스 페제르토이(Johannes Fejértoy)는 헝가리 교회의 상황을 담은 서신을 취리히 교회의 의장이었던 불링거에게 보냈다.[15]

당시에 헝가리의 수많은 기독교인들이 터키로 잡혀갔다. 그들 중에는 이미 가정을 이룬 사람들도 많았는데, 아내들은 잡혀가고 아이들과 홀로 남겨진 남편들이 많았다. 이들 중에는 아내가 터키에서 다시 돌아올 가능성이 있음에도 불구하고 홀로 아이들을 키우는 것이 힘들어서, 다시 결혼한 남성들이 많이 생겨나기 시작했다.

이러한 비극적인 사건과 관련하여, 페제르토이는 불링거에게 다음과 같은 심각한 질문에 대해 어떻게 답변해야 할지 조언을 부탁했다.

터키로 잡혀간 부인이 돌아왔을 때, 첫 번째 결혼과 두 번째 결혼을 어떻게 처리해야 하는가? 기독교인들이 다른 종교인들과 함께 살아가면서 경제적인 어려움을 당할 뿐만 아니라, 다른 종교인들로부터 종교의식에 참여할 것을 강요받을 때, 어떻게 해야 하는가? 종교재판의 현실 속에서 참된 신자들이 감당해야 할 의무는 무엇인가? 등이었다.[16] 그러나 불링거

---

15) 박상봉, "하인리히 불링거의 '헝가리 교회와 목사들에게 쓴 서신(1551)'" 『신반포중앙교회, 종교개혁 496주년 기념강좌』 (2012년 가을), 14-15.
16) 박상봉, "헝가리 교회와 목사들에게 쓴 서신(1551)," 16-17.

는 이중 혼인에 대해서 아무런 답변을 내놓지 않았다.

불링거는 왜 이 질문에 대해서 아무런 답변도 하지 않았을까?

박상봉교수는 이에 대하여, 이미 1540년에 『기독교 가정생활』(Der christliche Ehestand)이라는 저술을 통해 기독교 가정에 대해 심도 있게 피력한 바가 있지만 그럼에도 불구하고, 불링거가 이 질문에 답변하지 않은 이유를 두 가지로 분석한다.

먼저, 불링거는 헝가리 교회 안에서 발생된 이중 혼인에 대한 성경적이고 신학적인 답변을 한다고 해도 논쟁의 여지는 완전히 사라지지 않는다고 생각했을 것으로 본다. 만약, 불링거와 다른 의견을 가진 신학자나 목회자가 있을 경우에 이 주제는 유럽 교회를 시끄럽게 할 수 있기 때문이다.

두 번째는 1540년 종교개혁을 위기로 몰아갔던 사건인 헤센(Hessen)의 선제후 필립 1세(Philipp I. von Hessen, 1504-1567)의 이중 혼인과 관련하여 종교개혁자들이 이와 관련된 주제를 다시 논하는 것은 쉬운 문제가 아니었을 것으로 본다. 이에 대한 답변이 자칫 유럽 내에서 종교개혁을 위태롭게 하는 문제를 야기시킬 수도 있다는 정치적 고려 속에서 침묵했을 가능성이 있다는 것이다.[17]

그 외의 문제들에 대해서, 불링거는 헝가리 기독교인들을 위해 성실하게 답변했다. 불링거는 구원론적이고 종말론적인 이해 속에서 위로했다. 하나님은 세상의 마지막 때까지 모든 신자들을 보호하실 뿐만 아니라, 또한 믿음을 지키며 인내하는 자들에게 천상의 상급을 주신다는 것을 강조했다. 모든 신자들의 고난은 세상 속에서 그리스도와 연합해 있다는 증거이며, 영원한 나라에서 영광을 누리게 될 삶에 대한 상징임도 표명했다.

---

17) 박상봉, "헝가리 교회와 목사들에게 쓴 서신(1551)," 26.

또한 기독교인들이 이슬람 종교와 같은 지배 아래에서 어떻게 살아야 하는가에 대하여 불링거는 선명하면서도 원론적인 이해 속에서 답변했다. 성도들은 로마의 지배 아래에서도 살았고 앗수르와 바벨론 지배 아래에서도 살았다. 성도들을 고통스럽게 하는 다른 종교를 탓하기 전에 먼저 자신을 살필 것을 요구하였다. 또한 어떠한 핍박이 온다고 해도 하나님이 금지하신 교황주의와 이슬람의 종교의식에는 참여하지 않아야 한다고 분명하게 말했다.[18]

3. 불링거의 저서 『터키』

이슬람에 관한 불링거의 가장 중요한 책이 바로 이 책이다. 불링거는 1567년에 『터키』(Der Tuergg)라는 책을 출간하였다. 여기에서 터키란 당시 오스만 터키라는 의미와 함께 그들의 종교인 이슬람을 지칭하는 말이다. 『터키』는 표지를 제외하고 크게 세 부분으로 구성되어 있다. 서문, 본문, 그리고 기도문이다. 본문은 이슬람의 신앙생활에 대해 비판한 내용뿐만 아니라 이슬람 신앙을 가진 오스만 터키의 역사를 설명하는데, 16개의 주제를 담고 있다.

- 터키 사람들의 믿음과 거짓 선지자 무함마드에 관하여
- 오직 기독교 신앙만이 참된 신앙으로 남아있는 것에 관하여
- 하나님은 왜 참된 믿음을 대적하는 거짓된 무함마드의 신앙을 허용하셨으며 그리고 오래토록 참으시는가에 관하여
- 사라센 사람들은 어떻게 무함마드를 자신들의 군주로 받아들였는가?

---

18) 박상봉, "헝가리 교회와 목사들에게 쓴 서신(1551)," 27-28.

* 사라센 사람들과 그들의 강하고 큰 왕국에 관하여

* 터키 사람들과 그들의 기원에 관하여, 그리고 그들의 왕국에 관하여

✦ 오스만 터키의 왕들과 왕국의 시작에 관하여

✦ 첫 번째 오스만 터키 왕에 관하여

✦ 첫 번째와 두 번째 터키 왕(오르칸 I세와 II세) 그리고 세 번째 왕(아미라트 I세)에 관하여

✦ 네 번째 터키 왕(파야체트 I세)에 관하여

✦ 다섯 번째와 여섯 번째 터키 왕(마호메트 I세와 II세)에 관하여

✦ 일곱 번째 터키 왕(아미라트 II세)에 관하여

✦ 여덟 번째 터키 왕(첫 번째 터키 황제 위대한 마호메트 I세)에 관하여

✦ 두 번째 터키 황제(아홉 번째 터키 왕 파야체트 II세)에 관하여

✦ 세 번째 터키 황제(열 번째 터키 왕 셀림 I세)에 관하여

✦ 네 번째 터키 황제(열한 번째 터키 왕 솔리만)에 관하여를 끝으로, 불링거는 『터키』의 결론을 긴 기도로 마무리한다.[19]

그는 하늘의 전능하신 하나님의 공의와 오스만 터키의 위협 속에서 큰 두려움을 가지고 있는 불쌍한 그리스도인들에게 긍휼을 베풀어 주실 것에 대해 기도했다. 예수 그리스도의 십자가 죽음을 통해서 구원을 받은 신자들의 불순종과 죄악에 대해 회개했다. 특히, 하나님이 구약의 역사 속에서 이스라엘 백성들을 불순종과 죄악 때문에 이방의 왕들(살만에셀, 느부갓네살, 안티오코스 에피파네스 등)을 통해서 고통을 받게 하신 것과 마찬가지로, 오늘날에도 하나님이 오스만 터키를 신자들의 불순종과 죄악 때문에 채찍으로

---

19) Bullinger, *Der Tuergg* ; 박성봉, "하인리히 불링거와 이슬람," 28에서 재인용.

주셨다고 밝혔다.

불링거는 하나님께 은혜와 긍휼을 베풀어 달라고 할 뿐만 아니라, 진노를 내리시지 않도록 간절히 기도하는 것도 잊지 않았다. 거짓된 이슬람 신앙하에서 예수 그리스도를 고백하는 참된 신앙을 지켜주실 것과 폭군 터키로부터 구원해 주실 것도 기도했다. 끝으로, 하나님께 인간 무함마드를 믿는 무슬림들을 온 세상의 구세주이신 예수 그리스도께로 돌이켜 주시기를 간구했다. 또한 터키에 잡혀간 모든 그리스도인들을 위로해 주시고, 참된 믿음을 유지할 수 있도록 도우시며 그리고 구원해 주실 것을 기도했다.[20]

특히 기억할 만한 것은, 불링거가 무함마드와 무슬림을 교황과 마찬가지로 그리스도에게 대적하는 세력인 적그리스도와 연관지어 생각한다는 것이다. 불링거는 디모데전서 4장과 골로새서 2장을 인용하면서, 무함마드와 그와 같은 교훈들을 심지어 "사탄의 교훈"(tuefels leeren)이라고까지 불렀다.[21]

이슬람에 대한 불링거의 견해

이슬람에 대한 종교개혁자들의 비판은 학문적이거나 전문적인 지식보다는 종말론적인 이해 속에서 참된 신앙에 대한 싸움과 관련된 것이었다. 특히, 오스만 터키가 하나님의 징계로 이해된 것은 모든 종교개혁자들에게서 공통적으로 확인되는 주장이다.

루터는 오스만 터키가 동유럽을 침공한 것은 교황주의 교회가 참된 복

---

20) 박성봉, "하인리히 불링거와 이슬람," 28-29.
21) Bullinger, *Der Tuergg*, 7.

음을 버린 것에 대한 하나님의 심판적인 의미가 있다고 밝혔다. 즉 터키는 타락한 기독교를 회복시키기 위한 하나님의 채찍임을 강조한 것이다.[22] 그리고 이러한 입장 때문에 루터는 하나님의 채찍인 오스만 터키를 대적하여 십자군 전쟁을 계획하는 것에 대해 반대했다. 신자들의 책임은 전쟁을 하는 데 있는 것이 아니라, 오히려 회개하고, 기도하며 그리고 참된 복음을 묵상하는 데 있다고 주장했다.

전체적으로 볼 때, 불링거의 마음도 이와 크게 다르지 않다. 오스만 터키가 유럽과 기독교에 큰 위협이라고 해도 하나님의 섭리 속에서 벌어진 것으로 이해했다. 전쟁의 대상이 아니라, 우리 자신의 죄악을 직시하고 회개하는 성격으로 이슬람 문제를 평가한 것이다. 분명히, 불링거는 이슬람을 잘 알아야 한다고 생각했다. 그리고 그 지식을 통해서 이슬람이 어떤 종교적 성격을 가지고 있는지 분명히 인식하고 경계할 필요가 있다고 확신했다.

기독교의 한 이단으로 규정하면서 신자들로 하여금 이슬람의 거짓됨을 보게 했음을 알 수 있다. 그렇다고 해도 불링거는 이슬람을 하나님의 도구로 인식했다. 구원에 대한 여지와 상관없이 어떤 식으로든 관심의 대상이라는 것을 분명히 한 것이다.[23]

한국교회는 한국 내에서 끊임없이 성장하는 이슬람에 대해 경각심을 가지고 이슬람을 올바로 이해해야 하며, 이슬람을 적대시할 것이 아니라, 경계하면서 객관적이고도 정확한 이해를 통해서 무슬림도 하나님의 구원의 대상으로 이해해야 한다.

---

22) Luther, WA 30 II, 116; 박성봉, "하인리히 불링거와 이슬람," 32에서 재인용.
23) 박성봉, "하인리히 불링거와 이슬람," 32.

한국교회는 이슬람에 대한 개혁주의적인 시각을 가지고 미래를 준비해야 한다. 한국의 다음 세대는 지금과 같은 사회가 아니다. 다문화 사회이며 다원주의 사회이기에 복음은 더욱 희미해질 가능성이 짙다. 한국 기독교는 종교개혁 이전과 같은 혼란을 극복하고 개혁주의 신앙을 다시 회복해야 한다.

2부
이슬람과 관련된
몇 가지 이슈들

6장

이슬람 치하에서 살아가는 기독교인들, 딤미(Dhimmi)

이슬람의 비잔틴 제국 침략의 역사(歷史)는 형제애를 확인하는 사랑의 역사는 아니었다. 오히려 신(神)의 이름으로 자행된 전쟁과 폭력으로 얼룩진 역사였다. 그들은 종교의 이름으로 싸웠고, 전쟁을 거룩한 전쟁으로 여겼으며, 그 전쟁에서 죽는 것은 큰 공적(功績)으로 인식되었다. 이념적으로든, 정치적으로든, 군사적으로든 언제나 인간들의 세속된 욕망(영향력, 권력 그리고 우월성)이 중요했다.

이러한 과거는 반복되어서는 안 된다. 그럼에도 불구하고 과거에 있었던 역사가 오늘 이슬람권에서 계속되고 있다. 이탈리아에 본부를 둔 국제신흥종교연구센터(CESNUR)에 의하면, 전 세계 분쟁과 종교 갈등으로 인하여 2016년 9만 명에 달하는 기독교인들이 사망한 것으로 나타났다. 이는 매 6분마다 기독교인이 생명을 잃는다는 것이다.[1]

---

1) 『국민일보』, 2017년 1월 4일.

오픈도어의 발표에 의하면, 기독교인을 가장 극심하게 박해하는 상위 50개국 가운데 40개국은 이슬람 국가들이다.[2] 데이비드 바렛(David Barrett)의 세계 그리스도인 백과사전(The World Christian Encyclopedia)에 의하면, AD 33년부터 AD 2000년까지 약 69,420,000명의 남녀 및 아이들이 기독교인이라는 이유로 죽임을 당했다고 밝혔다. 그 전체 인원 중에 9,101,000명의 기독교인들이 무슬림들에 의해 죽임을 당했다[3]

2011년부터 시작된 시리아 내전 이후 약 70만 명의 기독교인이 난민이 되었고, 기독교인 여성과 아동들이 납치당하였다. 2015년에 수니파 무장단체 이슬람 국가(IS)가 리비아 트리폴리 인근 해변에서 이집트 콥트 기독교인 21명을 참수하였다.

파키스탄에서는 기독교인 청소부를 더럽다고 무슬림 의사가 치료를 거부하여 죽음을 당하였다.[4]

나이지리아 테러단체인 보코하람의 지도자 아부바카르 쉐카우는 "나이지리아에서 무슬림과 기독교인이 동등하게 살 수 없다."고 주장하였다. 보코하람은 2009년부터 나이지리아 동북부를 거점으로 삼고 기독교인 등을 2만 명 이상 살해한 혐의를 받고 있다. 보코하람은 2015년 한 해 동안 6,644명을 살해했다.[5]

이슬람 치하에서 왜 기독교인들은 박해를 받는 것일까? 역사적으로 이슬람에서는 무슬림이 새롭게 침략한 영토에서 비무슬림들에게 얼마나 관대한지를 보여준다고 주장해 왔다.

---

2) 『크리스천투데이』, 2015년 1월 7일.
3) David Barrett, George T. Kurian, and Todd M. Johnston, *World Christian Encyclopedia* (New York: Oxford University Press, 2003), 1:11.
4) 『국민일보』, 2017년 6월 13일.
5) 『크리스천투데이』, 2017년 6월 30일.

이희수는 그의 저서 『이슬람』에서 "우리는 이슬람이 강제개종과 무력보다는 공납제도와 포용정책으로 성공을 거두었다는 사실을 역사를 통해 잘 알 수 있다. …이슬람 정복 과정에서 강제개종은 실제로 거의 일어나지 않았다. 무슬림들은 피정복민들의 문화나 관습, 종교 등을 보호해 주는 대가로 그들에게 무슬림보다 더 많은 세금만을 요구하였다. 따라서 피정복민의 입장에서도 이슬람 세력의 진출을 방해할 뚜렷한 이유가 없었다. 시간이 지나면서 세금도 적게 내고 더 많은 자유와 평등이 주어지는 이슬람으로의 대량개종이 일어나기 시작했다."[6]고 주장한다.

그러나 이런 주장과는 반대로, 기독교인들과 유대인들은 심하게 핍박받았으며, 그들의 나라에서 무슬림 정복자들에 의하여 이류시민이 되어버렸다. 오늘날 이슬람에 의해서 정복되어 이슬람법 아래에서 살고 있는 기독교인들은 이슬람과 그 법이 자신들을 지배하기 이전 시대와 똑같이 대우받기를 기대한다.

그러나 이슬람 국가에 살고 있는 많은 기독교인들은 이류 내지는 삼류시민으로 살아가고 있다.[7]

이 장에서는 이슬람의 예언자 무함마드에 의하여 이슬람이 시작된 이후부터 이슬람 국가들이 유럽 제국주의에 의하여 지배를 받기까지 이슬람 치하에서 살아야 했던 기독교인들에 대한 역사를 고찰하고자 한다. 또한 오늘날까지 이슬람권에서 계속되고 있는 기독교인들의 박해 원인을 이해하는 데 도움이 되고자 한다.

---

6) 이희수, 『이슬람』 (파주: 청아출판사, 2014), 101.
7) William Wagner, *How Islam Plans to Change the World* (Grand Rapids: Kregel Publication, 2004), 107.

이슬람에 의한 비잔틴 기독교 제국 점령의 역사

7세기 이슬람의 예언자 무함마드의 고양된 지도력 아래 황막한 사막으로부터 튀어나온 아랍인들의 분출은 대규모적인 전사들의 움직임이었으며 그것은 시리아나 이라크 혹은 페르시아에서 풍부한 약탈물을 얻을 수 있다는 소문을 통해서 더욱 그 추진력을 더해갔다. 이슬람 측 자료들은 당연히 종교적인 동기를 강조한다. 오늘날은 종교적인 동기보다는 세속적인 요인들, 즉 아라비아 반도에서의 인구 균형의 동요라든지 빈곤 혹은 단순히 약탈물에 대한 욕심을 더 강조하는 경향이 있다.

하지만 이슬람의 전쟁에서 결코 종교적인 동기를 과소평가해서는 안 될 것이다.[8] 예를 들어, 오늘날 수니파 무장단체 IS에 속해서 싸우기 위하여 시리아 국경을 넘는 이들이 영웅심리나 단순한 전쟁놀이를 경험하기 위해 참여하는 것은 아니다. 기독교가 믿음을 강조하는 것에 비하여 이슬람은 행동, 즉 알라의 뜻을 따르고자 행동하는 것을 강조한다. 꾸란은 무슬림들에게 행동하고, 싸우고(jihad, 성전), 자신의 신앙을 실천하고, 이슬람 종교를 수호하고 전 세계를 이슬람화하는 데 행동해야 한다고 가르친다.[9]

"박해가 사라지고 종교가 온전히 알라의 것이 될 때까지 성전하라. 만일 그들이 단념한다면 실로 알라는 그들이 행하는 모든 것을 지켜보고 계실 것이라"(꾸란 8:39).

이 꾸란 구절의 의미는 알라 한 분만을 경배하는 이슬람 종교, 즉 "알라

---

[8] Bernard Lewis, *World of Islam* (London: Thames & Hudson Ltd, 1976); 김동호 역, 『이슬람 1400년』 (서울: 까치글방, 2001), 298.
[9] John L. Esposito, *Unholy War: Terror in the Name of Islam* (New York: Oxford University Press), 5.

한 분 외에는 어떠한 신도 존재하지 않는다고 그들이 말할 때까지 사람들과 싸우라.'[10]는 의미이다. 무함마드는 자신의 추종자들에게 다음과 같이 말했다. "나는 알라의 이름으로 명령하노니 그들이 알라 외에 다른 신이 없으며 내가 알라의 메신저라고 말할 때까지 모든 사람들과 싸우라. 그렇게 하는 자는 누구든지 자신의 생명과 재산을 약탈당하지 않을 것이다."[11]

지하드의 목적은 전 세계의 모든 비무슬림들에 대한 이슬람의 지배를 확대하는 것이다. 따라서 지하드의 개념은 세상을 영원히 적대적인 두 개의 진영으로 나눈다. 이슬람의 세계관은 이 세상을 전쟁의 집(Dar al Harb)과 평화의 집(Dar al Salem)으로 나눈다. 평화의 집은 이슬람이 지배하는 영역이고 전쟁의 집은 비무슬림이 지배하는 땅이다. 따라서 지구상의 모든 땅이 평화의 집이 되기까지 전쟁의 집에 사는 비무슬림들은 지하드의 표적이 되는 것이다.[12]

이슬람 학자 마이드(Majid Khadduri, 1909-2007)는 『이슬람법 내에서의 전쟁과 평화』(*War and Peace in the Law of Islam*, 1955)에서 다음과 같이 썼다.

"전쟁의 집의 존재는 궁극적으로 이슬람법에 따라 금지되어 있다. 평화의 집은 전쟁의 집이 지속적으로 줄어들어 없어질 때까지 지하드의 의무를 가진다. 이슬람의 보편성은 지속적인 전쟁의 과정으로 엄격하게 군사적, 심리적, 그리고 정치적으로 무슬림들에게 강요된다."[13]

이슬람 역사가인 이븐 칼둔(Ibn Khaldun, 1332-1406)은 14세기에 지하드를 다음과 같이 정의했다.

---

10) 최영길, 『성 꾸란 의미의 한국어 번역』 (파하드 국왕 꾸란 출판청, 1999), 309, 각주 39-1.
11) Al-Nisai, vol. 3, part 6, page 5, hadith 3,087. Narrated by Abu Hariara.
12) Bat Ye'or, *Understanding Dhimmitude* (New York: RVP Press, 2013), 35.
13) Majid Khadduri, *War and Peace in the Law of Islam* (Baltimore: Johns Hopkins Press, 1955), 64. Ye'or, *Understanding Dhimmitude*, 69에서 재인용.

"무슬림 공동체에서 지하드는 무슬림의 의무이자, 모든 비무슬림들을 설득이나 힘에 의해 이슬람으로 개종시키는 종교적 의무인 것이다. [유대인과 기독교인]은 이슬람으로 개종하든지, 또는 인두세를 내든지, 또는 죽임을 당하든지 선택해야 한다."[14]

무엇보다도 꾸란은 지하드에 참전했다가 죽은 자들에게 영원한 천국을 약속한다.

"너희가 불신자를 만났을 때 그들의 목들을 때리라. 너희가 완전히 그들을 제압했을 때 그들을 포로로 취하고 그 후 은혜로써 석방을 하든지 아니면 전쟁이 종식될 때까지 그들을 보상금으로 속죄하여 주라. …알라의 길에서 살해된 자 있다면 그분은 그의 행위가 결코 손실되지 않게 하실 것이라. …그들에게 알려준 천국으로 그들을 들게 하노라"(꾸란 47:4-6).

꾸란에는 지하드에 관한 구절이 적어도 109개가 있다. 꾸란 각 55구절 중에 한 구절은 지하드에 관한 구절이다.[15] 무슬림 전사들은 즉시 이 '계시'를 실행에 옮겼다.

그들은 아라비아 반도를 떠나서 중동과, 북부 아프리카, 아시아, 유럽 등 여러 나라를 공격했다. 무함마드가 죽은 해인 632년에 아라비아 반도는 이슬람에 의하여 정복되었다. 7년 후인 639년에는 아므르 이븐 알아스

---

14) Ibn Khaldun, *The Muqaddimah. An Introduction to History*, Vol. I, Trans. Franz Rosenthal (New York: Pantheon Books, Bollingen Series XLIII, 1958), 473 and 480; Ye'or, *Understanding Dhimmitude*, 68-69.
15) Don Richardson, *The Secrets of the Koran* (Miami: Baker Publishing Group, 2008); 이희민 역, 『코란의 비밀』 (서울: 쿰란출판사, 2008), 39.

(Amr bin Al-As, 585-664)가 이집트 국경을 넘었고 이로써 무슬림은 그 후 아프리카의 비잔틴 속주로 진출할 수 있었다. 마침내 709년 세우타(Ceuta)를 제외한 북부 아프리카 전체가 무슬림의 손에 넘어갔고, 711년에 스페인이 무슬림의 손에 넘어갔으며 서 고트 왕국은 멸망했다. 스페인을 거쳐서 유럽으로 진출하려던 이슬람 군대는 732년, 프랑스 남부 투루 전투(Battle of Tours)에서 칼 마르텔(Charles Martel, 686-741)에게 패함으로써 유럽진출이 좌절되었다.

그러나 지중해 반대편에서는 정복전쟁이 계속되었다. 마침 당시 비잔틴 기독교 제국은 페르시아와의 전쟁으로 인하여 지쳤기에 외부의 공격에 허약한 상태에 있었다. 무함마드가 죽은 지 백 년 안에, 이슬람은 피레네부터 히말라야까지, 대서양에서 인도양까지, 중앙아시아에서 중앙아프리카까지 점령함으로써 명실상부한 대제국을 이루게 되었다. 아랍 군대에게 저항하지 않고 투항한 도시의 경우에는 그곳의 기독교인, 유대교인들에게 고유의 사원을 운영토록 허락이 되었지만 투항하지 않을 경우에는 교회와 회당 등을 몰수하여 모스크로 만들었다.[16]

아랍 왕조의 제2대 칼리프(Caliph)[17]인 우마르 이븐 알카타브(Umar ibn al-Khattab, 586-644)는 제1대 칼리프의 정복 사업을 계승하여 비잔틴 제국으로부터 시리아, 팔레스타인, 이집트를 빼앗았으며 사산왕조 페르시아를 멸망시키고, 페르시아를 합쳐 이슬람 제국의 바탕을 이룩했다.

우마르가 다스리는 10년 동안 이슬람 군대는 3만 6천 개의 도시와 성채를 정복했고 4천 개의 교회와 신전을 파괴했으며 1400개의 이슬람 사원을

---

16) Lewis, 『이슬람 1400년』, 101.
17) 원래는 대리인 혹은 계승자를 뜻하는 아랍어 칼리파(khalifa)로, 예언자 무함마드가 죽은 후 그를 계승하여 무슬림 공동체를 다스리는 수장(首長)을 말한다.

건축하였다. 그 후 십자군 전쟁과 몽고의 침략이 있었으나 십자군 전쟁은 이슬람 지역 일부분에서 일어난 일이었고 몽고인들은 종교에 별로 관심이 없었다.

1258년 몽고에 의하여 파괴된 폐허에서, 오스만(Osman, 1258-1326)은 이슬람 세력을 재정비하였고, 그 후 그와 그의 후손들은 터키를 중심으로 오스만 터키(Ottoman Turks, 1299-1922)란 이름으로 비잔틴 경계선에서부터 페르시아까지 이르는 모든 중앙아시아를 그들의 패권 아래 두었다.[18] 오스만 터키의 술탄 메메드 2세(Mehmet II, 1432-1481) 때인 1453년 3월 29일 콘스탄티노플은 함락되었고, 비잔틴 기독교 제국은 역사 속에서 사라졌다. 백 년 동안에 걸친 이슬람 군대의 전승에서(632-732)에서 예루살렘, 알렉산드리아, 안디옥과 같은 초대 기독교 중심지가 무슬림의 손에 들어갔다. 에베소와 콘스탄티노플은 이슬람의 두 번째 추방기에 그들의 손에 들어갔다.

서방 기독교의 대부분은 이 교회사적 대참사를 잊어버렸거나 무시했거나 침묵으로 받아들였다. 비잔틴 기독교는 고난으로 시험받은 교회였다. 1350년 이상 이슬람에 의해 억압과 핍박과 계속적인 처형을 받아왔다. 무함마드 시대에 지중해 연안 동부와 남부에 살고 있던 주민들은 비잔틴 기독교인이었다. 그들 중 90%가 높은 세금 압박과 멸시를 통해 흡수되어 이슬람으로 개종하였다. 오직 약 10%만이 정교회 교인으로 머무르게 되었다.[19]

기독교에 대한 꾸란의 견해

꾸란에서 '성서의 백성'은 유대인과 기독교인을 의미하는데, 이 명칭은

---

18) 유해석, 『우리 곁에 다가온 이슬람』 (서울: 쿰란출판사, 2003), 81.
19) Abd al-Masih, 『무슬림과의 대화』, 194-195.

54번 정도 나타난다. 또한 '복음서의 백성'이란 특별한 명칭이 단 한 번 나온다(꾸란 5:47). 오늘날 '기독교인'으로 번역되는 단어는 '안 나싸라'(an-Nasara)이며, 이는 꾸란에 14번 사용되었으며, 무함마드 당시 7세기의 기독교인을 말한다.[20] 기독교에 대한 무함마드의 태도는 우호와 적대라는 양 극단 사이에서 흔들린다. 먼저는 긍정적인 평가를 내린다. 기독교인 중에 오만하지 않은 성직자와 수도사가 있다고 평가한다(꾸란 5:82).[21] 또한 몇몇 기독교인들과 유대인들은 신실하고 진실로 믿을 만하다는 내용도 있다(꾸란 3:113).[22]

반면에 꾸란 5장 51절에 따르면, 무슬림들은 기독교인을 친구나 보호자로 삼지 말아야 한다고 기록되어 있다. 그 이유는 기독교인들이 자신의 신앙을 따르라고 권유할 것이기 때문이다(꾸란 2:120). 더 나아가 꾸란은 직접적으로 기독교 신앙의 핵심을 공격한다. 삼위일체를 말해서는 안 된다(꾸란 4:171). 이슬람에서는 삼위일체를 부정하기 때문이다. 하나님을 셋 중에 하나라고 말하는 것은 불경하다(꾸란 5:73). 왜냐하면 그것은 다신교의 오류에 빠지기 때문이다(꾸란 5:77).

꾸란은 '예수가 메시아이며 동정녀 마리아의 아들인 것'은 인정하면서도(꾸란 3:45-49), 성육신을 부인하고 예수가 완전한 인간이라는 것을 강조한다(꾸란 3:59, 5:116-117). 또 예수의 승천을 받아들이지만(꾸란 5:117, 4:157-159), 유대인들이 예수를 십자가에 못 박지 않았다고 선언한다(꾸란 4:157-159). 따라서 예수님의 부활을 인정하지 않는다. 죽은 적이 없기 때문이다. 무함마드

---

20) 서원모, "역사신학적 관점에서 본 기독교와 이슬람," 『이슬람 연구1』 (서울: 예영커뮤니케이션, 2003), 24.
21) "…우리는 기독교인이요라고 말하며 믿는 신앙인들에게 사랑을 표시하는 그들을 발견하리니 이는 오만하지 않은 성직자들과 배움에 열중하는 학자들이라"(꾸란 5:82).
22) "그들 모두가 똑같은 것이 아니거늘 성서의 백성들 가운데는 성실한 무리가 있어 밤을 지새우는 참 신앙인도 있도다"(꾸란 3:113).

가 자신의 생애 마지막에, 즉 아라비아 반도에서 자신의 지배력을 확보했을 때, 기독교에 대한 배제도 결정적으로 실행되었다. 무함마드는 기독교인들을 '신앙인의 공동체'에서 배제하였다(꾸란 5:51). 이런 배제는 북부지역을 장악하려는 무함마드의 의지와도 관계된 것이었다. 시리아에 있는 비잔틴 제국의 전초기지에 군대를 보내겠다는 무함마드의 군사적 결단은 기독교 세계와 이슬람 세계 사이의 불행한 대결의 시작이었다. 그런 결단에 대한 신학적 정당성을 계시를 통하여 확보하였다.[23] 따라서 꾸란에는 기독교에 대한 긍정적인 것보다는 부정적인 것이 많다. 그 내용을 살펴보면 다음과 같다.

1) 이슬람에서 매일 드려지는 기도 가운데 '알파티하'(al-Fatihah)라는 신앙고백이 있는데, 이는 꾸란 1장 1절에서 7절까지를 말한다. 무슬림들은 기도할 때마다 낭송하며, 신실한 무슬림들은 하루에 17번 알파티하를 암송한다. 마지막 구절인 7절은 다음과 같다. "그 길은 당신께서 축복을 내리신 길이며 노여움을 받은 자나 방황하는 자들이 걷지 않는 가장 올바른 길이옵니다." 여기에서 노여움을 받은 자는 유대인이고 방황하는 자는 기독교인을 말한다.[24] 모든 무슬림들은 기도할 때마다 '알파티하'를 암송하며 기독교인이 되지 않은 것을 알라에게 감사해 한다.

2) 꾸란은 무슬림들이 최고의 피조물이며, 우월하기 때문에 옳고 그름을 판단하는 역할을 한다고 한다. 그러나 기독교인들은 대부분 사악한 자들이라고 한다. "너희는 가장 좋은 공동체의 백성이라. 계율을 지키고 악을 배제할 것이며 알라를 믿으라. 만일 성서의 백성들이 믿음을 가졌더라

---

23) Hagemann, 『그리스도교 대 이슬람』, 30.
24) 최영길, 『성 꾸란 의미의 한국어 번역』, 3, 각주 7-2.

면 그들에게 축복이 더했으리라. 그들 가운데는 진실한 믿음을 가진 자들도 있었지만 그들 대부분은 사악한 자들이더라"(꾸란 3:110).

3) 꾸란에서는 기독교인들은 지옥에 간다고 말하고 있다. "실로 성서의 백성들 중에 진리를 거역한 자들과 불신자들은 불지옥에 있게 되리니 그들은 그 안에서 영주하매 가장 사악한 무리들이라"(꾸란 98:6). 이슬람에는 7개의 지옥이 있는데, 그 가운데 유대인은 5번째, 기독교인은 6번째인 하비야(Haviya)에 간다고 가르친다. 따라서 이슬람은 기독교인들에 대하여 적대감을 가지고 있음을 알 수 있다.

4) 꾸란은 예수가 재림할 것을 분명하게 말한다. "실로 예수의 재림은 심판이 다가옴을 예시하는 것이라. 그 시각에 대하여 의심치 말고 나를 따르라. 이것이 옳은 길이라"(꾸란 43:61). 이에 대하여 무함마드는 "진실로 마리아의 아들 예수는 너희 가운데 재림할 것이고 인간을 꾸란의 정의로운 척도로 의롭게 심판할 것이다. 그는 십자가를 부수고 돼지를 죽이며 그곳에 더 이상 지하드가 없게 할 것이다."고 하였다. 예수님은 이슬람 선지자로서 재림하여 모든 십자가를 부수고 기독교인들로 하여금 이슬람을 믿게 한다는 것이 이슬람의 가르침이다. 결국 예수님의 재림과 함께 기독교는 멸망할 것으로 본다.[25]

딤미, 이슬람 정권 아래에서 살아가는 타종교인

딤미란 무엇인가? 아랍어 딤미(Dhimmi)는 '보호받는 백성'이라는 뜻이다. 딤미는 이슬람 국가에서 살면서 이슬람 종교를 믿지 않는 기독교인과 유

---

25) Durie, *The Third Choice*, 47-48.

대인을 의미했다. 그러나 이슬람의 영토가 확장됨에 따라서 조로아스터교와 힌두교에도 적용되었다.

넓은 의미에서 딤미는 이슬람 국가에 살고 있는 비무슬림을 의미한다. 이슬람을 믿지 않는 이들이 있었기에 이슬람 영토에선 '딤미튜드(Dhimmitude) 교리'가 발전했다. 이슬람은 모든 이교도 지역에서도 이슬람법인 샤리아(Sharia)법의 실행을 요구했기 때문에 무슬림이 아닌 사람들, 즉 딤미들에게는 다른 법률이 적용되었으며, 이슬람을 받아들이기를 거부한, 무슬림이 아닌 사람들을 '아흘 알-딤마'(ahl al dhimma)라고 불렀다.

딤마(Dhimma)라는 단어는 지배자인 무슬림과 종속민족(즉 유대인, 기독교인)들 사이의 관계 또는 협정(계약)을 의미한다. 이는 다른 말로 하면 '무슬림 국가에서 용인된(무슬림이 아닌) 사람들'이라는 뜻이다. 이슬람법에 의하면 딤마를 대체할 수 있는 것은 개종, 노예가 되는 것 또는 죽음이다.

이슬람 군대와 항복을 협상한 '성서의 백성', 즉 기독교인이나 유대교인 공동체는 딤마에 종속되었다. 딤미 조약으로 인하여 이슬람권에 거주하는 비무슬림들은 법적, 사회적, 경제적 지위가 바뀌었다. 또한 딤미 백성들은 인두세(人頭稅), 즉 지즈야(Jizya)와 토지세(카라즈, Kharaz)를 포함한 다른 세금들을 영원히 무슬림 공동체(Umma)에 납부해야 했다. 그리고 지위가 달라진 현실과 노예 상태를 받아들여야 했다. 이것은 꾸란에 명시되어 있다.

"알라와 내세를 믿지 아니하며 알라와 선지자가 금기한 것을 지키지 아니하고 진리의 종교를 따르지 아니한 자들과 비록 그들이 성서의 백성이라 하더라도 항복하여 인두세(지즈야, Jizya)를 지불할 때까지 성전하라. 그들은 스스로 저주스러움을 느끼리라"(꾸란 9:29).

딤미 백성들은 이슬람 국가 안에서 그 존재가 용인되었고 법적으로도 분명한 지위가 부여되었다. 그와 같은 지위는 비무슬림 공동체가 이슬람의 우월성과 이슬람 국가의 지배를 받아들임으로써 종속적인 지위를 인정하고 그 표시로 사회적 제한과 지즈야라는 인두세 부과를 감내하는 대신, 자신들의 생명과 재산의 안전과 외적인 공격으로부터의 보호, 그리고 신앙의 자유와 공동체 내부에서 일어나는 일에 대한 자주권의 행사 등을 보장받는 것으로 되어 있었다. 딤미들은 노예보다는 더 많은 권리를 가지지만 무슬림에 비해서는 더 많은 세금 부담과 무장의 원칙적 금지라는 면에서 열등한 지위에 있었던 셈이다.[26]

딤미들은 자신들의 땅을 이슬람 공동체로부터 재매입해야 하며, 무슬림 지배 집단으로부터 굴욕감을 느끼고 열등감을 지닌 채 살아야 한다. 이 계약은 무슬림이 아닌 사람들의 삶에서 결코 소멸되지 않는다는 것을 의미한다. 그들은 삶에 대한 권리를 부여하거나 뺏을 수 있는 무슬림 집단에 대해 감사하고 영원히 열등한 그룹에 속한 것을 인정하고 양보하는 권리만을 가진다. 즉 딤미 조건은 종교에서만 문제가 되는 것이 아니라 두 그룹 간의 열등과 불평등의 상황, 그리고 토지의 분배에서도 문제가 되었다.[27]

1. 딤미 협정

딤미 협정은 우마르 조약으로도 불린다. 우마르 조약은 무함마드가 죽은 후에 비잔틴 기독교 국가를 점령했을 때, 2대 칼리프인 우마르 이븐 카

---

26) Lewis, 『이슬람 1400년』, 54.
27) Ye'or, *Understanding Dhimmitude*, 29.

티브(Umar ibn Khatib, 586-644)가 체결한 것으로 알려져 있다.[28]

이 조약은 대부분의 진술이 "우리는…하겠다."는 말로 시작하기 때문에 정복된 기독교인들이 썼다고 하지만, 실제적으로 조약은 무슬림 정복자들이 기독교인들에게 강요한 것이다. 조약이 제시하는 조건들을 받아들이는 대신에, 비무슬림들은 그 나라에서 제한적인 보호를 받을 수 있게 되었다.[29]

우마르 조약은 딤미 규정의 중요한 초기 자료이다. 이 내용은 기독교인들이 우마르에게 보내는 편지 형식으로 이루어져 있다. 이 편지 내용 가운데 실제적인 부분을 발췌하면 다음과 같다.

"우리는 우리 도시나 접경지역에 새로운 수도원이나 교회,
수도자들을 위한 은신처를 짓지 않겠습니다.
우리는 밤이나 낮이나 무슬림 영역에 있는 건물들이 파괴되었어도
원상복구하지 않겠습니다.
우리는 통행자들이나 여행자들에게 문을 열어 두고 있을 것입니다.
우리는 3일 동안 우리의 길을 통과하는
모든 무슬림들에게 숙식을 제공하겠습니다.
우리는 교회나 집에 무슬림으로부터 첩자도 숨기지 않겠습니다.
우리는 우리 자녀에게 꾸란을 가르치지 않겠습니다.
우리는 종교적인 행사를 공개적으로 하지 않을 것입니다.

---

28) 이슬람 학자들 사이에서는 딤미 협정을 634년에서 644년까지 다스렸던 우마르 이븐 카티브(Umar ibn Khatib, 586-644)가 맺었는지 717년부터 720년까지 다스린 우마르 2세 압드 알 아지즈(Umar ibn Abd al-Aziz, 628-720)가 맺었는지 의견이 분분하다. 두 통치자 사이의 시간 차이는 중요하지 않다 (Bat Ye'or, *The Decline of Eastern Christianity under Islam*, New Jersey: Associated University Press, 1991, 61).
29) Wagner, *How Islam Plans to Change the World*, 107-108.

우리는 어느 누구도 개종시키려고 하지 않겠습니다.

우리는 종족 가운데 이슬람으로 개종하는 사람이 있다면
방해하지 않을 것입니다.

우리는 무슬림들에게 경의를 표하고,
그들이 자리에 앉고자 하면 우리의 자리를 양보하겠습니다.

우리는 어떤 방법으로든지 무슬림의 삶의 방식을 닮으려고
시도하지 않겠습니다.

우리는 말의 안장에 오르지 않을 것입니다.

우리는 칼을 차거나 어떤 종류의 무기도
소유하거나 가지고 다니지 않겠습니다.

우리는 술을 팔지 않겠습니다.

우리는 우리 머리의 앞부분을 자르겠습니다.[30]

우리는 십자가나 우리의 책들을 무슬림 시장이나
무슬림이 다니는 길가에 내놓치 않겠습니다.

우리는 아주 조용하게 교회 안에서만 종을 사용하겠습니다.

우리는 예배 중에 암송을 할 때 목소리를 높이지 않을 것이며
무슬림이 있을 때는 안 하겠습니다.

또한 장례 행렬을 따를 때 목소릴 높이지 않겠습니다.

우리는 무슬림의 집보다 더 높이 집을 짓지 않겠습니다."

---

30) 머리카락 앞부분을 자르는 행위는 무함마드가 했던 행동에서 유래한다. 타빗(Thabit)이라는 무슬림이 예전에 유대부족인 쿠라이쉬 부족에 잡혔을 때, 알 자비르(al-Zabir)라는 유대인이 앞머리만 자르고 풀어주었다. 이슬람 군대에 의하여 쿠라이쉬 부족이 학살을 당할 때, 타빗이 무함마드에게 이야기를 하자 무함마드는 유대인 알 자비르의 앞머리 카락을 자르고 생명을 살려주었다. 이슬람 이전에 아랍문화에서는 생명을 보존하기 위하여 머리가 살리는 것을 내신하여 머리카락의 앞부분을 잘랐다. 머리카락의 앞부분을 사른다는 것은 노예가 되는 것과 굴욕을 의미한다 (Durie, *The Third Choice*, 132).

우마르는 여기에 두 가지를 덧붙였다. 무슬림에 의하여 죄수가 되면 사형을 당한다는 것과 또한 고의로 무슬림을 공격한 사람은 이 조약의 보호를 받을 수 없다.[31]는 것이다.

딤미에 대한 이슬람법은 다양하게 활용되었지만, 광대한 이슬람 지역과 시대를 넘어서 딤미 공동체에 부과된 조건과 규정들은 일관되게 집행되었고 변화가 없었다. 딤미에 관하여 이슬람의 학자 알-자우지야(Ibn Qayyim al-Jawziyya, 1292-1350)가 쓴 『딤미에게 주어진 명령들』(*Commandments of the dhimmis*)은 딤미에 관한 법을 대대적으로 정리하였다. 그 내용은 다음과 같다.

개종에 관한 규정
- 이슬람 치하에서 기독교나 유대교로 개종한 무슬림은 누구든지 사형에 처한다.
- 종교 간의 개종은 금한다. 만일 누구든지 종교를 개종한다면 이슬람이어야 한다.
- 무슬림을 다른 종교로 개종시키는 것을 금한다.
- 이슬람으로 개종한 사람은 가족 안에서 우선적인 상속권을 갖는다 – 가족 재산의 상속자가 된다 – 개종한 배우자는 모든 자녀에 대하여 독점적으로 후견인 자격을 갖는다.

결혼에 대한 규정
- 무슬림 남자는 기독교인 혹은 유대인과 결혼할 수 있다. 그러나 그들의 가정은 무슬림 가정이 되고 자녀들은 법적으로 무슬림이 된다.

---

31) Ibn Warraq, *Why I am Not A Muslims* (New York: Prometheus Books, 1995), 230.

- 무슬림 여자가 기독교인 남자나 유대인 남자와 결혼하는 것은 금지된다.

예배와 신앙생활에 대한 규정
- 정복된 후에는 교회를 지을 수 없다.
- 교회가 손상된다고 해도 수리할 수 없다.
- 딤미는 공개적으로 종교행사를 할 수 없다: 십자가나 장례행렬이나 종소리 내는 것을 금하며 큰 소리로 노래하는 것을 금한다.
- 딤미들이 기독교 서적을 인쇄하거나 판매하는 것을 금한다.

무슬림에게 대항하는 것에 대한 규정
- 딤미가 손으로 무슬림을 치는 것이 금지되며 위반하면 사형에 처한다.
- 또한 무슬림을 저주하는 것 역시 사형에 처한다.

취약성에 대한 합법적인 규정
- 무슬림을 반대하는 딤미의 증언은 효력이 없다. 이 원칙은 전체 이슬람 세계에 이미 적용되고 있었는데 만일 기독교인이 무슬림에게 개종을 시도했다는 이유로 무슬림에게 고발을 당했다면 기독교인의 법정에서의 증언은 효력이 없다.[32] 이 내용은 무슬림이 아닌 사람들에게 의심스럽거나 불확실한 사건들에 대하여 확실하게 규정하고 있다.
- 어떠한 경우라도 딤미는 무슬림을 때리는 것이 금지된다.

---

[32] 이슬람 율법에 따르면 무슬림과 딤미 사이에 충돌이 있을 때, 딤미의 증언은 자동적으로 거부되고 이슬람법, 즉 샤리아 법원의 심판을 받아야 한다. 그러나 1875년 오스만 터키에서 민사법원이 만들어졌는데, 여기에서는 기독교인과 유대인의 증언이 가능하게 되었다. 하지만 당시에 이슬람 치하에 있었던 발칸반도, 시리아, 팔레스타인 등 나른 이슬람 지역에서는 이러한 새판을 거부하였다(Ye'or, Understanding Dhimmitude, 158).

- 무슬림의 피는 딤미의 피와 동등하지 않다. 예를 들면, 누구든지 무슬림을 죽이면 이슬람법 샤리아(Sharia)에 의하여 사형에 처한다. 그러나 무슬림이 비무슬림을 죽이면 사형에 처하지 않는다.
- 만일 딤미가 딤미를 죽이고 이슬람으로 개종하면 처벌을 면할 수 있다. 누구든지 이슬람으로 개종하면 사형을 당하지 않는다.

무슬림에 대한 충성과 지원에 대한 규정
- 딤미는 무슬림 군인이 요구할 때마다 집에서 음식을 만들어 주어야 한다.
- 딤미는 무슬림의 적을 돕거나, 동맹을 맺거나, 보호받는 것이 금지된다.
- 딤미는 이슬람이 지배하는 영토를 떠나는 것이 금지된다.

이슬람에 대한 비판금지 규정
- 딤미는 자녀들에게 꾸란을 가르치거나 이슬람에 대해 가르치는 것이 금지된다.
- 딤미는 무함마드, 이슬람 또는 딤미 조약에 대하여 비판하는 것이 금지된다.

권위에 대한 행사 규정
- 딤미는 공직에 근무하거나 무슬림에 대한 권위를 행사할 수 없다.
- 딤미는 무슬림의 보호자가 될 수 없다. 만약 기독교인이나 유대인의 결혼하지 않는 자녀가 이슬람으로 개종하면, 부모는 자녀에 대한 모든 권리를 상실한다.
- 딤미는 무슬림 노예를 소유할 수 없고, 무슬림으로부터 노예를 살 수 없다.

주택 및 일반적인 것에 대한 규정

- 딤미의 집은 무슬림의 집보다 낮고 작아야 한다.
- 딤미는 무슬림에게 자리를 양보한다.
- 딤미는 길에서 무슬림이 지나가면 길을 비켜야 하고 작은 골목으로 가야 한다.
- 딤미는 말이나 낙타를 타면 안 된다. 그 이유는 말이나 낙타를 탔을 때, 무슬림보다 더 높은 곳에 있을 수 있기 때문이다.
- 딤미는 당나귀를 탈 때 다리를 벌려서 타면 안 된다.
- 딤미는 공개적인 곳에서 겸손한 행동을 취해야 한다.[33]

이 외에 광범위한 제한들은 딤미의 외모(옷, 신발, 머리모양)에서도 나타난다. 딤미가 무슬림처럼 보이지 않도록 확실하게 구별하고 있다.

그 이유는 두 가지가 있는데, 하나는 무함마드가 "나는 사람들에게 다른 파트너가 없는 유일신 알라만을 경배하게 하기 위하여 손에 칼을 들고 이 땅에 보내졌다. 우리와 똑같게 보이려는 자들과 나에게 복종하지 않는 자들과 싸우고 복종시켜라."고 했기 때문이다.

또 다른 이유는 무슬림과 비무슬림을 구별하기 위해서이다. 이슬람 학자들에 따르면, 딤미가 무슬림들과 똑같으면 무슬림으로 착각하고 그들이 존경을 받을 수 있기 때문이다. 무함마드는 "딤미들에게는 살렘(Salem, 평화의 인사)이라고 인사해서는 안 된다."고 하였다. 따라서 딤미는 멀리 있더라도 무슬림들이 구별할 수 있어야 한다.

---

33) Durie, *The Third Choice*, 143-145.

- 딤미의 옷에 대한 규정이 많다. 잘 알려진 규칙은 딤미는 특유한 벨트를 착용해야 한다. 이것은 굴욕으로 간주되었다. 또한 딤미는 특정 색깔의 옷을 입어야 하며 특유한 터번을 착용해야 했다.
- 많은 지역에서 딤미는 서로 다른 신발을 신어야 했다.
- 어떤 시대에는 딤미가 목에 가죽이나 쇠로 된 씰(Seal)을 착용해야만 했다.
- 딤미에게는 앞머리를 밀고 나머지 머리를 정리하는 것에 대한 규정이 있다.
- 공중목욕탕에 갔을 때 딤미는 목에 링이나 종을 달도록 했는데, 벗었을 때조차 무슬림과 쉽게 구별하기 위해서였다.
- 많은 지역에서 딤미는 옷에 색깔이 있는 천 조각을 대야 했다. 유대인은 노란색 천을, 기독교인은 파란색 천을 대야 했다.[34]

9세기의 이슬람 법관인 아하메드 탈립(Ahmad b. Talib)에 의하면, 딤미(유대인과 기독교인)들은 하얀색 옷을 입고 어깨부분에, 유대인들은 원숭이 표시를 붙여 넣어야 하고, 기독교인들은 하얀색 옷을 입고 어깨부분에 돼지 표시를 붙여놓아야 했다. 또한 유대인 집 문에는 원숭이 표시를, 기독교인집 문에는 돼지 표시를 해 놓아야 했다.[35] 그 이유는 꾸란 5장에 자세히 기록되어 있다.

"성서의 백성들에게 일러 가로되 우리가 알라와 우리에게 계시된 것과 이전에 계시된 것을 믿는다 하여 우리를 배반하느뇨 너희 대다수는 거역자 들이라. …알라의 저주와 분노를 초래하는 그들과 그들 가운데 원숭이

---

34) Durie, *The Third Choice*, 146.
35) Ye'or, *The Decline of Eastern Christianity under Islam*, 340.

나 돼지로 형상화된 그들과 우상숭배하는 그들이니라. 이들은 가장 나쁜 곳에서 올바른 길을 벗어나 방황하리라"(꾸란 5:59-60).

꾸란에 유대인은 원숭이로, 기독교인은 돼지로 묘사되어 있다. 딤미 협정 아래에서 기독교인들과 유대인들은 그들의 정복자인 무슬림과 계약관계 속에서 살아가게 된다. 이 협정은 다양한 해석을 가지고 있어서, 때로 매우 모호하고 모순적으로 보이기도 한다. 이 조약은 딤미 협정 아래에서 살아가는 사람들의 생존에 대해서는 정의하고 있지 않으며, 계약을 깨뜨리는 사람들에 대한 처벌조항도 정의되어 있지 않다.

딤미 협정은 두 가지 중요한 꾸란의 개념 위에 세워졌다. 첫째, 꾸란 3장 110절에 의하면, 무슬림은 가장 좋은 공동체의 백성이기에 이슬람 종교는 다른 어떤 종교보다 우월한 공동체라는 믿음이다. "너희는 가장 좋은 공동체의 백성이라. 계율을 지키고 악을 배제할 것이며 알라를 믿으라. 만일 성서의 백성들이 믿음을 가졌더라면 그들에게 축복이 더했으리라. 그들 가운데 진실한 믿음을 가진 자도 있었지만 그들 대부분은 사악한 자들이더라"(꾸란 3:110).

둘째, 꾸란 9장 29절에 의하면, 이슬람을 받아들이지 않은 기독교인과 유대인은 정복당해야 하며, 굴욕감을 느끼게 해주어야 하며, 무슬림은 내지 않는 인두세(Jizya, 지즈야) 납세의 의무를 다해야 한다는 개념이다.[36] 딤미 제도가 처음에는 기독교인과 유대교인에게 한정하여 납세로 신앙의 유지를 허용하였으나, 이슬람의 정복지가 페르시아로 확대되면서 조로아스터교로 확장되었고 인도를 침략하면서 힌두교로 확장되었다.

---

36) Wagner, *How Islam Plans to Change the World*, 108-109.

2. 딤미 제도의 유래

이슬람의 모든 교리와 법은 무함마드의 모범인 순나(Sunna, 이슬람 공동체의 전통적인 사회적 법률적 관습)에 기초하고 있다. 딤미 협정의 원칙 또한 무함마드가 627년에 메디나에서 북서쪽으로 153Km 떨어진 카이바르(Khaybar) 오아시스의 유대인 부족을 점령했을 때 처음 적용되었다. 당시 아라비아 반도에는 많은 유대인들이 살고 있었다. 바벨론 왕 느부갓네살(Nebuchadnezzar II, BC 605-BC 562)이 예루살렘을 정복한 후에 유대인들이 흩어졌다. 그 뒤에도 기원 후 70년, 로마군에 의한 예루살렘의 두 번째 파괴와 132년에서 135년에 걸친 바르 코르바(유대인 지도자, 135년 사망)의 반란 이후에 이전보다 더 큰 규모로 아라비아 북서쪽에 유대인 거주지가 생겨났다.[37]

무함마드는 메디나에서 유대인들을 차례로 학살하거나 추방시켰다. 그러나 카이바르는 달랐다. 카이바르의 오아시스는 비옥했으나 무슬림들은 비옥한 오아시스를 경작할 기술을 가지고 있지 않았다. 그래서 생산성을 유지하기 위하여 전쟁에서 살아남은 유대인들과 협상을 하였다. 이 협상에서 유대인들은 딤미, 즉 '보호받는 백성'으로 남기로 하였다. 유대인들은 생산물의 절반을 무함마드에게 인두세로 내는 조건으로 살아남게 되었다. 그들이 신앙을 계속 유지하고 목숨을 보존하며 그들의 땅에 살면서 일을 할 수 있게는 되었지만, 이제는 조세를 바치는 소작농으로 전락하였다. 그 대신 그들의 영토는 영구적으로 무슬림의 소유가 되었기 때문에 칼리프나 통치자가 그 땅에서 믿지 않는 자들을 없애고자 한다면 언제든지 그렇게 할 수 있었다.

---

37) Bobzin, 『무함마드는 이렇게 말했다』, 96.

우마르는 무함마드가 죽기 직전에 말한 "아라비아에 두 개의 종교를 용납하지 말아라."라는 유언을 따라 아라비아 반도를 통일하는 일에 주력하였다. 이때, 카이바르 부족은 완전히 아라비아 반도에서 쫓겨났다.[38]

무함마드가 카이바르에서 행했던 일은 이슬람에 정복당했지만 개종을 거부한 '성서의 백성'에 대한 딤미 제도로 발전하였다. 딤미 협정은 지하드로 인해 이슬람에 정복된 성서의 백성들을 위한 법적 지위를 확립하였다. 무함마드의 예를 따라서, 칼리프 우마르는 636년에 그의 군대를 바스라(Basrah)로 보냈다. 그리고 그의 군대에게 "알라의 이름으로 사람들을 불러 모아라. 너희의 부름에 응답하는 사람들은 받아들이고, 거절하는 사람들에게는 굴욕을 주고 인두세를 바치도록 만들어라. 만약 인두세를 바치지 않겠다고 한다면 그들에게 어떤 자비도 베풀지 말고 칼로 응징하라."고 명령하였다.

3. 딤미 협정에 따른 세금, 인두세(Jizya, 지즈야)

인두세는 납세 능력의 차이를 고려하지 않고 각 개인에게 일률적으로 부과하는 조세제도이다. 인두세의 문자적 의미는 '벌금'(Penalty)이다. 즉 딤미들은 이슬람을 거절하는 대가로 벌금을 내야만 했던 것이다. 아랍어 사전 편찬자인 레인(E. W. Lane)은 인두세를 다음과 같이 설명한다.

"무슬림 통치자가 무슬림이 아닌 자유인들에게 거두어들이는 세금은 그것을 받음으로 그들을 보호해 주겠다는 계약이 성립되었다는 뜻이었다. 즉 인두세는 그들이 죽임을 당하지 않도록 보장해 주는 안전장치와 같은 것이었다."[39]

---

[38] 고원, 『알라가 아니면 칼을 받아라』 (서울: 동서문화사, 2002), 65.
[39] Edward Lane, *Arabic-English Lexicon* (London: Willams & Norgate 1863), 422.

오스만 제국 당시 적용되었던 인두세를 조사했던 윌리엄 이톤(William Eton, 1764-1811)은 1799년에 쓴 그의 저서에서 그들의 공식적인 규정집에 나오는 이 단어의 정의에 따르면, 기독교인들에게 부과된 인두세(capitation tax, Jizya), 즉 기독교인들에게 거둬들인 세금의 총액은 "그 해에는 그들의 목숨이 보장되었다는 것을 의미했다."라고 기록한다.

이븐 까임 알-저지아(Ibn Qayyim al-Jawziyya, 1292-1350)는 "인두세의 목적은 딤미들의 생명을 보장해 주는 것이었으나, 이교도들이 당하는 굴욕의 상징으로 점차 변모해 갔을 뿐 아니라 그들을 모욕하고 처벌하는 것이 되었다."라고 기록했다.[40]

이슬람 학자 이븐 카티르(Ibn Kathir, 1301-1379)에 따르면, 인두세를 낸다는 것은 '카피르'(Kafir, 아랍어로 이슬람을 거절한 사람이라는 뜻)라는 표시이자, 심한 수치였다. 알라는, "이슬람을 받아들이지 않으면 '인두세를 바칠 때까지' 그리고 '그들이 완전히 복종할 때까지' 복종시키고 굴복시켜라. 그들 스스로 패배감을 느낄 때까지 수치와 굴욕을 주어라."라고 명령했다. 따라서 무슬림들은 딤미 협정을 맺은 사람들에게 은혜를 베풀거나 그 지위를 승격시키지도 않았다. 이슬람의 통치하에 사는 동안 그들은 계속해서 비참한 처지에 놓여 수치와 굴욕을 당했다.

아부 후레이라(Abu Hurayrah)가 남긴 하디스(Hadith, 무함마드 언행록)에 의하면, 무함마드는 "무슬림들은 유대인과 기독교인에 먼저 '살람'(Salam: 축복의 인사말)이라고 해선 안 된다. 만약 그들을 길 한복판에서 만나면, 좁은 골목으로 쫓아내라."고 하였다. 우마르 조약 또한 기독교인들과 유대인들에게 협정의 조건들을 철저히 지키도록 요구했고, 그로 인해 그들이 끊임없는

---

40) William Eton, *A survey of the Turkish empire. In which are considered* (London: T. Cadell, jun. and W. Davies, 1798), 104.

수치와 굴욕을 당하며 살도록 만들었다. 우마르는 이 협정을 맺고 실행한 업적으로, 알라에게 큰 영광을 돌리는 믿음의 지도자로 무슬림들에게 평가를 받게 되었다.[41]

인두세를 지불하는 의식(儀式)

무슬림 학자인 알-자마크샤리(al-Zamakshari, 1075-1144)는 꾸란 9장 29절을 주해하면서 그 구절의 의미를 다음과 같이 주해하였다. "딤미들이 인두세를 낼 때에는 경시당하고 굴욕을 느껴야 하기에 걸어와야 하며 인두세를 낼 때에 세금을 징수하는 사람은 앉아있고 딤미는 서있어야 하며 세금을 걷는 무슬림은 딤미의 목덜미를 움켜잡고 흔들면서, '인두세를 지불하라!'고 말하고, 인두세를 지불하면 손바닥으로 아래턱을 후려쳐야 한다."고 설명하고 있다.[42]

페르시아의 하나피 법학자 나사피(Ahmad ibn Mahmud al-Nasafi, ?-1310)가 기록한 인두세를 지불하는 의식에 의하면, "딤미는 '비하'(卑下)를 느끼게 하기 위하여 직접 와서 모욕을 당해야 한다. 그는 말을 타고 오면 안 되고 걸어와야 한다. 그는 서서 인두세를 지불하고 받는 사람은 반드시 앉아 있어야 한다. 무슬림은 딤미의 멱살을 잡고 흔들어서 정신이 없게 만들어야 한다. 그리고 그를 목줄로 묶어 끌고가며 '딤미는 인두세를 지불하라.'고 말하고 인두세를 지불하면 뒷목을 강하게 쳐야 한다."[43]

딤미들이 인두세 세금을 납부할 때 나타나는 다양한 의식 가운데 목을 치는 의식이 있는데, 이는 꾸란에 기록되어 있는 내용이다. 목을 때리라는

---

41) Howard Shin, *The Bloody Borders of Islam* (USA: Createspace Independent Publishing Platform, 2016); 유니스 최 역, 『이슬람』 (서울: 크리스천언론인연합회, 2016), 221-222.
42) Warraq, *Why I am Not A Muslims*, 228.
43) Durie, *The Third Choice*, 135-136.

의미는 죽이라는 것이지만 성서의 백성들이 인두세를 낼 때는, 참수한다는 상징적인 의미로 목을 치는 것이 의식이 되었다.

"그대의 주님께서 천사들에게 말씀으로 영감하여 나는 너희와 함께 있으니 신앙인들에게 확신을 줄 것이며 내가 불신자들의 마음을 두렵게 하리니 그들의 목을 때리고 또한 그들 각 손가락을 때리라. 그것은 그들이 알라와 선지자를 거역했기 때문이라. 알라와 선지자를 거역하는 자에게는 알라께서 무거운 벌을 내리시리라"(꾸란 8:12-13).

"너희가 전쟁에서 불신자를 만났을 때 그들의 목들을 때리라"(꾸란 47:4).

이집트의 이슬람 법률학자인 알-아다위(al-Adawi, 1703-1787)는 다음과 같이 말했다.

"인두세를 받은 이후에 무슬림 징수관은 딤미의 목을 칠 것이다. 징수관 옆에 있는 사람은 딤미를 밀쳐서 쫓아낸다. 두 번째, 세 번째도 앞으로 나와 그와 같은 경험을 하게 되고 무슬림들은 그것을 구경하면서 즐길 수 있도록 자리가 만들어진다. 인두세는 반드시 당사자가 직접 내야만 하며 제3자가 내는 것은 허락되지 않는다. 딤미는 반드시 비천함을 직접 당해야만 한다."[44]

이 사건에 대해 더 자세한 기록은 모로코 법학자인 알 마기리(al-Maghili, 1425-1504)에게서 찾을 수 있다.

"딤미들이 인두세를 내는 날은 시장과 같은 공개적인 장소에서 낮고 더

---

44) Erwin W. Lutzer, *The Cross in the Shadow of the Crescent* (Oregon: Harvest House Publishers, 2013), 69.

러운 곳에서 기다려야 한다. 법을 집행하는 세금징수관은 딤미들이 있는 곳보다 높은 곳에서 위협적인 태도로 그들을 맞이한다. 우리의 목적은 그들의 재물을 취하고 그들의 가치를 떨어뜨리는 것이다. 그들은 우리가 인두세를 받음으로써 그들에게 호의를 베풀고 자유를 준다는 것을 깨닫게 될 것이다. 딤미들은 한 명씩 세금징수관에게 나아간다. 딤미는 인두세를 낸 이후에 타격을 받고 한편으로 밀쳐진다. 그러한 모욕을 받음으로써 칼로 죽임을 당하지 않는다고 생각한다. 이것이 알라의 선지자인 무함마드에게서 시작되어 오늘날까지 이교도인 적들에게 행동하는 방법이다. 모든 힘은 알라의 예언자와 그를 믿는 이들에게 있다."[45]

페르시아의 이슬람 학자인 알-따바리(Ibn yazid al-tabari, 839-923)에 의하면, "딤미들이 인두세를 내기 위하여 관리자나 통치자 앞에 나갈 때에 몸을 최대한 낮추어 손과 무릎으로 기어가야 했다."[46] 11세기 이슬람 법률학자 알-가잘리(Ai-Ghazali, 1058-1111)는 "유대인들과 기독교인들은 인두세를 바쳐야만 했다. …딤미들은 인두세를 바치는 동안 (무슬림)관리자가 턱수염을 잡을 수 있도록 그의 머리를 들고 있어야 했으며, 관리자에게 귀 밑의 도드라진 아래턱뼈를 맞아야 했다."[47] 전통적인 인두세를 지불할 때의 의식을 시대와 지역별로 조사해 보면 약간의 차이는 있지만 보편적으로 아래의 내용이 포함되었다.

- 딤미가 인두세를 지불하러 올 때는 걸어와야 하며 말을 타서는 안 된다 (혹은 손과 무릎으로 기어와야 한다).

---

45) Durie, *The Third Choice*, 133-134.
46) Andrew G. Bostom, *The Legacy of Jihad* (New York: Prometheus, 2005), 128.
47) Al-Ghazali, "Kitab al-Wagiz fiqh Madhab al-Imam al-Safi't," in *The Legacy of Jihad*, ed. Andrew G. Bostom (New York: Prometheus, 2005), 199.

- 세금을 낼 때에 세금징수관은 앉아있고 딤미는 서있어야 한다.
- 딤미의 목부분을 잡아서 심하게 흔들어야 한다.
- 무슬림들은 손에 채찍을 들고 있는다.
- 딤미는 인두세를 지불하라는 명령을 들어야 한다.
- 그는 맞아야 한다.
- 딤미의 멱살을 잡고 끌고가거나 혹은 목에 끈을 묶어서 끌고간다.
- 딤미의 목뒤(혹은 귀 아래턱) 쪽을 친다.
- 턱수염을 잡고 끌어당긴다.
- 무슬림의 발을 딤미의 목에 얹는다.
- 딤미를 옆으로 밀친다.

이런 내용들은 딤미의 목이나 머리와 연관이 되어 있는데 이런 것들은 일반적으로 참수하는 사형집행 방법이다.[48]

기독교인이 내야 하는 인두세의 가치

그렇다면 인두세는 얼마 정도 되었을까? 사우디아라비아의 파야드 국왕 꾸란 출판청에서 발행된 『성 꾸란 의미의 한국어 번역』에 의하면, "그 금액은 금 4디나르 또는 은 40디르함으로 성년 남성이 지불하며 여성과 어린이, 가난한 사람, 불구자, 노인 등 생활 무능력자는 제외된다. 빈부에 따라서는 금 1디나르에서 은 10디르함으로 세율을 낮출 수도 있다. 이는 선지자 무함마드의 선례에 따른 것으로 선지자 무함마드는 예멘 백성으로부터는 1디나르를, 시리아 백성으로부터는 4디나르를 징수하였다. 한

---

48) Durie, *The Third Choice*, 134-135.

편 무슬림과 조약을 체결한 백성들이 지불하는 인두세는 그들이 무슬림이 되는 순간 정지되며 징수된 인두세는 무슬림들의 공익을 위해서만 사용된다."[49]라고 기록되어 있다.

당시의 재물 가치에 대한 내용이 없어서 오늘날 비용으로 환산하면 얼마가 되는지 자세하게 알 수는 없지만, 아서 트리톤(Arthur Tritton)은 AD 700년에서 720년의 초기 이집트 파피루스에서 기독교인들이 내야 하는 인두세에 대한 기록을 분석했는데, 이 기록에 의하면 인두세는 2.5디나르에서 4디나르까지 다양했으며 실제로 지불된 금액은 2.5디나르였다.

이 당시에 양 한 마리에 0.5디나르였고, 목수, 조선공, 선원을 고용하는 비용이 일 년에 8-24디나르 사이였다. 따라서 노동자의 경우에 2.5디나르는 평균 1개월에서 3개월의 임금에 해당한다. 무슬림들이 연간 수입의 2.5%(40분의 1)를, 즉 일주일 정도의 임금을 내는 데 비하여, 기독교인들에게는 무거운 세금이 부과되었다는 것을 알 수 있다.[50] 여기에 토지세까지 내야 했다. 당시 평균 1개월에서 3개월까지의 노동자의 월급이 매년 인두세 세금으로 계산되었고 여기에 토지세를 포함한다면 엄청난 세금을 부과했던 것이다.

4. 딤미 협정의 결과

딤미 협정으로 인하여 무슬림은 많은 재정을 확보할 수 있었다. 이슬람이 비잔틴 기독교를 정복한 후에 얼마동안은 딤미의 숫자가 월등하게 많았기에 정복자들은 인두세 세금으로 인하여 엄청난 부를 확보할 수 있었다. 기독교인들이 자신들의 종교를 유지할 수 있도록 허락받고 이슬람 지

---

49) 최영길, 『성 꾸란 의미의 한국어 번역』, 328, 각주 29-4.
50) Durie, *The Third Choice*, 167-168.

배하에 열등한 위치에 놓임으로써, 이슬람 정권은 안정된 수입원을 확보한 것이다. 딤미 법은 이슬람 전체 시스템을 유지하는 데 중요한 역할을 담당하였다. 재정이 어려울 때에는 무슬림 통치자들은 재량껏 딤미들의 인두세와 토지세금을 올렸다. 교회 지도자들을 감옥에 가두고 몸값을 낼 때까지 고문하였다. 그로 인하여 기독교인들은 큰 도시로 도망가 노숙자가 되었다.

예를 들어, 832년 이집트의 콥트 기독교인들이 너무 가혹한 세금에 시달리자, 무슬림 통치자에게 반항해 반역을 일으킨 사건이 있었다. 그러나 반역은 실패했고, 그 결과 이집트 통치자들은 "그들의 마을과 포도밭, 교회들 그리고 전체 지역을 불태워 버려라."라고 명령했다. 이를 피해 도망친 사람들은 학살당하거나 강제 추방당했다.[51]

노예

딤미 협정 이후에, 딤미들이 행복하고 영구적으로 보호받는 것이 확보되었으며 이것이 확고하게 실행되었다는 것은 사실과 전혀 다르다. 딤미들은 항상 노예가 될 수 있는 위험 속에 있었다.

예를 들어, 634년에 트리폴리(Tripoli)를 점령했던 암무르는 기독교인과 유대인 여자들과 어린이들을 아랍군인들을 위한 노예로 만들었다. 그들을 넘겨주는 것으로 인두세를 대신하였다. 652년부터 1267년까지 매년 누비 아인들은 강제로 노예들을 카이로로 보내야 했다. 우마르 조약은 계속되었고 지금의 우즈베키스탄 지역인 트란속사니아(Transoxiana), 페르시아 지역인 시지스탄(sijistan), 아르메니아, 북부아프리카의 역사적인 도시 페잔

---

51) Ye'or, *The Decline of Eastern Christianity under Islam*, 78.

(Fezzan)에서 남자와 여자 노예들이 우마이야 왕조에 이어서 압바스 왕조에서도 정기적으로 조달되었다. 모든 기독교인 인질들은 집단으로 감금되었다.

781년에 에베소에서 7,000명의 그리스인들이 노예가 되었으며, 838년에는 소아시아의 아모리움(Amorium)에서 838명, 칼리프 알무타심(al-Mutasim, 796-843) 때에는 수많은 노예들이 5명에서 10명을 한 묶음으로 경매에 붙여지기도 하였다. 903년 22,000명의 데살로니가의 노예들은 개종하여 무슬림이 되든지 노예로 팔려나가든지 결정해야 했다.

셀주크 왕조의 술탄 알 아슬라(Alp Arsla, 1029-1072)는 조지아와 아르메니아를 점령하여 황폐화시켰으며 전쟁에 참전한 기독교인들을 포로로 잡지 않고 모두 학살하였다. 문헌에 의하면 팔레스타인, 이집트, 메소포타미아, 아르메니아 그리고 아나톨리(옛날의 소아시아, 현재의 터키), 발칸제국 그리고 사파이 왕조 당시의 페르시아(지금의 이란)에서는 세금을 내지 못하는 딤미들은 자녀를 인두세의 일부로 넘겨야 하는 상황에 처하였다.[52]

학살

9세기 시리아 주교였던 수도 다이니시어스(Pseudo Patriarch Dionysius, ?-845)에 따르면, "인두세를 지불하지 않는 기독교인들은 얻어맞았으며 고문을 당하고 목숨을 잃었는데 특히 십자가형에 처해졌다."[53]고 기록했다. 실제로 역사 속에서 딤미 조약을 위반했든지 혹은 단순한 추측이든지, 딤미 공동체가 학살당한 예는 수없이 많다.

1066년 윌리엄이 영국을 침공했던 같은 해에 그라나다 왕국(1266-1492)에

---

52) Ye'or, *The Decline of Eastern Christianity under Islam*, 112.
53) Ye'or, *The Decline of Eastern Christianity under Islam*, 74.

서 유대인 3천 명 이상이 학살당하였다. 그 이유는 유대인이었던 사무엘 하 나기드(Samuel ha-Nagid, 993-1056)는 자수성가하여 유대인은 관직에 오를 수 없음에도 불구하고 딤미 신분으로서 그라나다 왕가와의 친분을 통해 고관직에 오르게 되었다. 그가 고관직에 오르고 정치적으로 성공을 하자, 구약성경과 탈무드를 인쇄하는 등 유대문화를 회복하는 일을 주도하였다. 그의 아들 조셉(Joseph ibn Naghrela, 1035-1066) 역시 고관직에 오르고 나서 아버지와 같은 유대인의 위상을 회복하는 일과 딤미 규정의 부당함을 호소하는 운동을 했었다. 그러자 무슬림들의 반발이 일어나 조셉을 살해했고, 그의 시신을 성문 입구에 걸어 놓고 유대인들에 대한 학살을 시작하여 3천 명의 유대인들이 죽음을 당했다.[54]

1841년, 1842년, 그리고 1860년에 레바논과 시리아에서 영국과 프랑스가 기독교인들을 옹호하자, 레바논에서 대학살이 일어났다. 2만 명 이상의 기독교인들이 죽음을 당했고, 1만 명의 고아가 생겼으며, 7만 5천 명의 난민이 발생하고, 3천 명의 여성들이 노예로 끌려갔으며, 그들에 대한 강제 개종이 이루어졌다.

1892년부터 1894년 사이에, 무려 25만 명의 아르메니아 기독교인들이 오스만 터키 무슬림들에 의하여 대학살을 당하였다. 1909년에는 약 3만 5천 명의 희생자가 발생하였으며, 1차 세계대전 중인 1915년-1917년에도 대량 학살이 자행되었다. 1933년에는 앗수르인들이 대학살을 당했고, 1937년 터키와 이라크 국경지역인 이라크의 자지라 주에서 다시 대량 학살 사건이 일어났다.[55]

---

54) Durie, *The Third Choice*, 157.
55) Ye'or, *Understanding Dhimmitude*, 159.

납치

적어도 오스만 터키 통치 기간 300년 동안, 기독교인들은 드러내놓고 논의할 수 없는 굴욕적인 상황에서 고통받으며 살았다. 이것은 '데브시르메'(Devshirme)라고 알려진 강제 징집절차로서, 오스만 제국의 술탄(Sultan, 왕) 오르칸 1세(Orkhan I, 1326-1359)에 의하여 도입되었다. 그가 다스리는 모든 지역에서, 기독교 아이들 중에 5분의 1은 매 3년 혹은 4년마다 강제로 징집되어 훈련을 받아야 했다. 아이들은 14세에서 20세 사이의 건강한 소년들과 젊은 청년들이었으며, 이들은 이슬람으로 강제 개종되어 오스만 터키의 술탄 근위대(Janissry, 예니체리)가 되었다.

기독교인 아이들을 징집하는 일들은 결국 연례행사가 되었다. 처음에는 그리스 기독교인 귀족의 자녀들과 세르비아, 불가리아, 아르메니아, 알바니아 기독교 아이들이 징집되었으나 오스만 제국의 점령지가 늘어나면서 징집지역도 늘어가게 되었다. 정해진 징집 날짜가 되면, 모든 아버지들은 자녀들을 데리고 광장으로 모이라는 명령을 들어야 했다. 모인 아이들 가운데 건강하고 잘 생긴 아이들은 징집 담당자들이 무슬림 심사위원 앞으로 데리고 갔다. 만일 자녀를 데리고 오지 않는 부모는 가혹한 처벌을 받았다. 이 제도는 여러 가지 학대가 가능한 제도였다. 징집 담당자들은 지시된 숫자보다 더 많은 아이들을 징집하였다. 그리고 이 '남는' 아이들은 부모에게 돈을 받고 돌려주거나 만일 부모가 돈을 내지 못하면 아이들은 노예로 팔렸다.

이 강제 징집제도는 1656년에 폐지되었지만, 6세에서 10세의 아이들을 데려가서 술탄의 궁전에서 훈련시키는 제도는 18세기까지 계속되었다. 매년 모집된 인원은 시대에 따라서 차이는 있지만, 매년 최소한 천 명 정도가 예니체리로 징집되었다.⁵⁶⁾ 술레이만 대제(Suleyman Ⅱ, 1520-1566) 시대 때는 규모가 같지 않은 196개의 소대로 이루어졌으며, 총 숫자는 1만 2천 명 정도였다. 17세기 초에는 1만 3,600명이었다는 기록도 있다.⁵⁷⁾ '데브시르메'가 시작된 이후에, 약 20만 명의 기독교 소년들이 강제 납치되었다.

이슬람으로의 개종

알제리의 이슬람학자 무함마드 파이쉬(Muhammad ibn Yusuf at-Fayyish, 1820-1914)가 지은 『노예와 살해의 의무』에 의하면, 딤미 협정이 파기된다면 딤미 여성의 경우에는 강간을 당하거나 첩이 되고(일부는 결혼이 가능하다) 딤미 여성의 자녀들은 이슬람으로 강제로 개종해야 했다. 소녀들은 무슬림 동료들에게 주어지고 소년들은 노예로(노예병을 포함하여) 전락되거나 주인에게 예속되었다. 만일 그들이 이슬람으로 개종하면 노예에서 해방될 수 있는데, 이슬람법은 이들의 개종을 장려했다.

이러한 방법으로, 무슬림들은 여자와 아이들을 자신의 혈통을 강화하거나 노예로 팔아 재산을 늘리는 데 사용했다. 이러한 상황이 되지 않을 유일한 방법은 영구적으로 딤미 조약을 준수하는 것뿐이었다.⁵⁸⁾

1860년 오스만 터키가 딤미 제도를 공식적으로 폐지하자, 시리아의 다마스커스에서 5천 명이 넘는 기독교인들이 무슬림들에 의하여 학살당하였다. 기독교인은 더 이상 보호받아야 할 백성이 아니라는 모스크의 설교에 자극을 받은 무슬림들이 기독교인 남자들을 학살하고 여자들을 강간하고 납치하는 일들이 일어났다.

---

56) Warraq, *Why I am Not A Muslims*, 230.
57) Lewis, 『이슬람 1400년』, 319.
58) Durie, *The Third Choice*, 156.

아이들은 납치를 당했으며, 납치당한 아이들에게 할례를 시행하여 이슬람으로 강제 개종시켰다. 대부분의 기독교 지도자들은 죽음을 당하였으며, 수백 명이 목숨을 지키기 위하여 이슬람으로 개종하였다. 이 사건은 다메섹에서 사역하던 아일랜드 선교사 롭슨(S. Robson)에 의하여 알려지게 되었다.[59]

13세기 이집트 법학자 알 나와위 (Abu Zakaria al-Nawawi, 1234-1278)에 따르면, "죽기 직전까지 무슬림의 권위에 복종하여 이슬람으로 개종하지 않는 자는 아무리 심한 부상을 입었어도 도와줄 이유가 없다."라고 말하였다.[60]

이슬람에 의하면, 이슬람의 근원은 아브라함으로부터 시작한다. 본래 아브라함은 무슬림이었으며,[61] 구약에 나오는 모세, 다윗 모두 무슬림이었다. 예수도 무슬림이고 예수의 제자들도 "우리는 무슬림입니다."라고[62] 고백했다고 주장한다.

따라서 유대교와 기독교의 뿌리는 이슬람이었다는 것이다. 기독교와 유대교도 일신교로서 알라의 말씀을 받았으나 유대교인과 기독교인이 타락하여 본래의 성경을 변질시켰기 때문에 지금 사용하는 신구약 성경은 변질된 것이고, 따라서 유대교인과 기독교인은 참된 길에서 벗어났다고 주장한다. 그리고 무함마드가 올 때까지, 그들은 무지에서 벗어날 수가 없다는 것이다.[63]

---

59) Durie, *The Third Choice*, 158.
60) Ye'or, *Understanding Dhimmitude*, 157.
61) "아브라함은 유대인도 기독교인도 아니었으며 성실한 무슬림이었으며 또한 우상을 숭배한 분도 아니었도다"(꾸란 3:67).
62) "예수가 그들의 불신을 알고 소리쳐 가로되 누가 알라의 편에서 나를 따를 것인가 그들이 대답하여 가로되 저희는 알라를 따르는 자들이며 알라를 믿고 저희가 무슬림임을 증언하나이다라고 하더라"(꾸란 3:52), "보라 내가 제자들에게 나를 믿고 나의 선지자들을 믿으라 하니 믿나이다 우리는 무슬림으로서 알라에게 복종하나이다 하더라"(꾸란 5:111).
63) "성서의 백성들 가운데 진리를 시익한 사들과 불신사들은 분명한 예증이 그들에게 이를 때까지 그들은 그 길을 떠나려 하지 아니하였도다"(꾸란 98:1). 여기에서 예증이란 무함마드를 말한다 (최영길, 『성 꾸란 의미

유대교와 기독교는 그 본래의 원형이 변질되었기에 알라가 마지막 선지자 무함마드를 보내서 그 원형을 복구하였는데, 그것이 이슬람이라는 것이다. 따라서 무함마드는 기독교인들과 유대인들의 오해를 바로 잡아 주도록 알라가 보낸 선물인 것이다. 그들은 반드시 무함마드를 알라의 선지자로 그리고 꾸란을 잘못된 신구약 성경을 바로 잡아주는 마지막 계시로 받아들여야 하며 유대교인과 기독교인은 원형인 이슬람과 알라에게 돌아와야 한다는 것이다.

꾸란에는 기독교와 유대교뿐만 아니라 다른 종교에 대해서도 많이 언급되어 있다. 그래서 이슬람의 법률용어는 종교를 네 가지 범주로 구분한다. 첫째, 신실한 무슬림이다. 둘째, 위선자라고 불리는, 무슬림을 배신한 자들이다. 셋째, 무함마드 이전에 아랍지역의 지배적인 부류인 우상숭배자들이다. '우상숭배자'를 아랍어로 무슈릭(Mushrik)이라고 하는데, 이들은 쉬리크(Shirk, 연합), 즉 연합을 파괴하는 자들이다. 이들은 사람이든 물건이든 모두 알라라고 생각하고 숭배한다. 넷째, '성서의 백성들'이다. 이들은 기독교인과 유대인을 말하는데, 무슈릭보다 더 하위부류이다. 왜냐하면 기독교인과 유대인은 알라에게 아들이 있다[64]고 잘못 주장하는 쉬리크를 범하였기 때문이다.[65] 딤미 협정에 의하여, 무슬림 남자는 기독교 여성과 결혼할 수 있게 되었다(꾸란 5:6). 무슬림 여성은 기독교인과 결혼할 수 없고, 무슬림 남성하고만 결혼을 해야 한다(꾸란 2:221).

시간이 지나면서, 무슬림 인구는 증가하였고 무슬림과 결혼한 여성들의

의 한국어 번역』, 1248, 각주 1-3).

64) 유대교에는 이러한 교리가 없음에도 불구하고 꾸란에서는 유대인들이 에즈라가 알라의 아들이라고 말한다고 한다. "유대인들이 이르기를 에즈라가 알라의 아들이라고 말하고 기독교인들은 예수가 알라의 아들이라 하니 이것이 그들의 입에서 주장하는 말이라. …"(꾸란 9:30).

65) Durie, *The Third Choice*, 44-45.

개종도 줄기차게 계속되었다. 지역 간의 차이로 정확한 시기를 못박을 수는 없지만, 중동과 북아프리카의 주민들 대다수가 무슬림으로 바뀌었다. 이집트의 콥트 기독교나 팔레스타인, 시리아 등지에서는 기독교인들이 비록 소수이지만 계속 존재하였고 이라크에서는 약간의 유대인들도 남아 있었다. 서부지역인 북아프리카에서 기독교인은 사라졌지만, 유대교는 상당한 신분을 가지고 존속하였고 이란의 조로아스터교는 11세기나 12세기경에 완전히 사라지고 말았다.

수많은 문헌과 문서에서 볼 수 있는 것처럼, 딤미의 역사는 고통, 굴욕, 약탈, 그리고 토착 문명의 파괴와 재정적 착취의 역사이다. 비록 일부 기간 동안에는 이슬람 지도자가 유대인이나 기독교인들을 환영하였고, 꾸란에 딤미에 대한 보호가 있지만, 불공평의 역사는 지속적으로 유지되었다.

이 딤미 제도는 당시의 편견과 정신에 부합해야 했으며, 대체로 다른 제도들에 비해 관용이 없고 고의적으로 학살하고 노예로 만들어 버린 역사였다.[66] 하지만 이슬람권에 대한 유럽의 영향력이 증가하면서, 딤미의 상황은 점차 좋아졌다. 딤미 협정은 유럽 강대국의 압력으로 대부분 이슬람 사회에서 파기되었다.

16세기에 포르투갈은 에티오피아의 해방을 도왔다. 영국은 1857년 무굴제국의 통치와 힌두교인들에게 부과되었던 딤미 제도를 종식시켰다. 그리스, 불가리아, 세르비아 그리고 헝가리인들은 그들의 자유와 지위를 위하여 싸웠고 성공하였다. 러시아의 원조를 받은 아르메니아는 딤미 협약으로부터 해방되었지만, 그들의 영토는 축소되었다. 오늘날 국제적으로 인정받는 국가에서 비무슬림 국민에게 인두세 세금을 공식적으로 부과하

---

66) Ye'or, *Understanding Dhimmitude*, 92.

는 나라는 없다. 그러나 여전히 인두세를 걷어야 한다는 무슬림들의 목소리가 존재한다.[67]

한국에도 외국인 인구가 2백만 명이 넘어섰고 다종교, 다인종, 다문화 시대와 더불어 이슬람 인구가 성장하고 있는 지금, 이슬람과 함께 공생한다는 것이 어떤 것인지 진지하게 배워야 할 때가 되었다. 낯선 종교와 문화에 대한 호기심 때문이든, 이슬람권에 대한 경제적 이해 때문이든, 기독교인들이 이슬람을 올바르게 이해하려는 학문적 관심에서든, 무슬림들에게 복음을 전하고자 하는 신앙적 열성에서든, 어떤 동기에서 시작되었든지 간에 이슬람과의 만남은 불가피하다. 이제 우리는 미래의 도전에 직면할 수밖에 없다.

이슬람과의 만남이 파국으로 치닫지 않기 위해서는 바른 역사이해가 전제되어야 한다. 무엇보다도 오랫동안 계속되어 왔던 기독교와 이슬람 사이의 갈등을 종식시키는 것은 필수이며, 이슬람의 치하에서 살아왔던 딤미들의 역사를 아는 것만이 딤미 제도로 인하여 고통을 받은 자들의 권리 및 존엄에 대한 무슬림의 양심을 깨우고 평화를 향해 한 단계 나아갈 수 있는 유일한 방법이다.

우리는 평화의 언어를 유지하면서, 딤미 상황의 모든 측면을 검토해야 한다. 딤미들이 당했던 고통의 역사를 재조명하는 것은 고통스러운 작업이지만, 이것이 기독교와 이슬람의 공존과 상호존중의 틀을 준비하는 중요한 일일 것이다. 이것이 우리 세대의 도전이다. 새롭게 인정될 관용의 개념은 서로의 평등을 받아들이는 방향으로 나아가야만 한다.

---

[67] Durie, *The Third Choice*, 186.

딤미 제도가 이슬람의 관용이라는 찬미는 과거의 비극을 조장할 뿐이며, 유대인이든, 기독교인이든, 무슬림이든 모두가 희생자가 될 것이다. 더불어 딤미 제도는 계속 연구되어야 한다. 그 이유는 이슬람 치하에서 살아가는 수백만 명의 기독교인과 유대인의 역사의 일부이며 인류역사의 한 부분이기 때문이다.

역사는 예방적인 역할을 한다. 우리는 종교재판이나 노예제도, 식민주의, 나치 독재정권과 같은 인간의 추악함과 실수에 대하여 배울 교훈이 있다. 이 책은 단순히 이슬람에 대한 혐오를 부추기기 위한 것이 아니라 비판적인 태도로 역사를 되돌아보고, 이와 같은 역사가 되풀이되지 않게 하기 위함이다. 미국의 철학자 조지 산타야나(George Santayana, 1863-1952)는 "과거를 기억하지 못하는 자는 그것을 되풀이할 수밖에 없다."(Those who cannot remember the past are condemned to repeat it)고 하였다. 딤미 제도와 같은 불행한 역사가 되풀이되지 않기 위해서, 우리는 과거를 통해서 지혜를 얻고 미래를 준비해야 한다.

7장

이슬람의
할랄제도

　얼마 전에 한 주일학교 교사로부터 할랄인증이 찍힌 과자들 사진 몇 장과 함께 문자가 왔다. 내용은 교회에서 주일학교 학생들을 위해 간식을 사 왔는데 자세히 보니 모든 과자에 할랄인증 마크가 찍혀 있었다는 것이다. 과연 할랄식품을 주일학생들에게 나누어 주는 것이 합당한지를 묻는 질문이었다.

　2015년 3월 1일부터 9일까지 중동(中東) 4개국 순방을 마치고 돌아온 박근혜 전 대통령은 3월 12일 국가조찬기도회에 참석하여, "지난 주 순방을 통해 열사(熱砂)의 땅에서 새로운 희망을 찾았다."면서 제2의 중동 붐을 예고하였다. 같은 날 '제2의 중동 붐'에 대한 보도 자료[1]가 문화체육관광부에서 나왔다.

---

[1] 이 보도기료는 대통령이 담화문에 대하여 생방송으로 중계되는 한 TV 토론에 대담자로 참석하기 위해 준비 중인 필자에게 방송국이 참고자료로 보내온 것이다.

그 내용을 요약하면 다음과 같다.

첫째, 무슬림 관광객을 유치하기 위해 이슬람 기도처소(Musalla)를 보완하고, 주요 관광지에 이슬람 기도처소를 만들어갈 예정이다.

둘째, 이슬람에 대한 부정적인 인식 전환을 위해 여행업계 등을 대상으로 한 세미나(6월) 및 교육(4회)을 실시하고 3부작 다큐멘터리를 제작한다.

이 밖에 의료 관광객 확대를 위해 노력하고, 이슬람 음식인 할랄음식을 상품화하겠다는 것이 주요 내용이었다.

이 발표가 나오자, 두 주 만에 터키 종교청은 한국 이슬람 중앙사원을 새로 짓는 데 350억 원을 지원하겠다고 했다. 2015년 3월 12일에는 한국식품연구원은 할랄식품 사업단을 발족했고, 4월 10일 정책 브리핑을 통하여 농수산식품부는 할랄식품의 원료로부터 제조, 생산, 물류 등을 한곳에서 처리할 수 있는 할랄식품 전용단지를 전북 익산에 50만 평 규모로 조성할 예정이라고 발표하였다.

정부는 '무슬림 프렌들리'(Muslim Friendly)를 외치면서, '제2의 중동 붐'을 일으키기 위해 여념이 없는 것 같다.

제1차 중동 붐이 한국 근로자들이 중동에 가서 외화를 벌어들인 것이라면, 제2차 중동 붐은 무슬림 관광객을 유치하고, 이슬람 기도처소를 늘리고 각 병원마다 무슬림을 위한 시설을 강화하고, 할랄음식을 위한 타운을 조성하는 등 한국에서의 이슬람 붐이 조성될 가능성이 크다.[2]

그러나 정부에서 기대한 만큼의 '제2의 중동 붐'이 일어날지는 미지수이다. 오히려 유럽을 중심으로 미국, 호주 등 세계 곳곳은 이슬람으로 인한 테러와 각종 범죄로 인해 골머리를 겪고 있는 실정이다. 특히 할랄에 대해

---

2) 유해석, "한국을 향한 이슬람의 大공세," 『미래한국』 통권 498호 (2015. 5), 8-9.

서는 경제부분으로만 접근하고 이슬람의 종교적인 관점이 무시되고 있는 현실을 볼 수 있다. 여기서 개혁주의 입장에서 바라 본 이슬람의 할랄에 대하여 살펴보고자 한다.

할랄이란 무엇인가

할랄(Halal)이란 '허용된 것'(permissible) 또는 '합법적인 것'(lawful)이라는 아랍어로 이슬람법에 의해 허가된 것을 뜻하며, 이에 반대되는 의미인 하람(Haram)은 '금지되는 것'(prohibited) 또는 '죄를 짓는 것'(punishable)을 뜻한다. 또한 할랄과 하람 사이에 '의심스러운 것'을 뜻하는 '슈브하'(Shubha)라는 개념이 있다. 즉 이슬람 율법에 따라 행해야 되고 허용되는 것이 할랄이고 금지되는 것은 하람이다.

일반적으로 아랍어를 사용하지 않는 나라에서 할랄이란 용어는 음식에 관한 규정, 특히 육류 및 가금류에 관한 규정의 좁은 의미로 사용하고 있으나, 할랄은 무슬림들의 행동에 영향을 미치고 있으며, 이는 행동, 말씨, 복장, 관습, 식사예법 등을 망라하고 있다.[3] 할랄은 식품뿐 아니라 화장품이나 의약품 등 공산품까지 폭넓게 적용되므로 할랄산업이라고까지 불린다.

앞에서 언급한 다양한 종파와 학파 및 지역 간에 다소의 이견이 있을 수 있으나, 금지된 몇 가지의 예외를 제외하고 알라가 창조한 것은 할랄이라는 것이 널리 받아들여지는 원칙이다.[4]

2030년 전세계 이슬람 인구가 22억으로 늘어나는 것을 고려한다면 할

---

[3] Marco Tieman, "Establishing the princ halal logistics," *Journal of Emerging Economies and Islamic Reserch* (JEEIR), 1 (1), 2013, 1.
[4] 이서영, "이슬람권 시장 진출을 위한 할랄(Halal)인증 제도 연구," 『한국법제연구원』 (2015): 28.

랄식품이 미치는 영향력이 대단할 것이다. 통계에 따르면 2018년 할랄식품의 시장규모는 1800조 원에 달할 것이라고 예상한다.[5]

1. 할랄식품

이슬람에서 음식에 대해 언급하는 꾸란 2장 172-173절은 "믿음을 가진 자들이여, 알라가 너희에게 부여한 양식 중 좋은 것을 먹되 알라께 감사하고 그분만을 경배하라. 죽은 고기와 피와 돼지 고기를 먹지 말라. 그러나 고의가 아니고 어쩔 수 없이 먹을 경우는 죄악이 아니라 했거늘 알라가 진실로 관용과 자비로 충만하심이라."고 말한다. 무슬림의 음식에 대한 규정은 주로 꾸란과 하디스 지침을 따른다. 단 꾸란과 하디스에 할랄 또는 하람으로 언급되어 있지 않은 것들은 알하킴(Al-Hakim)의 하디스에서 언급하고 있는 것처럼 일반적으로 허용한다.[6] 알라가 침묵한 것은 알라의 은총이기 때문에 먹어도 된다는 것이다.

할랄식품의 조건[7]

❶ 식품과 그 식품의 재료들은 샤리아법에 따라 불결하지 않아야 함

❷ 식품은 샤리아법에 따라 어떤 불결한 재료들이 포함되지 않아야 함

❸ 식품은 안전하고 해롭지 않아야 함

❹ 식품은 샤리아법에 따라 불결한 것들로 인하여 오염되지 않은 장비들을 사용하여 만들어져야 함

❺ 식품 또는 그 식품의 재료들은 샤리아법에 의하여 허가 되지 않은 인간 신체의 어떤 부분 또는 인간의 파생물을 포함하고 있지 않아야 함

❻ 식품의 준비, 가공, 포장, 보관 또는 운반의 과정에서 식품은 위에서 기술한 모든 아이템 또는 샤리아법에서 불결한 것으로 선언된 어떤 것들과 접촉해서는 안 되며 물리적으로 다른 식품들과 분리되어야 함

---

5) 신상목, "할랄푸드, 기독교인이 먹어도 되나요?," 『국민일보』, 2015년 3월 21일.
6) 최영길, "이슬람에서 허용된 음식과 금기된 음식," 『인문과학연구논총』 통권 16호 (1997), 302.
7) 홍완수, "할랄식품 산업과 할랄인증," 『식품과학과 산업』 (2015/6), 3.

그렇다면 꾸란과 하디스에서 금기시하는 음식은 무엇인가?

꾸란에서 금하는 음식은 죽은 고기, 동물의 피, 돼지 고기, 알라의 이름으로 도살되지 않은 고기, 목 졸라 죽인 짐승의 고기, 곤봉이나 타봉 등에 맞은 짐승의 고기, 높은 곳에서 아래로 떨어지거나 협곡 및 계곡에 떨어져 죽은 짐승의 고기, 다른 짐승의 뿔에 받쳐 죽은 짐승의 고기, 다른 야생동물에 의해 일부분이 뜯어 먹혀 죽은 짐승의 고기, 우상의 제단에 바치기 위해 도살된 짐승의 고기, 주류이다.[8]

하디스는 당나귀 고기, 노새 고기, 사자, 호랑이, 곰, 표범, 코끼리, 늑대, 여우, 족제비같이 송곳니를 가진 야수, 그리고 다람쥐와 부엉이 부류, 개과에 속하는 짐승의 고기, 매, 송골매, 독수리 같은 금수(禽獸)의 고기를 금한다.[9]

하지만 이슬람법에서는 생선이나 고래, 바다동물의 고기는 바닷물이 깨끗하기 때문에 먹어도 된다고 허용한다. 또 메뚜기도 허용된다.[10]

식재료에 따라 육지동물과 수생동물, 식물, 버섯류와 미생물, 천연광물과 천연화학물질, 음료, 유전자조작식품으로 구분하여 할랄과 하람식품을 살펴보면 다음 표와 같다. 동물과 일부의 수생생물에서 판단이 애매한 것이 있고, 종파에 따라 약간의 차이가 있음을 알 수 있다.[11]

---

8) 최영길, "이슬람에서 허용된 음식과 금기된 음식," 303-308.
9) 최영길, "이슬람에서 허용된 음식과 금기된 음식," 300.
10) 최영길, "이슬람에서 허용된 음식과 금기된 음식," 308-9.
11) 김철민, "할랄식품 시장의 의의와 동향," 『세계농업』 통권 175호 (2015), 6.

할랄식품과 하람식품의 구분[12]

구분	할랄	하람
육지 동물	소, 양, 산양, 염소, 낙타, 사슴, 고라니, 닭, 오리 등 (반드시 이슬람식 도살법인 자비하 [Zabihah]에 따라야 함)	이슬람법에 따라 도살되지 않은 할랄동물
	우유 (소, 낙타, 산양의 젖)	돼지 고기와 그 부산물, 관련된 식품
	하람이 아닌 동물	피와 이와 관련된 부산물
		호랑이, 곰, 코끼리, 고양이, 원숭이 등 육식동물 독수리, 올빼미 등 포식 조류
		쥐, 바퀴벌레, 지네, 전갈, 뱀, 말벌 등 전염병을 옮기거나 독이 있는 것
		꽃벌, 딱따구리, 이, 벼룩, 파리
		동물의 사체, 도살 전에 죽은 동물
수생동물	하람을 제외한 일반적인 수생동물은 할랄	악어, 거북이, 개구리 등의 양서류*
	새우와 조기, 잉어 등 비늘이 있는 생선	상어, 참치, 고등어 등 비늘이 없는 생선*
식물	유독, 중독성이 없고 해롭지 않은 것	독소를 내는 것, 중독성이 있는 것, 건강을 해치는 것
	신선한 채소와 과일, 말린 과일 (대추야자, 포도, 올리브, 석류 등)	
	땅콩, 캐슈넛, 호두 등의 견과류와 콩류	
	쌀, 밀, 호밀, 보리, 귀리 등 곡류	
	모든 종류의 버섯류와 미생물 (세균, 해조류, 곰팡이)	
음료	유독, 중독성이 있는 것과 건강을 해치는 것을 제외한 모든 종류의 물과 음료	와인, 샴페인, 술과 같은 알코올성 음료
유전자 조작식품	GMOs가 아닌 것	GMOs와 그 부산물
		할랄이 아닌 동물의 유전물질 유래 식품
기타	유독, 중독성이 있는 것에서 만들어진 제품도 제조과정에서 독성 물질 제거된 경우	

* 이슬람회의기구(Organization of Islamic Conference, OIC) 표준은 양서류를 하람으로 규정하고 있는 반면에 말레이시아에서는 이에 대한 규정이 없음.
* 시아파는 비늘이 없는 생선의 소비를 금지하나 수니파는 모든 생선의 소비를 허락함.

12) 김철민, "할랄식품 시장의 의의와 동향," 6.

이슬람 식품 중에서 가장 강력한 기준이 적용되는 식품은 육류와 가금류를 포함하는 동물성 식품이다. 무슬림은 할랄로 인정되는 고기만 소비할 수 있으며 할랄 동물의 도축방법도 반드시 할랄 방식을 따라야 한다. 바람직한 할랄의 도축방식을 사용하여도 돼지는 절대로 할랄이 될 수 없다. 할랄의 도축규정을 살펴보면 일반적 동물도살의 경우에도 국제위생 규격에 따를 것을 권장하는 추세이며 다음과 같은 조건들을 요구하고 있다.[13]

할랄 도축규정

① 정신적으로 완전한 성인 무슬림에 의해 도살되어야 함

② 도살되는 동물의 경우는 이슬람법에 허가된 동물이어야 함

③ 도살되는 동물은 도살되기 전 살아있는 상태여야 함

④ 도살되기 직전에 'Bismillah'(알라의 이름으로)라고 말하고 도살해야 함

⑤ 도살에 사용되는 기구(칼)는 날카로워야 하며 한번의 움직임으로 도살해야 함

⑥ 도살하는 자는 동물의 목 부분의 기도, 식도, 경동맥을 끊어야 함

2. 꾸란에 근거한 할랄

"사람들이여 지상에 있는 허용된 좋은 것을 먹되 사탄의 발자국을 따르지 말라. 그는 실로 너희들의 반역자라"(꾸란 2:168). "일러 가로되 종들을 위하여 창조하신 알라의 아름다움과 깨끗한 이 양식을 누가 금기하느뇨"(꾸란 7:32).

---

13) 홍완수, "할랄식품 산업과 할랄인증," 4.

이와 같이 꾸란 및 하디스에서 금지한 음식이 아닌 경우에는 모든 음식이 허용되는 것으로 파악된다. 알라가 금지한 음식이 아님에도 불구하고 금지하는 것이 있다면 이는 알라에게 대적하는 거짓으로, 이에 대한 규정은 다음과 같으며, 음식의 허용 또는 금지 여부는 알라 고유의 권한으로, 사람이 인위적으로 분류할 수 없음을 강조한다.[14]

"일러 가로되 알라께서 너희를 위해 창조한 일용할 양식을 생각하여 보았느뇨? 너희는 그 중의 일부를 금기하고 일부는 허락하였더라. 일러 가로되 알라께서 그렇게 하도록 허락하셨느뇨? 아니면 알라에 대하여 거짓하느뇨?"(꾸란 10:59). "믿음을 가진 자들이여 알라가 너희에게 부여한 양식 중 좋은 것은 먹되 알라께 감사하고 그분만을 경배하라"(꾸란 2:172).

위에서 설명하였듯이, 이슬람법에서는 금지된 몇 가지의 예외를 제외하고 알라가 창조한 것은 기본적으로 할랄이라는 것이 널리 받아들여지고 있으며, 꾸란은 섭취가 허용된 음식의 범위를 상당히 포괄적으로 언급한다. 순례 중이 아닐 때의 사냥물, 동물이 사냥해 온 것, 바다에서 나는 것, 가축 등이 그 예이다. 나아가 불가피하게 또는 알지 못한 채 섭취한 음식에 대한 예외와 '성서를 받은 자', 즉 유대인과 기독교인이 먹는 음식이 섭취 허용되고 있다.

다음은 꾸란에 나타난 할랄과 하람을 표로 정리해 보았다.

---

14) 이서영, "이슬람권 시장 진출을 위한 할랄(Halal)인증 제도 연구," 30.

꾸란에 나타난 할랄과 하람

	할랄			하람
꾸란 /	본문		꾸란 /	본문
5:1	모든 가축들이 너희들의 양식으로 허락되었으되…		2:173	죽은 고기와 피와 돼지 고기를 먹지 말라. 또한 알라의 이름으로 도살되지 아니한 고기도 먹지 말라. 그러나 고의가 아닌 어쩔 수 없이 먹을 경우는 죄악이 아니라 했거늘 알라는 진실로 관용과 자비로 충만하시도다.
5:4	그들이 허락된 것이 무엇이냐 그대에게 묻거든 좋은 것들이 너희에게 허락되었다 말하라. 또한 알라의 가르침에 따라 육식동물이 너희를 위해 사냥하여 온 것도 허락된 것이거늘 이는 알라가 너희에게 가르친 것이라…		5:3	너희에게 허락되지 아니한 것이 있으니 죽은 고기와 피와 돼지 고기, 알라의 이름으로 잡은 고기가 아닌 것, 목 졸라 죽인 것, 때려서 잡는 것, 떨어져서 죽은 것, 서로 싸워서 죽은 것, 다른 야생이 일부를 먹어버린 나머지, 우상에 제물로 바쳤던 것, 화살에 점성을 걸고 잡은 것이니거늘 이것들은 불결한 것이니라…
5:96	그러나 바다의 사냥과 그 음식은 허락되었으니 이는 너희와 여행자들을 위한 것이며…		5:96	…육지의 사냥은 너희에게 금하니 이때는 너희가 순례중일 때이니라.
6:145	일러 가로되 "내가 말씀으로 계시를 받은 것 가운데서 죽은 고기와 피와 돼지 고기와 알라의 이름으로 도살되지 아니한 고기를 제외하고는 먹고자 하는 자가 먹지 못하도록 금지된 것을 발견치 아니했느니라…		6:121	알라의 이름으로 도살되지 아니한 고기는 먹지 말라. 그것은 죄악이니라…
6:118, 119	그러므로 너희가 알라의 말씀을 믿는다면 고기를 먹되 그분의 이름으로 도살된 것을 먹으라 하였으니 너희는 알라의 이름으로 도살된 것을 먹지 아니함인가 그분께서는 금지된 것과 불가항력의 경우를 너희에게 자세히 설명하였느니라…			
6:142	가축 가운데는 짐을 실을 가축이 있고 고기로 사용할 가축이 있느니라. 알라께서 너희를 위해 양식으로 주셨으되 사탄의 발걸음을 따르지 말라 했느니라. 그는 실로 너희의 적이니라.			

3. 하디스에 근거한 할랄

일반적으로 살아있는 동물의 일부를 잘라낸 고기는 썩어가는 고기로 여기지만, 이에 대한 예외를 무함마드가 이야기했다는 기록이 하디스에 있다. 썩어가는 고기에 대한 예외로 두 가지 형태가 있는데 하나는 생선이고 다른 하나는 메뚜기이며, 피 흐르는 고기도 금지되어 있는데 쓸개와 간은 예외로 본다고 전해진다. 당나귀 고기의 금지 여부에 대하여는 여러 견해가 있다. 안나스(Anas Ibn Malik)는 무함마드가 당나귀 고기의 섭취를 허용하였다고 주장하나, 다른 이들은 당나귀 고기는 부패가 빠르고 불결하기 때문에 알라와 무함마드가 금지했다고 주장한다. 또한 송곳니를 가진 사냥감과 발톱을 가진 조류의 섭취에 대하여 압바스(Ibn Abbas Abu Tha'laba)는 무함마드가 모든 송곳니 소유의 짐승과 발톱을 가진 조류의 섭취를 금지했다고 한다.[15] 사자, 호랑이, 늑대, 치타, 독수리, 매 등이 이에 해당되는 것으로 볼 수 있다.

4. 현대 이슬람법과 할랄

앞서 언급했듯이, 샤리아는 모든 이슬람권의 무슬림들에게 동일하게 적용되기보다는 지역과 학파에 따라 달리 해석, 적용되는 경우가 잦으며, 이는 할랄에 관해서도 마찬가지이다.

불결한 방법으로 길러진 짐승의 우유를 먹는 것과 이에 대한 예외 규정, 금지된 음식으로 완전히 합의되었지만 예외적으로 먹을 수 있는 경우에 대한 입장과 그 허용 조건, 이슬람식 도축의 근거 규범과 방법, 사냥의 도구와 방법, 개와 물에 빠진 사냥감의 처리, 사냥된 짐승을 찾지 못한 경우의 처

---

15) 이서영, "이슬람권 시장 진출을 위한 할랄(Halal)인증 제도 연구," 34.

리, 종교의식에 사용된 짐승의 처리 등과 같이 법원에 명시되어 있지 않은 사항들에 관련해서는 해당 지역 또는 학파의 입장을 파악할 필요가 있다.[16]

아울러 유전자가 조작된 식품(GMO)과 같은 기존에는 존재하지 않았던 새로운 형태의 음식이나 효소, 비타민 등과 같이 전통적인 방식이 아닌 다른 방식으로 생산, 섭취되는 식품들에 대해서도 각 지역 및 학파의 입장 파악이 필요하다.

우상 제물로서의 할랄

종교개혁자 마르틴 루터는 『대요리문답』에서, 첫 번째 계명(출 20:3)에 대해 논의하면서, "당신의 마음이 매달리고 의지하는 것이 무엇이든지, 바로 그것이 당신의 하나님이다. 오직 마음의 신뢰와 믿음이 하나님도 만들고 우상도 만든다."라고 말했다.[17]

종교개혁자 칼빈은 『기독교강요』 1권 11장 8절에서 우상의 기원에 대해서 이렇게 말한다.[18] "인간의 본성 자체가 말하자면 영구한 우상의 제조 공장이다. 사람의 마음이 교만과 대담함으로 가득 차 있어서 감히 자기들의 역량대로 신을 상상해 낸다. 그리고 아둔함 속에서 애쓰며 지극히 어리석은 무지에 점점 빠져 들어가서 거짓되고 허망한 허깨비를 하나님의 자리에 대신 가져다 놓는다. 그리고 이러한 악에 새로운 악이 합쳐져서, 사람은 마음속으로 생각해 온 그런 유의 신을 겉으로 구체화시키려 한다. 그

---

16) 예를 들어, 대부분의 종파가 게, 새우, 가재 등의 갑각류를 할랄로 정하고 있지만, 하나피파에서는 게는 하람, 새우는 할랄로 정하고 있고, 샤피파는 육지에 서식하는 게를 하람으로 정하고 있다. 이외 식용 동물의 할랄 여부에 대한 종파 별 입장의 예는 "Halal and Haram in the Animal Kingdom," *The Halal Journal* (2009 5/6), 32-34. 참고.
17) B. S. Rosner, "Idolatry," in *New Dictionary of Biblical Theology* (Illinois: InterVarsity Press, 2000), 571.
18) Calvin, 『기독교강요』(최종판), 127.

러므로 마음이 우상을 잉태하고, 손이 그것을 낳는 것이다. 이스라엘 백성들의 실례가 우상의 기원을 잘 보여준다. 곧 하나님께서 친히 형체로 임재하여 계시다는 것을 보여 주시지 않으면 사람들은 하나님이 자기들과 함께 계시다는 것을 믿지 않는다는 것이다"(출 32:1).

개혁주의 교회의 신앙고백서인 웨스트민스터 신앙고백을 표준으로 삼은 웨스트민스터 대요리문답은 우상숭배의 죄는 타락의 결과와 인간의 전적 부패로 말미암아 시작되었다고 한다.[19]

아담의 자손이 태어나면서부터 전염되어 여러 모양으로 드러나는 아주 위험한 유전병 가운데 하나가 바로 우상숭배이다(막 7:21-22). '우상숭배'라는 말은 참 하나님을 제외한 다른 신(神)들 또는 상들(images)에 대한 숭배를 의미한다.[20]

할랄산업에 대한 수요가 전 세계적으로 확산되어 가고 있지만 해결해야 할 문제가 있다. 앞에서 살펴보았듯이 할랄인증 기준이 상이하여 국제적으로 통일된 기준이 없기 때문이다.[21]

그리고 가장 큰 문제는 할랄도축은 반드시 무슬림에 의해서 이루어지는데, "비스밀라(Bismillah, 알라의 이름으로), 알라후 아크바르(Allahu Akbar, 알라는 위대하다)"라고 외치며 한다는 것이다. 이러한 방법으로 도축하는 것은 이슬람에서는 죽은 동물의 피를 먹는 것을 금지시키고 있기 때문이다. 그리고 사냥의 도구는 금속이어야 하며 즉사가 가능한 방법이어야 한다. 때려 죽

---

19) Johannes G. Vos G. I. Williamson, *The Westminster Larger Catechism* (New Jersey: Presbyterian and Reformed Publishing, 2002); 류근상, 신호섭 역, 『웨스트민스터 대요리문답강해』 (경기 고양: 크리스챤 출판사, 2007), 399.
20) Gregory K. Beale, *We Become What We Worship* (Illinois: InterVarsity Press, 2008); 김재문, 성기문 역, 『예배자인가, 우상숭배자인가?』 (서울: 새물결플러스, 2014), 26.
21) 이희열, 정장호, "할랄인증 제도와 할랄인증 강화에 따른 우리의 과제," 『복음과 선교』 통권 33권 1호 (2014), 110.

이거나 덫으로 잡는 것은 금지되어 있다. 고기를 잡는 목적이 분명해야 한다. 우연히 죽인 짐승은 먹지 못한다.

이와 같이 할랄식품은 여타 다른 식품과는 달리 종교적인 색채가 강한 음식 문화이다. 그리고 율법이 정해준 가축의 도축과 제조방식에 따라 만들어진 음식을 먹어야 하며 그 도축 및 제조과정이 일종의 예배의식이기 때문에 그 음식 자체가 종교를 대변하고 있다고 할 수 있다. 이슬람의 알라는 성경의 하나님이 아니기에 이슬람 종교의식에 따라 도축된 할랄은 우상에게 바친 제물이 된다.

그러므로 할랄음식은 이슬람의 음식으로 비무슬림인 우리 국민들에게 먹거리로 홍보하고 판매하는 것은 이슬람화를 강요하는 행위이다. 대한민국 헌법 20조는 정교분리를 선언하고 있다. 따라서 특정 종교의 음식을 정부가 이미 홍보하고 있고 향후 상업적 홍보를 허용하는 것은, 종교 차별적이다. 나아가 이슬람을 비호하는 정부의 이러한 정책은 정부가 국민의 세금으로 특정 종교를 편향적으로 지원하는 행위로 헌법 위배의 소지가 있고 형평성의 원리에도 어긋나는 행위이다. 특히 할랄단지가 조성되면 도축 근로자는 무슬림이어야만 한다. 따라서 무슬림 인구 유입이 불가피하게 되며, 이슬람 인구가 많아지면 이슬람 사원이 건립된다. 사원이 건축되면 무슬림 집단거주지(게토, ghetto)가 형성된다. 일자리 창출(도축사)도 무슬림들에게 혜택이 주어진다.

할랄식품은 세간의 알려져 있는 것처럼, '안전식품'이나 '웰빙식품'과는 전혀 관계가 없다. 할랄식품은 여타 다른 식품들과는 달리, 이슬람이라고 하는 종교적인 율법을 따르느냐 따르지 않느냐 하는 것만 중요한 것이다. 힐랄식품은 이슬람이라는 특정 종교를 대변하고 있다. 이슬람의 알라는 성경의 하나님이 아니기에 이슬람 종교의식에 따라 도축된 할랄식품은 우상 제물이 된다.

할랄에 대한 개혁주의 입장

1. 우상 제물을 먹는 것의 가부(可否) 논쟁(고린도전서 8장)

고린도전서 8장부터 10장까지는 고린도교회가 당면한 문제를 바울에게 질문해 온 데 대한 답변 중에서 우상 제물에 관한 답변이다. 우상 제물을 과연 먹어도 괜찮은가? 하는 질문에 대한 이 답변은 다시 세 단원으로 나누어서 살펴 볼 수 있다.

첫째, 우상 제물 앞에서 그리스도인이 가져야 할 관점과 태도에 대한 이해(8장). 둘째, 그리스도인의 자유에 관한 설명(9장). 셋째, 자유를 오용(誤用)하여 죄를 범하는 자들에 대한 경고와 권면이다(10장).

고린도교회는 바울에게 우상 앞에 놓았던 제물을 그리스도인이 먹어도 되는가, 아니면 먹어서는 안 되는가를 질문하였다. 당시에 우상 제물에 대해 기독교인들이 어떤 태도를 가져야 할 것인가는 고린도나 기타 헬라 도시의 교회의 경우에서는 매우 현실적인 문제로서 대단히 심각한 문제였다. 바클레이의 주석에 의하면, 신들에게 제물을 드리는 것은 고대 사회에서 불가결한 생활의 일부였다.

제물은 사적인 것과 공적인 것 두 종류가 있었다. 어느 경우에서나 동물을 모조리 제단 위에서 태우는 경우는 없었다. 사적인 제물의 경우에 첫째, 우선 겨우 표지밖에 안 될 정도의 지극히 적은 부분이 제단에서 태워졌다. 예를 들어, 털을 뽑아서 태우는 것이다. 둘째, 제사장이 당연한 권리로서 갈비와 다리와 머리의 왼편 반쪽을 차지하였다. 셋째, 제물을 바친 사람이 남은 고기를 가져갔다. 그리고 그 사람은 그 고기를 가지고 잔치를 베풀었다. 특히 결혼 잔치를 베푸는 경우가 많았다. 그러한 잔치는 제물을 바친 사람의 집에서 베풀기도 했지만, 그 희생제물을 바친 신전에서 베풀기도 했다.

공적인 제물은 국가가 바치는 것인데 이런 일도 자주 있었다. 그때 약간의 고기가 다만 상징적으로 태워지고, 남은 고기는 관리나 그 밖의 사람들이 가져갔다. 그런데 그들은 남은 고기를 상점이나 시장에 내다 팔곤 했다. 따라서 고깃간에서 고기를 사도 그 고기가 이미 우상이나 이방신에게 제물로 바쳐졌던 것인지 알 수가 없었다.

사태를 더욱 복잡하게 하는 또 하나의 사정이 있었다. 당시 사람들은 악귀나 악령의 존재를 무서워하였다. 악귀나 악령이 인간의 주위에 꽉 차 있어서 언제나 인간의 몸 속으로 들어가려고 노리고 있다는 것이다. 그리고 인간 속에 들어가면, 그 사람의 몸을 상하게 하고 마음을 미치게 한다는 것이다. 저들이 인간 속으로 들어갈 수 있는 통로 중 하나는 음식에 의한 방법이었다.

다시 말하면 사람이 먹는 음식에 붙어서 체내에 들어가는 것이다. 그것을 피하는 방법 중 하나가 바로 사람이 그 음식을 먹기 전에 선한 신(神)에게 바치는 것이었다. 그렇게 하면 선한 신이 그 음식에 붙어서 악한 신을 막아준다는 것이다. 그런 까닭에 동물들은 거의 다 도살되기 전에 어떤 신에게든 바쳐졌다. 그렇지 않으면 예방책으로 고기를 먹기 전에 어떤 신의 이름으로든지 축복하였다. 따라서 이방신과 전혀 관련없는 고기를 먹는다는 것은 거의 불가능한 일이었다.[22]

---

22) William Barclay, *The letters to the Corinthians* (Edinburgh: The Saint Andrew Press, 1954); 서기산 역, 『고린도서』 (서울: 기독교문사, 2002), 114-115.

당시 고린도의 그리스도인들이 우상의 제물로 드려지지 않은 고기를 먹는다는 것은 사실상 불가능하였다. 그리고 이 문제는 고린도교회로 볼 때는 교회의 정체성의 시비가 걸리는 심각한 것이었다. 따라서 고린도교회에서는 사람을 보내 "우상에게 바쳐졌던 제물을 먹으면 어떻게 되느냐? 먹어도 되느냐? 먹으면 안 되느냐?"를 질문하여 속 시원한 대답을 듣기 원하였던 것이다.

바울은 이에 우상 제물에 대해 세 가지로 답변하였다.

첫째, 우상에 관해 그리스도인이 가져야 할 관점이다(4-6절).

우상은 세상에서 아무 것도 아니다. 우상은 세상에 실제 존재하는 신이 아니라는 말이다. 이것이 우상에 대한 바른 지식이다. 이 세상에서 오직 하나님 한 분만이 유일한 참 신이다(시 96:5, 115:4-7). 그런데도 사람들은 하늘과 땅에서 신의 이름을 부르며 많은 신을 두고 섬긴다. 그러나 아무리 그럴지라도 그리스도인은 아버지가 되시는 하나님 한 분뿐이라는 것을 알고 있다. 그분이 모든 만물을 창조하셨고, 우리 또한 그분을 위하여 살도록 창조받았다. 이 창조의 하나님 외에는 참 신이 없다(렘 10:10-11). 또한 주님이신 예수 그리스도 한 분이 계실 뿐인데, 만물이 그분에 의해서 존재하며 우리도 그분에게서 생명을 받았다.

둘째, 우상 제물에 관해 그리스도인이 가져야 할 관점이다(7-8절).

사실 식물(우상에게 바쳐진 제물)이 그리스도인을 정(淨)하고 부정(否淨)하게 하지 못한다. 즉 그리스도인이 우상의 제물을 먹지 않는다고 해서 깨끗한 것도 아니며, 먹는다고 해서 더러워지는 것도 아니다. 우상은 아무 것도 아니기에 우상의 제물 또한 아무 것도 아니다. 우상에게 바쳐진 제물을 음식으로 만들어 먹든, 우상에게 바치지 않은 식물로 음식을 만들어 먹든 그것으로 그리스도인이 하나님 앞에서 평가받지 않는다.

셋째, 우상 제물을 먹을 수 있는 자유와 관련하여 그리스도인이 가져야 할 신앙적 태도이다(9-13절).

우상의 제물을 먹는 것과 관련하여 그리스도인이 믿음의 형제를 고려하여 조심할 것이 있다. 그것은 아무리 우상 제물에 대한 지식이 있어서 양심의 거리낌 없이 먹을 수 있는 자유가 있을지라도 믿음이 약한 자들이 시험받아 죄를 짓고 약한 양심이 상처를 당하는 일이 없도록 조심해야 한다는 사실이다.

따라서 우상의 제물을 먹는 것과 관련하여, 그리스도인은 세상의 모든 것에 대해서 분명한 신앙적 원칙을 지켜야 한다. 그것은 구원의 복음의 진리에 근거한 지식이 분명하고 세상을 초월하여 자유를 누릴 수 있는 믿음을 소유했을지라도 항상 그리스도 안에서 믿음의 형제들과 신앙의 조화를 이루어야 한다는 사실이다.

그리스도인의 믿음과 그 자유는 자신이 임의로 권리를 누리는 것보다 먼저 형제의 믿음을 세워주는 것이 되어야 한다. 왜냐하면 우리는 그리스도 안에서 함께 자라가야 할 존재이기 때문이다. 서로 연합하고 도와서 그리스도의 충만한 상태에까지 함께 자라가야 한다. 그러기에 어떤 믿음의 형제보다 더 나은 믿음을 소유하고 있다면 그 믿음으로 믿음이 약한 형제를 도와서 온전한 믿음이 되게 해야 한다.

2. 그리스도인의 자유에 대하여 (고린도전서 9장)

바울은 먼저 자기 자신을 자유자라고 하였다. 8장에서 우상 제물을 먹는 것과 관련하여 신앙 양심이 걸려 있는 '자유' 문제를 다루면서, 바울은 "내가 자유자가 아니냐?"고 반문하였다. 바울은 우상 앞에 놓았던 제물인 고기를 먹어도 되는지, 먹어서는 안 되는지에 대해 답하기를, 먹고 안 먹고의 문제가 아니라 먼저 우상의 성격과 그리스도인이 신앙하는 하나님에 대한 인식부터 바르게 가져야 할 것을 말하였다.

우상은 실제로 존재하는 신이 아니라 피조물의 형상에 불과한 것인데도 불구하고 사람들이 하나님께 경배하기보다는 그런 것을 섬기고 있는 것이다. 그러나 영원히 살아 계신 하나님은 한 분으로서 유일한 신이시다. 그분은 만물을 창조하신 분이시며 우리를 자기 것으로 창조하셨다. 또한 주 예수님을 이 세상에 보내셔서 우리에게 하나님의 영원한 생명을 주셨다.

그러므로 영원한 생명도 없고 신도 아닌 우상에게 바친 고기는 아무런 의미가 없다. 그러기에 하나님은 우상에게 바친 것을 먹든, 바치지 않은 것을 먹든지 간에 상관하시지 않는다. 단지 식물은 사람의 배를 위해서 존재하는 것이지, 사람이 식물을 위해서 존재하는 것이 아니기 때문이다. 더욱이 그리스도인은 이미 예수 그리스도를 믿는 믿음을 통해서 하나님의 영원한 생명을 얻었다.

그런데 이 생명이 우상의 제물로 쓰여졌던 고기를 먹고 안 먹고 하는 문제로 영향을 받겠는가? 다시 말해서 이 생명을 잃어버리겠는가? 그리스도인은 예수 그리스도께서 구속을 이루심으로 자신 안에 있는 모든 사람을 율법의 정죄로부터 해방시켜 자유한 자가 되었다. 그러니 우상의 제물로 쓰여진 고기를 먹고 안 먹고 하는 문제의 시비에 걸려 있을 필요가 없다.

바울은 이런 분명한 지식이 있고 무엇보다도 생명의 주이신 하나님에 대한 믿음이 뚜렷했으므로 그는 우상의 제물과 관련하여, 그리고 기타 율법 의식(儀式)으로부터 자유인이었다. 다만 그는 자신이 아무리 우상 제물로 쓰여진 고기를 먹을 수 있는 자유가 있을지라도 그 자유를 항상 믿음의 형제를 고려해서 사용하였다.

믿음이 약한 형제들이 그 자유로 인해서 상처를 받거나 죄를 지을 수 있기 때문이다. 그들은 아직 그리스도인이 믿는 주 안에서 누리는 자유에 대해 충분한 지식이 없으므로 우상의 제물로 쓰여진 고기를 먹는 것을 죄로 알기 때문이었다. 그들은 아직도 율법 아래 있는 자이기 때문에 율법이 효력을 발휘하여 그들을 정죄하며, 이는 그들이 다른 믿음의 형제들에게뿐만 아니라 그리스도께도 죄를 짓는 것이 되고 만다. 그래서 바울은 자신이 누릴 수 있는 자유를 믿음의 형제 앞에서 신령한 덕을 세워나가는 일을 위해 아예 포기하였다.

3. **자유를 오용(誤用)하여 죄를 범하는 자들에 대한 경고와 권면**(고린도전서 10장)

그리스도인이 우상 제사가 드려지는 연회나 의식에 참석해도 되는가? 사도의 대답은 '안 된다.'이다. 사도의 이 대답은 고린도교회에 충격적으로 들렸을 것이다. 우상숭배 축제가 너무나 보편적인 문화 속에서 그들이 살고 있었기 때문이다. 바울은 "우상숭배하는 일을 피하라."고 말했다(14절). 바울은 스스로 분별하고 알아들을 수 있는 사람들에게 말한다고 하면서 성찬(주의 만찬)을 예로 들어 논증한다(16~17절). 논증의 핵심은 '참여는 친교로 이어진다.'는 원리에 있다.

여기서 사도는 '코이노니아'(Koinonia)라는 단어를 네 번이나 사용한다(16절에 두 번, 18절과 20절). 기독교 친교(코이노니아)의 핵심은 주의 만찬에 있다. 잔은 그리스도께서 우리를 위해서 흘리신 피를 상징하고 떡은 그리스도께서 우리 죄를 위해서 형벌받아 찢겨지신 살을 상징한다. 이것은 상징만이 아니라 영적 실재를 가진다.

성찬은 기계적인 경험이 아니다. 그리스도께서 그 안에 영적으로 임재하시고 성찬에 참여하는 그리스도인들은 그리스도에 대한 감사와 찬미로 가슴이 벅차오르고 그리스도와 실제적인 나눔과 교제를 가지는 것이 수의 만찬의 깊은 의미다. 우상들은 참 신은 아니다. 그러나 우상숭배 속에서 영적 실재, 마귀의 실재가 작용하고, 결국 거기에 참여하는 것은 마귀와 교제하는 것이므로 참여하지 말라는 것이다(20절). 그것은 마귀가 자신의 마음에 들어오도록 마음을 여는 행위다.

바울이 우상 축제에 참여하지 말라고 하는 두 번째 이유는 그 축제에 참여한다면 우상숭배에 참여하는 자들과 동일시되기 때문이다. 그리스도인들이 한 떡에 참여하는 성찬은 그리스도인들을 하나로 만들어주고 그리스도와 동일시(연합)됨을 의미한다.

이와 같이 우상 축제에 참여하는 자들은 자신을 그리스도가 아니라 우상과 동일시하는 것이기 때문에 바울은 우상 축제에 참여함을 반대하는 것이다. 주의 잔도 마시고 귀신의 잔도 마실 수는 없다(21절). 주보다 강한 자가 아니라면 그렇게 하지 말라고 권한다(22절). 하나님을 진노케 하는 행위를 그치라는 것이다.

이제 바울은 우상에게 바쳐진 고기의 문제를 정리한다(23절 이하). 우리가 모든 것을 할 수 있는 자유를 가졌다고 해도, 모든 것이 다 유익한 것은 아니다(23절). 첫째는 일반적 원리로서, 자기의 유익이 아니라 남의 유익을 구하라는 것이다(24절). 바울은 이 일반적 원리에 대해서 구체적인 가르침을 주는데, 개인적으로 우상에게 바친 고기가 아무 상관이 없다고 생각하는 자들은 시장에서 우상에게 바쳐진 고기인지를 일일이 묻지 말고 먹으라고 말한다(25절).

둘째는 구체적 원리로서, 불신자의 초청을 받아 먹을 때는 우상에게 바쳐진 고기인지 묻지 말고 먹으라는 것이다(27절). 그러나 만일 누군가 이것이 바쳐진 제물이라고 말해서 알게 되었다면 그것을 말한 사람과 그 양심을 위해서 먹지 말아야 한다(28절). 이것은 자기 양심이 아니라 남의 양심을 말하는 것이다.

왜 우리가 남의 양심을 위해서 살아야 하는가를 묻는다면(29-30절), 바울은 그 이유를 이렇게 설명한다. "먹든지 마시든지 무엇을 하든지 다 하나님의 영광을 위하여 하라"(31절)는 것이다. 하나님의 영광 때문에 우리는 자신의 자유를 다른 사람의 양심을 위해서 내려놓을 수 있다. 하나님의 이름이 높여지기를 원하고 하나님이 존귀를 얻도록 하기 위해서 나는 수고할 수 있다. 그리스도인들은 말로만이 아니라 범사에 이 원리를 적용하고 살아가야 한다.

그러므로 그리스도인은 누구에게도 거치는 자, 넘어지게 하는 자가 되어서는 안 될 것이다(32절). 범사에 모든 사람의 유익과 기쁨을 위하고 자기 기쁨과 자기 유익만을 추구하지 않는 것은 그들이 구원을 얻게 하고자 함이다(33절).

전 세계가 이슬람의 유입을 막기 위해 노력하고 있는 이때, 대한민국은 오히려 정부가 나서서 경제적인 이권을 고려해 이슬람 붐을 조성하고 있다. 박근혜 전 대통령은 제7차 무역투자진흥회의를 주재한 자리에서 제2의 중동 붐을 일으킬 것을 요구하면서 "현실은 하늘의 메시지다라는 이야기를 들은 적이 있는지요? 우리는 경제 재도약과 경제 활성화를 위해 노력하고 있고 간절하게 기도하는 마음으로 염원하고 있습니다. 그러므로 지금 현실에서 벌어지고 있는 이것이 바로 하늘의 응답이요 메시지임을 우리는 정확하게 읽어야 한다고 생각합니다."[23]라고 말했다.

박근혜 전 대통령은 이슬람 붐을 통해 경제를 일으키고자 하는 '현실이

---

23) 유해석, "한국을 향한 이슬람의 大공세," 15.

주는 메시지'를 읽었는지 모르지만, 이슬람 붐으로 인해 벌어지게 될 '한국의 미래에 대한 메시지'는 읽지 못한 것 같다. 물론 세계 할랄시장 진출을 위해 정부가 노력하는 것은 우리나라 경제를 살리기 위한 고육책의 하나로 이해 못하는 바는 아니다. 세계 할랄시장 규모는 2013년 기준 1조 920억 달러로 전년 대비 10.8% 증가하였으며 2019년에는 2조 5,370억 달러까지 성장할 전망이다.[24]

이렇듯 할랄시장은 매력적인 블루오션으로 떠오르면서 전 세계 식품산업에서 가장 큰 주목을 받고 있다. 그러나 세계 할랄시장은 축산물 대량 생산국과 다국적 기업의 전유물이 되고 있다는 현실을 바르게 직시해야 한다. 브라질, 미국, 캐나다, 아르헨티나, 프랑스, 호주 등의 나라에서 할랄식품의 80%를 점유하고 있어, 세계 할랄시장은 우리 정부가 홍보하듯이 블루오션이 아니라 레드오션이 된 지 이미 오래이다.

정부는 세계 할랄시장에 관한 이러한 내용들을 소상히 인지하고 있음에도 불구하고, 경제적인 실익이 별로 없는 할랄 지원정책을 펴고 있어 향후 막대한 부작용 발생이 우려된다. 정부가 농수산 식품 수출개척 회의를 개최하고, 할랄 도축 도계장 건립과 인증 관련 시설 개보수를 포함하여 할랄식당 리모델링 비용까지 지원해 주고 있는 실정이다. 정부가 전면에 나서서 할랄산업 지원정책을 계속해서 내놓고 있는데, 이로 인한 국가 재정 낭비는 말할 것도 없고, 정부의 포퓰리즘적인 말만 믿고 할랄산업에 뛰어든 선량한 일부 영세 기업인들의 경제적 손실이 예상되고 있어 큰 사회적 문제가 아닐 수 없다.[25]

더욱이 전 세계적으로 할랄산업 자체가 통일된 인증체계를 갖추고 있지

---

24) 김은미, "할랄식품을 둘러싼 국내외 시장현황," 『식품과학과 산업』 통권 48권 (2015/6), 13.
25) 장베드로, "정부의 할랄산업 지원정책의 문제점과 그 대책," 『지저스아미』 통권 68권 (2015/12), 77-78.

못하고, 인증비용뿐 아니라 인증과정이 지나치게 복잡할 뿐더러 까다로운 요구 사항들도 많아, 우리나라가 할랄에 대한 자체 경쟁력을 얻는 일이 요원해 보인다.

정부의 할랄 육성정책은 무슬림이 많지 않은 대한민국의 현실에 전혀 맞지 않는 비현실적 정책이기 때문에, 정부가 당장의 경제적 논리에만 치우쳐 소탐대실(小貪大失)의 우를 범하지나 않을까 심히 걱정이 된다. 실제로 무슬림이 대다수인 이슬람 국가나 무슬림 인구가 많은 나라를 제외하고 정부 주도로 할랄정책이 추진되고 있는 곳은 없다. 할랄산업을 위해서는 이슬람 문화나 무슬림 내수 기반이 갖추어져 있어야 하는데, 우리나라와 같이 이슬람과 거의 무관한 나라가 할랄단지를 조성하는 사례는 전무하다.

그렇기 때문에 정부가 전면적으로 할랄산업을 지원하는 정책은 반드시 재고되어야 한다.[26] 왜냐하면 이슬람법과 그 법에 근거한 할랄은 전 세계를 이슬람화하려는 종교적 목적을 가지고 있기 때문이다.

더불어 할랄에 대해 우리 정부가 앞장서서 지원정책을 펴는 것은 특정 종교에 대한 종교 편향적인 특혜라고 볼 수밖에 없다. 대한민국 헌법에 정교분리의 원칙이 확고하게 명시되어 있음에도 불구하고 경제적인 측면을 앞세워 할랄 육성정책을 계속 추진한다면 이는 위헌적 소지가 다분한 정책임을 정부 관계자들은 심각하게 고려해야 한다.

종교적 객관성과 중립성을 지켜야 할 정부가 할랄 지원정책으로 인해 특정 종교를 지원하고 간접적으로 포교하는 결과가 초래되어, 종교 간 갈등을 조율해야 할 정부가 오히려 종교분쟁을 부추기는 불상사가 있어서는

---

26) 장베드로, "정부의 할랄산업 지원정책의 문제점과 그 대책," 80-81.

안 될 것이다.

이슬람 인구가 증가함에 따라서 할랄을 허용하고 있는 유럽은 심각하게 이슬람화가 진행 중에 있다. 종교개혁자 칼빈이 이슬람을 유럽기독교의 위협으로 보았던 것처럼 오늘날 유럽은 이슬람화되어 가고 있다.

이러한 이슬람의 위협 앞에 세 가지로 결론을 맺고자 한다.

첫째, 한국교회는 막강한 자금력을 가지고 몰려오는 이슬람의 물결에 맞서 영적인 분별력을 가지고 기도하며 대처해야 한다. 세계선교현황을 흔히 '위기' 상황이라고 말하는 것처럼 우리가 지금의 상황에 어떻게 대처하느냐에 따라 그것이 위기가 될 수도 있고, 반대로 기회가 될 수도 있다. 앞에서 살펴본 것처럼 이슬람은 지금 전 세계를 이슬람화하려는 목적을 가지고 있다. 또한 이슬람 종교가 가지고 있는 속성 가운데 하나인 다와(Dawha), 즉 이슬람 선교의 목적을 가지고 취업, 결혼, 이슬람 금융, 이슬람 음식, 이민, 캠퍼스 등의 방법을 사용하고 있다면 우리는 그에 대한 대응책을 마련해야 한다. 지금 단순히 경제적 이익만을 앞세워 무비판적으로 아무런 연구도 없이 이슬람 금융이나 할랄 시스템을 도입해서는 안 된다.

둘째, 우상 제물로서의 할랄에 대하여 사도 바울의 입장을 취해야 한다. 이슬람법에 정해진 일련의 종교적 의식인 자비하(Zabihah)를 따라 도축하는 방법은 도축할 동물의 머리를 메카의 신전 쪽을 향해 눕히고 기도를 한 후 알라의 이름으로 살아 있는 동물의 목과 정맥을 단칼에 그어 몸 속의 피를 전부 빼내는 것이다. 이렇게 도축 및 제조된 식품은 종교적인 색채가 강하므로 할랄에 대해 기독교인은 고린도전서 8-10장의 사도 바울의 대답을 취해야 할 것이다. 우상은 아무 것도 아니며 하나님은 한 분뿐이시지만 우상의 생각을 가지고 우상의 제물을 우상의 제물로 알고 먹으면 양심이 더러워진다. 그것은 우상을 신적 존재로 인정한 것이므로 우상숭배가

된다.

그러나 지금 우리나라의 현실은 고린도교회 상황과는 매우 다르다. 일단은 취사선택이 가능하기 때문이다. 그리고 가능하다면 믿음이 약한 형제를 위해서라도 절제가 필요할 것이다. 오히려 우리는 요한계시록에 언급된 일곱 교회 중 버가모, 두아디라교회에게 하신 주님의 경고의 말씀을 새겨야 할 것이다.

"그러나 네게 두어 가지 책망할 것이 있나니 거기 네게 발람의 교훈을 지키는 자들이 있도다 발람이 발락을 가르쳐 이스라엘 자손 앞에 걸림돌을 놓아 우상의 제물을 먹게 하였고 또 행음하게 하였느니라"(계 2:14). "그러나 네게 책망할 일이 있노라 자칭 선지자라 하는 여자 이세벨을 네가 용납함이니 그가 내 종들을 가르쳐 꾀어 행음하게 하고 우상의 제물을 먹게 하는도다"(계 2:20). 그러므로 우리는 일부러 할랄식품을 구입할 필요도 없고, 권할 필요도 없다.

셋째, 이슬람에 관련된 문제를 다룰 때 단순히 종교가 다르다는 측면만을 고려할 것이 아니라 그 이면에 있는 한국 이슬람의 성장에 대한 이해가 전제되어야 한다. 현재 한국의 이슬람 인구는 외국인 무슬림과 한국인 무슬림을 포함하여 공식적으로 약 25만 명에 달한다. 외국인 정책본부통계연보(각년도)에 의하면 2030년까지 531만 명의 외국인이 존재한다면,[27] 한국 전체 인구(5,147만 명)의 약 10%가 된다.[28] 현재 전 세계 74억 명 가운데

---

27) 『한국경제』, 2015년 10월 15일, 국내 거주 외국인 인구 추계 (2018년부터는 추정치)

	2006년	2012년	2018년	2024년	2030년
외국인 인구 추계	010,000명	1,450,000명	2,240,000명	3,430,000명	5,310,000명
전체인구 대비 외국인 비중	1.9%	2.8%	4.4%	6.6%	10.2%

외국인 노동자 외에 단기체류 관광객 및 유학생 등 포함자료: 출입국 외국인정책본부 통계연보(각년도) 참조 후 추계

28) 『한국경제』, 2015년 10월 15일.

23.2%가 무슬림이다.[29] 그렇다면 531만 명 가운데 약 백만 명은 무슬림일 가능성이 있다.

마르틴 루터는 이슬람과의 전쟁은 영적인 전쟁이라고 보았다. 이 영적인 전쟁은 기독교인들의 회개와 기도를 통해서만 승리를 거둘 수 있으며, 기독교인들을 징계하시는 하나님의 손에 있는 이슬람이라는 채찍을 거두시게 할 수 있다고 말했다.[30]

그러므로 루터는 기독교인들이 회개와 기도로서 이슬람과의 영적인 전쟁을 승리해야 한다고 하였다. 루터가 이슬람의 공격을 하나님의 채찍으로 이해했다는 것은 놀랍다.

종교개혁 당시뿐만 아니라 오늘날에도 우리는 '황금만능주의로 타락하여 영적으로 어두워진 교회를 향한, 하나님의 징계와 채찍'으로 이슬람이 사용되고, 그래서 이슬람이 밀려오는 것으로 이해해야 한다. 오늘날 이슬람보다 타락한 기독교의 반성을 촉구하는 것이다. 한국에서 이슬람 인구가 성장하고 있는 지금 루터의 말은 더 크게 들려 온다.

"우리가 먼저 싸워야 할 대상은 이슬람이 아니라, 기독교 내부적인 부패와 거짓이다."[31]

한국교회와 기독교인들은 이슬람이 아니라, 기독교 내부의 거룩을 위한 싸움을 우선해야 한다. 이 중요한 시기에 한국교회와 기독교인들은 다시 개혁을 논해야 한다. 개혁된 교회는 항상 개혁되어야 하기 때문이다. 그리고 자신을 돌아보아야 한다. 현재 한국에서 나오는 식품들 가운데 할랄마크가 인증되어 있는 식품이 쏟아져 나오고 있다.

---

29) Worldometers, Current World Population, http://www.worldometers.info/world-population/ (접속 2016. 8. 26).
30) Luther, WA 30: II, 120, 12, 이성덕, "종교개혁 시대 이슬람의 팽창과 루터의 입장," 148에서 재인용.
31) 이성덕, "종교개혁 시대 이슬람의 팽창과 루터의 입장," 145.

필자가 영국에서 사역할 때, 할랄식품이 영국 유통시장을 장악한 가운데 유통업체들이 할랄식품을 일반제품과 구분 없이 판매하는 것에 대하여 사회로부터 비난을 받곤 했는데 지금 그런 일들이 한국에서 일어나고 있다. 적어도 교회에서 할랄식품을 구입하여 교회학교 학생들에게 나누어주는 일은 없도록 교회 지도자들이 이슬람에 대한 지식을 가지고 있어야 하며, 왜 할랄식품에 대하여 기독교인들이 주의해야 하는지에 대하여 교육시킬 수 있어야 한다. 할랄식품 이면에 있는 이슬람의 성장에 대한 대안을 제시해 주어야 한다.

교회학교 학생들이 살게 될 미래의 한국은 지금보다 많은 무슬림들이 살게 될 것이다. 따라서 지금부터 준비해야 한다.

3부
이슬람권에서 부는 새 바람

8장

이슬람에서 기독교로의 개종의 역사

교회 역사학자인 데이비드 게리슨(David Garrison)은 『프리미어 크리스채너티』 6월 호에 "2000년 이후 800만 명의 무슬림들이 기독교를 받아들인 것으로 추정한다."는 기사를 썼다.[1] 놀라운 일이다.

최근에 와서 이슬람권에 변화의 바람이 불고 있다. 아랍어로 '이슬람의 집'을 뜻하는 '다르 이슬람'(Dar-Islam)은 서부 아프리카에서 인도네시아에 이르기까지 49개의 이슬람 국가와 16억 명의 무슬림을 포함하는 보이지 않는 종교제국을 지칭하는 이름이다.[2] 이슬람은 선교적인 종교로서 모든 사람이 무슬림이 되기를 원한다.

그런데 최근에 지금까지 보지 못했던 새로운 현상이 일어나고 있는데, 많은 무슬림들이 기독교로 개종하고 있다. 지난 20년 동안 이슬람 배경을

---

1) 『국민일보』, 2016년 6월 8일.
2) David Garrison, *A wind in the house of Islam* (Glasgow: WIGTalk Resources, 2014), 5.

가진 기독교인들이 29개의 국가에서 70지역이 넘는 곳에서 백 개 이상의 새로운 교회를 세우고 수천 명의 무슬림들이 세례를 받았다. 어느 지역에서는 수만 명이 개종을 하기도 하였다.[3]

이슬람권에 최초로 복음을 전했던 사람은 아시시의 프란체스코(Francis of Assisi, 1181-1226)였다. 그는 1219년 5차 십자군 운동(1217-1221년)이 진행되는 동안에 이집트의 통치자인 술탄(Sultan) 알 카밀(Al-Kamil, 1177-1238)을 방문하여 그에게 복음을 전하였다. 열매는 없었으나 이슬람 선교가 처음으로 시작되었다는 역사적 의미가 있었다. 그는 십자군을 격려하지도 않았고 도리어 십자군은 전투에서 패배할 것이라고 경고하는 등 십자군과는 다른 행보를 보였다.

같은 해에 프란체스코는 자신이 조직한 수도회의 수도사들을 모로코로 파송했는데, 1220년 1월 16일 다섯 명이 순교하였다. 18세기에는 모라비안(Moravian)들이 이슬람권에 들어갔다. 그러나 불행히도 이에 대한 기록이 남아있지 않다. 종교개혁자들은 무슬림들에게 직접적으로 선교사를 보내지는 않았지만, 그들이 제시한 신학은 이슬람 선교의 새로운 지평을 열었다.

헨리 마틴(Henry Martyn, 1781-1812)은 영국성공회 목사로 동인도 회사의 사목으로 인도에 갔다가 이슬람을 알게 되었다. 그 이후 이란에 들어가 신약성경을 이란어로 번역했으나 영국으로 오는 길에 터키의 토카프에서 결핵으로 죽음을 맞이했다. 19세기에는 선교의 아버지라고 불리는 사무엘 츠머(Samuel Zwemer, 1869-1952)가 레바논으로 들어가 21년 동안 아라비아 반도에서 사역하였다.

---

3) Garrison, *A wind in the house of Islam*, 5.

이슬람에서 기독교로의 개종의 역사

1. 이슬람 초기에서 제국주의 시대까지

지금은 많은 무슬림들이 기독교로 개종하고 있지만, 이슬람이 시작되고 처음 3세기 반 동안 개종의 움직임은 전혀 없었다. 무함마드가 죽은 지 350년이 지난 후에 개종의 움직임이 시작되었다. 압바스 왕조 당시에 시리아 동쪽에 있는 도시 니시비스(Nisibis)는 이슬람 제국의 영역이었다. 그러나 비잔틴 황제였던 요한네스 1세(John Tzimisces, 925-976) 때, 니시비스는 비잔틴에게 점령을 당했다.

이슬람 정권 아래에서 세금을 착취하던 이슬람 지도자에 대한 반발로, 12,000명의 남자와 부인들과 자녀들이 980년에 비잔틴 사제에게 세례를 받으면서 이슬람에서 기독교로 개종하였다. 이러한 개종이 진정한 개종인지에 대한 논란이 있었지만, 이슬람권에서 무슬림이 기독교로 개종한다는 것은 정말 어려운 일이었다.[4]

1096년부터 1272년까지 일어났던 십자군 전쟁은 성지탈환을 목적으로 이슬람에 대하여 전쟁을 선포하였다. 이슬람이 지하드를 선포하고 정복전쟁을 하는 것은 꾸란에 기록되어 있는 사실이지만, 예수님은 제자였던 베드로가 검으로 말고의 귀를 잘랐을 때, "네 칼을 도로 칼집에 꽂으라 칼을 가지는 자는 다 칼로 망하느니라"(마 26:52)고 말씀하셨다.

따라서 십자군 전쟁은 잘못된 전쟁이었다. 십자군 전쟁은 전쟁을 치르는 과정에서 수많은 과오를 저질렀다. 하지만 이 시기에 이슬람 선교에 대해 관심을 갖고 칼이 아니라 복음을 가지고 이슬람권에 들어간 선교사들이 일어났던 것은 의미심장한 일이었다.

---

4) Garrison, *A wind in the house of Islam*, 7.

레이몬드 룰(Raymond Lull, 1235-1316)은 십자군 전쟁으로 인하여 전도의 길이 막힐 때 다음과 같이 말하였다.

"나는 무장한 많은 기사들이 성지를 다만 칼과 창으로 얻을 수 있다고 믿고 바다를 건너 떠나는 것을 보았습니다. 그러나 결국 이것은 파괴만 불러올 따름입니다. 나는 성지회복은 사랑과 기도의 무기를 가지고 눈물과 피를 쏟아 부음으로써만 가능하고 또 그렇게 해야만 한다고 믿습니다."

그는 나이 40이 넘어서 선교사 훈련을 시작하였다. 그는 이슬람 선교를 위하여 세 가지 선교전략을 세웠다. 첫째, 토론을 통하여 변증적으로 복음을 전할 것, 둘째, 무슬림들을 교육시킬 것, 셋째, 복음적으로 사역할 것이다. 그는 이 전략에 따라서 사역을 감당하였다. 학교를 세워서 아랍어를 가르치며, 무슬림에게 복음을 전할 선교사들을 양성하였고, 이슬람에 대한 지식을 얻기 위하여 많은 책을 저술하였다.

13세기 기독교인들은 무슬림을 사랑하지도, 그들의 종교를 이해하려고도 하지 않았다.[5] 이런 시대에 레이몬드 룰은 이슬람을 연구하고 무슬림을 사랑하며 적극적인 선교활동을 펼쳤다. 당시 무슬림들은 기독교인들을 증오하였다.

레이몬드와 동시대의 사람인 마르코 폴로(Marco Polo, 1254-1324)는 다음과 같이 기록하고 있다.

"무슬림들이 기독교인을 증오하는 것은 놀라운 일이 아니다. 무함마드는 무슬림에 대하여 달리 말하는 모든 자에게 모든 힘으로 위해를 가하라고 명령했다. 특히 기독교인들에게는 그들의 재산을 빼앗고 악한 방식으로 처리하라고 명령했다. 무슬림들은 그런 방식으로 전 세계에서 행동으

---

5) Samuel M. Zwemer, *Raymund Lull* (London, 1902); 김이사야 역, 『최초의 이슬람 선교사 레이몬드 룰』(서울: 피플, 2017), 47.

로 옮겼다."⁶⁾

이런 시대에, 레이몬드 룰은 북부 아프리카 무슬림들을 위해 사역하였다. 6개월 동안 감옥에 갇히기도 했고 회유를 당하기도 했지만 굴복하지 않았다. 그의 사역을 통하여 몇 사람의 개종자를 얻었다. 그는 82세의 노구를 이끌고 튀니스에서 복음을 전하다가 오늘날 알제리의 베자야 해변에서 돌에 맞아 순교하였다.

도미니칸 수도사인 트리폴리의 윌리엄(William of Tripoli, 1220-1291)은 당시 라틴(Latin) 왕국이었던 오늘날 레바논의 트리폴리에서 태어났다. 그는 교황 그레고리우스 10세에게 무슬림들은 무력이나 힘에 의해 얻어지는 것이 아니라, 그들의 신앙의 내적 논리를 통하여 그리스도께로 이끌릴 수 있음을 강조하였다. 윌리엄은 철학적인 논쟁이나 십자군의 도움 없이 그들의 문화와 그들의 언어를 공부하였고 꾸란을 연구하였으며 성공적으로 무슬림에게 복음을 전하였다. 약 천 명의 무슬림들에게 세례를 베푼 것으로 알려져 있다.⁷⁾

아스콜리의 콘라드(Conrad of Ascoli, 1234-1289)는 이탈리아의 귀족 출신으로서 프란체스코 수도사였는데, 로마에서 일정 기간 선교훈련을 마치고 리비아로 가기 위한 허가를 받았다. 그는 리비아에서 사역을 하면서 검소한 삶과 탁월한 설교 그리고 열정적인 사역을 통해 6,400명의 무슬림들이 개종하게 했다.⁸⁾

1492년 이베리아 반도의 최후의 이슬람 지역이었던 그라나다(Granada)가 스페인에 정복당한 후에 헤르난도(Hernando de Talavera, 1428-1507)는 성직

---

6) Zwemer, 『최초의 이슬람 선교사 레이몬드 룰』, 47.
7) Thomas F. O'Meara, "The Theology and Times of William of Tripoli, o p.: A Different View of Islam", *Theological Studies*, 69 (2008), 83.
8) Garrison, *A wind in the house of Islam*, 9.

자들에게 아랍어를 배우게 하여 무슬림들을 전도하였다. 그 결과 1490년부터 1500년 사이에 수천 명의 무슬림들이 세례를 받았다.[9]

2. 제국주의 시대에서 현대까지

이슬람권에서 인도-말레이시아권은 말레이 반도에서 인도네시아 군도까지 이르며 싱가포르, 브루나이, 필리핀과 남부 태국이 포함된다. 이 지역에 약 2억 명의 무슬림이 거주하고 있다. 16, 17세기에는 스페인과 포르투갈의 무역이 확장되었고 아프리카, 아시아, 아메리카의 정복이 시작되었다. 네덜란드와 프랑스, 미국의 무역업자들은 18세기와 19세기에 제국주의를 따라잡으려고 경쟁하였다.

네덜란드는 1605년경에 인도네시아에 상륙하였다. 네덜란드 식민지가 된 인도네시아에 245명의 네덜란드 선교사가 인도네시아 전 지역에 파송되었다. 그들로 인하여 약 8만 명 이상이 개종을 하였으나 그들은 무슬림이 아니었다.[10]

1914년 아브라함 카이퍼(Abraham Kuyper, 1837-1920)는 네덜란드 선교사들이 사역했던 자바 섬에서 무슬림 1,614명이 기독교로 개종하였다고 발표하였다.[11] 선교사들이 뿌려놓은 씨앗은 결코 헛된 것이 아니었다. 오늘날 자바의 사도(Apostle of Java)로 불리는 사드라크(sadrach surapranata, 1835-1924)는 농부의 아들로 태어나 이슬람 신앙을 가지고 자랐으나 기독교로 개종하였다. 그는 자바 원주민 기독교인으로서 자바어로 성경을 번역하고 무슬림들과의 공격적인 논쟁을 통하여 복음을 전하였다.

---

9) Garrison, *A wind in the house of Islam*, 11.
10) Garrison, *A wind in the house of Islam*, 52.
11) Garrison, *A wind in the house of Islam*, 13.

1870년 사드라크는 수천 명의 무슬림들이 이슬람을 떠나 기독교로 개종하여 세례를 받는 것을 보았다. 1873년에 이미 2천 5백 명이 넘는 자바인 무슬림들이 기독교로 개종하였다. 사드라크가 어떤 선교전략을 활용하였기에 많은 자바인들이 기독교인이 되었는가? 사드라크는 자바섬의 일반적인 무슬림처럼 꾸란을 가르치는 초등학교와 중고등학교를 졸업하였다. 그는 자신의 영적인 멘토였던 바끄 꾸르멘(Par Kurmen)이 기독교 복음 전도자인 뚱글 울릉(Tunggul Wulung)과 종교적인 토론을 한 후에 기독교로 개종한 사실을 알게 되었다.

　그 후, 그도 1867년 32세에 세례를 받았다. 그는 뚱글 울릉과 바끄 꾸르멘으로부터 자바인들의 문화를 무시해서는 안 된다는 교육을 받았다. 네덜란드 식민지 교회 문화와 아랍화된 이슬람 문화의 영향을 받은, 그는 세례를 받고 3년이 지나자 사역자의 길을 가기 시작하였다. 사드라크는 독립적인 사역을 하였지만 세례를 주기 위하여 교회에 의존하였다. 그의 교회는 이슬람 사원처럼 보였으나 3층으로 된 지붕은 삼위일체를 상징하였다. 예배 때에는 자바인의 전통복장을 입었고 남녀는 따로 앉았으며 여자들은 수건으로 머리를 가렸다.[12]

　그가 세상을 떠난 1924년까지, 그의 생전에 발생한 개종자들은 1만 명에서 2만 명이 되었을 것으로 본다. 86개의 교회를 세웠으며, 7,552명의 무슬림들이 세례를 받았다. 1924년 그가 죽기 전에 입양한 아들 요담 마르따르자(Yotham Martareja)를 지도자로 세웠다. 8년 후에 요담은 네덜란드 칼빈주의 교단인 동인도교회(Indische Kerk)와 손을 잡고 교단을 통합하였다. 그 결과, 더 많은 무슬림들이 기독교로 개종하였다. 이러한 일들은 지

---

12) Garrison, *A wind in the house of Islam*, 47.

금도 계속되고 있다.[13] 프랑스가 1830년에 북부 아프리카 알제리를 식민지로 삼은 이래로, 1930년 후반에는 약 7천 명의 가톨릭 신자들이 생겼다. 기독교는 북부 아프리카에서 많은 활동을 하였지만 개종은 거의 찾아보기 힘들었다.

3. 오늘날의 개종
북아프리카

2차 세계대전 도중에, 찰스 마쉬(Charles R. Marsh) 선교사는 알제리로 건너가서 40년 동안 사역하였다. 사역 초기 10년 동안 단 한 사람의 회심자도 얻지 못하였다. 또한 그 후에 7명에게 세례를 주었으나 그들은 모두 살해당하였다. 그러나 지금 알제리에서 변화가 일어나고 있다. 2002년 북부 아프리카의 알제리에서 80개의 교회가 세워진 것을 확인하였다.[14] 그리고 이보다 더 많은 개종자들이 숨어서 예배를 드리고 있다.

1990년 알제리 정부군과 원리주의자들 사이에 내전이 일어났다. 이 무렵 알제리 남부 베르베르(Berber)인들 사이에 복음이 전파되기 시작하였다. 그 이후에 약 만 명이 기독교로 개종하였다. 북아프리카의 개종은 베르베르 종족의 정체성을 심어주며 상승세를 탔다. 세 개의 매체수단이 복음을 효과적으로 전달하였다. 베르베르어 신약성경과 베르베르어 라디오 방송, 그리고 베르베르어로 제작된 '예수' 영화를 매개로 약 4백만 명 이상을 초청했다. 이 세 가지 대중매체를 계기로 외국 선교사들에게 의존하지 않고 자신들의 언어로 복음이 전파되기 시작하였다.[15]

---

13) Garrison, *A wind in the house of Islam*, 62.
14) Garrison, *A wind in the house of Islam*, 96.
15) Garrison, *A wind in the house of Islam*, 120.

지난 2009년 5월에 KBS '세계는 지금'이라는 프로그램에서 프랑스 방송사의 보도를 인용하여 북부 아프리카의 알제리에서 약 10만 명이 기독교로 개종했다는 내용을 발표하였다. 또한 매주 약 500명의 무슬림들이 기독교회로 새로 출석한다는 내용이 보도되었다. 알제리는 1992년부터 1999년까지 이슬람원리주의 단체인 이슬람 구국전선(ISF)으로 인하여 약 20만 명이 죽음을 당하였다. 그 이후에 수많은 무슬림들이 기독교로 개종하였다.

이란

전 세계 무슬림의 약 85%가 수니파(Sunni) 이슬람인데 반하여, 15%는 시아파(Shite) 이슬람이다. 이슬람의 예언자 무함마드는 자신의 제자들 사이에 분열이 일어날 것을 내다보았다. 무함마드에 의하면, "진실로 이스라엘 자손에게 일어난 것처럼 내 백성에게도 그 일이 일어날 것이다. 이스라엘 자녀들은 72개 종파로 나뉘었는데, 내 백성은 73개로 나뉠 것이다. 이 종파는 하나만 빼고 전부 다 지옥에 갈 것이다."[16]고 하였다.

무함마드는 자신의 후계자를 정해놓지 않았다. 무함마드가 죽자 이슬람 공동체(Ummah)에서 후계자인 칼리프(Caliph)를 선출하였다. 아부 바크르, 우마르, 오스만 등이 후계자인 칼리프가 되었다. 오스만이 암살되자 알리가 칼리프로 선출되었다. 알리는 무함마드의 사촌이었는데, 무함마드의 딸 파티마(Fatima)와 결혼하여 무함마드의 사위가 되었다. 알리는 오스만의 친척이었던 시리아의 통치자 무아위야와 칼리프 자리를 놓고 충돌하였다. 이 시점에서 시아파와 수니파가 서로 갈라섰다. 시아파는 무함마드의

---

16) Keith E. Swartley, *Encounter Islam* (USA: 2005); 정옥배 역, 『인카운터 이슬람』 (서울: 예수전도단, 2008), 156.

직계 손(孫)만이 이슬람의 칼리프가 될 수 있다고 보고 알리를 1대 칼리프로 선정하였다. 그리고 그의 아들 하산(Hasan)이 칼리프가 되어야 하고 그 뒤를 이어서 알리의 다른 아들 후세인이 그 뒤를 이어야 했다. 시아파는 알리와 순교한 아들 후세인의 혈통을 잇는다. 반면에 수니파는 아부 바크르, 우마르, 오스만, 알리, 무아위야의 혈통을 인정한다.[17]

시아파는 알리만이 무함마드의 후계자라는 믿음에 뿌리를 둔다. 또한 그들은 자신들만의『무함마드 언행록』을 가지고 있고, 꾸란은 창조되었다고 믿으며, 숙명론보다 자유의지를 강조한다. 또한 알리의 직계후손인 이맘(Imam)은 오류가 없는 존재라고 강조한다. 하지만 초기 이란은 수니파가 우세하였다.

그러나 16세기 사파이(Safavid) 왕조가 들어서면서, 시아파가 우세해지기 시작하였다. 또한 수니파인 오스만 터키와 아랍과 적국이 되면서, 이란의 시아파 무슬림들은 수니파 무슬림을 적(敵)으로 간주했다.

1979년 이전 이란에는 4천만 명의 시아파 무슬림 가운데 500명도 안 되는 무슬림 배경의 기독교인만 존재했다. 이란 혁명은 이란인들에게 만족을 주지 못했다. 1980년 중반에 많은 무슬림들이 아르메니안 교회로 몰려들었다. 이란 정부가 박해를 하였음에도 불구하고, 1980년 후반에 수천 명의 무슬림이 기독교로 개종하였다.

이란 혁명이 일어난 지 30년이 지난 지금, 수만 명의 무슬림이 목숨을 내놓고 기독교로 개종하여 신앙생활을 하고 있다.[18] 이란에서 기독교 신자들의 수가 증가하고 정치, 종교 지도자들의 자녀들마저 이슬람을 버리고 기독교 신앙을 갖게 되면서 박해가 심해지고 있다. 그럼에도 불구하고

---

17) Swartley, 『인카운터 이슬람』, 157-158.
18) Garrison, *A wind in the house of Islam*, 122.

무슬림 배경을 가진 기독교인들의 수는 계속 증가하고 있다. 페르시아 언어를 사용하는 위성 텔레비전과 웹 사이트 같은 미디어를 통하여 기독교 신앙이 확산되어 가고 있다.[19] 안디옥 국제사역(International Antioch Ministries)에 의하면, 2008년의 어느 한 달에는 3천 명이 방송을 통하여 기독교로 개종하겠다고 밝혔다.

인도

인도의 카슈미르 지역은 인도에서 유일하게 힌두교인보다 무슬림의 수가 상대적으로 월등히 많은 지역이다. 그런데 몇 년 동안 많은 카슈미르 무슬림들이 기독교로 돌아오고 있다. 2003년에 인도신문은 놀랍게도 '카슈미르의 십자가', '기독교로 돌아서는 수많은 사람들'이란 제목으로 보도하였다.[20]

지난 10년 동안 인도(India)에서는 예수를 믿는 무슬림의 네트워크가 확장되어 가고 있다. 약 3만 3천 명이 무슬림 배경에서 예수를 믿으며, 그 가운데 1만 6천 명 정도가 세례를 받았다.[21]

중앙아시아

20세기의 가장 극적인 정치변화 중 하나는 소련연방의 붕괴였다. 이 사건은 괄목할 만한 수의 무슬림이 기독교로 돌아오는 또 다른 환경을 제공해 왔다. 베를린 장벽이 무너졌던 1989년, 바로 그 해에 많은 선교단체들이 구소련 중앙아시아에 관심을 갖기 시작했다. 20세기가 끝나기 전에,

---

19) 『크리스천 투데이』, 2018년 1월 4일.
20) David Garrison, *Church Planting Movement* (India: 2004); 이명진 역, 『하나님의 교회개척 배가운동』 (서울: 요단, 2005), 121-124.
21) Garrison, *A wind in the house of Islam*, 118.

아제르바이잔, 키르기스스탄, 카자흐스탄에서 약 천 명의 개종자가 생겼다. 카자흐스탄 공화국에서는 1만 3천 명이 넘는 카자흐인들이 지난 15년 동안 기독교로 돌아왔으며, 300개 이상의 토착 카자흐교회가 생겼다.[22]

오늘날 투르키스탄(Turkestan) 전역에서는 12곳 이상에서 기독교로의 개종이 일어났고, 무슬림들 사이에 약 100개의 교회와 최소한 1,000명이 넘는 세례교인들이 흩어져서 예배드리고 있다. 성경학교나 개발 프로젝트 등 외국인 선교사들에 의하여 진행되던 선교의 시기는 지났고, 독자적인 리더십과 교육 프로그램을 통해 자체적으로 성장해 나가고 있다. 매일 밤 수백 명씩 모여서 예배를 드리던 오순절 교회가 있었는데, 지금은 두세 개로 나누어서 예배를 드리고 그들 멤버만 해도 3천 명이며 그 가운데 약 1천 명이 세례를 받았다.[23]

아시아

아시아의 한 무슬림 국가인 R국은 한때 유력한 소수의 기독교인만 있고, 몇 안 되는 기독교 선교사들이 가난한 사람을 구제하고 개발을 시행하는 것만이 허락되었다. 하지만 무슬림들에게 전도하는 것은 법으로 금지되어 있었기 때문에, 이 나라 인구의 85%는 복음을 접해본 적이 전혀 없었다.

그러나 놀랍게도 1998년 이후에 성도수가 4,140명이 넘게 되었다. 2002년 5월 미국 남침례교 선교부의 연구팀이 R국에 들어가서 조사를 하였다. 21개 지역에서 2001년 한 해에만 무려 23,323명이 세례를 받았다. 그 해에 무슬림 배경의 기독교인이 93,000명이 훨씬 넘었다. 2002년 전반

---

22) Garrison, 『하나님의 교회개척 배가운동』, 125.
23) Garrison, *A wind in the house of Islam*, 153.

기 5개월 동안 2,277명이 세례를 받았다.[24]

이 지역에서 어떻게 많은 무슬림들이 기독교를 믿게 되었는가? 여기에는 많은 요인이 작용하고 있었다. 무슬림들에게 친숙한 신약성경의 번역본을 나누어 준 것, 건물보다 오히려 가정에 모이는 것, 교회와 목사 그리고 새신자라는 단어를 무슬림에게 친숙한 용어로 사용한 것, 예수님과 신약성경에 관한 대화가 가능하도록 초청하기 위한 연결 다리로 꾸란을 이용한 것, 그러나 이보다 결정적인 요인은 죽음에 직면하면서도 신실하게 남아 있는 회심자들의 담대한 간증들이었다. 그 후에 개종자들은 15만 명에 이르렀다.[25]

1967년 인도네시아에서 수하르토(Suharto, 1921-2008)가 대통령이 된 이후에 이슬람, 가톨릭, 기독교, 힌두교, 불교 등 5개의 종교를 정부가 허락하였다. 1971년까지 조사된 바에 의하면 약 187만 명이 세례를 받고 기독교로 개종하였다. 물론 모두 무슬림은 아니었다. 화교들이 포함되었지만 기독교 인구가 늘어난 것은 확실하다.

자바섬 중앙에 있는 12,000명의 성도가 출석하는 하나님의 교회 뻬뜨루스 아궁(Petrus Agung) 목사에 의하면, 2011년 10월 28일 이슬람에서 개종한 3,000명에게 세례를 주었다고 한다. 10월 한 달 동안에만 3,800명이 세례를 받았다.[26]

지금 인도네시아에서 교회의 성장은 놀랍지는 않지만 여러 곳으로 번지며 지속되고 있다. 인도-말레이시아권에서는 많은 무슬림들이 자국민으로부터 복음을 전해 듣고 있다. 따라서 복음의 확산은 새로운 방법으로 복

---

24) Garrison, 『하나님의 교회개척 배가운동』, 135.
25) Garrison, 『하나님의 교회개척 배가운동』, 135-143.
26) Garrison, *A wind in the house of Islam*, 57.

음을 제시하는 것과 함께, 현지의 상황에 맞는 복음전파 그리고 현지 기독교인들의 성실한 신앙고백 등을 통하여 이루어지고 있다. 데이비드 게리슨의 연구에 의하면 2001년부터 2013년까지 이슬람권 69곳에서 개종운동이 일어나고 있다.

이슬람 전문가인 우드베리(Dudley Woodberry)박사는 2017년 9월과 10월 두 달 동안 수천 명의 시리아와 이란 난민들이 기독교로 개종했다고 밝혔다. 또한 "탈레반이 아프가니스탄에서 정권을 잡자 많은 아프가니스탄 사람들이 파키스탄으로 피난을 갔다. 직업을 갖기 위해 영어를 배우는 그들은 영어를 가르치는 파키스탄 교회들 프로그램을 통해 사역자들로부터 복음을 듣고 예수님을 영접하는 사람들이 늘고 있다. 개종한 수천, 수만 명의 아프간 난민들이 캐나다로 이민을 가서 예배당을 찾고 있다."고 보고하였다.[27] 이는 많은 기독교인들이 이슬람으로 개종하고 있는 어두운 현실 속에서 일어난 놀라운 역사이다.

지난 2,000년 이후에 800만 명이 개종했다고 하면, 무슬림 전체 인구 16억 명에 비하면 0.5%밖에 안 되는 숫자이다. 그러나 1865년 영국 웨일즈의 토마스 선교사가 한국의 서해안에서 2개월 반 동안 복음을 전한 후에 1866년 4월 4일 런던선교회에 보낸 기도편지에 "조선인들은 다른 어느 민족보다 복음진리에 관심이 많은 민족입니다."[28]라고 썼다. 그가 복음을 전하기 위해 다시 한국으로 왔다가 1866년 9월 2일 평양 대동강변에서 죽음을 당할 때, 한국에는 단 한 명의 기독교인도 없었다는 사실을 생각하면 0.5%는 결코 작은 숫자가 아니다.

중동 전문 사역단체 언차티드(Uncharted) 회장 톰 도일(Tom Doyle) 목사는

---

27) 『기독신문』, 2017년 11월 30일.
28) 유해석, 『토마스 목사전』 (서울: 생명의말씀사, 2013), 207.

"1400년 이슬람 역사보다 지난 10년 사이에 예수님을 따르게 된 무슬림이 더 많다. 중동 지역의 이슬람 광신주의와 100여 개 이상의 테러그룹, 전쟁, 엄격한 이슬람법 등은 교회를 무너뜨리려고 하지만, 교회는 사라지지 않았고 핍박은 오히려 교회 성장을 촉진시켰다."고 하였다.

톰 토일 목사에 의하면, 무슬림들이 기독교로 개종하는 이유는 다음과 같다.

첫째, '예수님의 삶과 가르침에서 볼 수 있는 그분의 사랑' 때문이다. 많은 기독교인들이 보여주는 사랑의 실천을 통해 무슬림들이 예수님의 사랑을 느끼기 때문이다.

둘째, 무슬림들이 꿈과 환상 등 초자연적인 역사로 인하여 기독교로 개종하고 있다. 이는 중동 지역에서 무슬림이 그리스도인이 되게 하는 가장 강력한 이유 중 하나다. 한 무슬림에게는 사울에게 하셨던 것처럼 꿈에서 "왜 나를 핍박하니?"라고 물어보시기도 했다고 한다. 예수님을 꿈에서 만난 무슬림들은 예수님을 더 알고자 하는 절실함을 가지고 주변의 기독교인이나 성경책, 인터넷 등을 통해 예수님을 찾는다.

셋째, '성경 안에서 발견되는 영적인 진리' 때문이다. 성경 속에 나타난 영적 진리는 많은 무슬림의 마음을 완전히 헤집어 놓으며, 결국 예수님을 따르기로 결정하도록 한다.

넷째, '자신들이 경험한 이슬람 종교에 대한 불만족' 때문이다. 많은 무슬림이 이슬람 사회의 불합리함과 한계에 실망과 회의를 느끼고 기독교에 관심을 가지기도 한다.[29] 무엇보다도 IS처럼 잔인한 방법으로 학살하는 것이 이슬람의 경전인 꾸란과 무함마드의 언행록인 하디스에 기록되어 있

---

29) 『크리스천 투데이』, 2018년 1월 25일.

는 것에 회의를 품는다.

더 많은 무슬림들이 돌아오게 하기 위하여 이슬람권에 복음의 씨앗을 뿌릴 사역자가 여전히 필요하다. 앞으로 이슬람 선교는 더 많은 희생과 순교를 각오해야 할지 모른다.

초대교회의 교부 테르툴리아누스(Tertullian)는 "순교자의 피는 교회의 씨앗이다."라고 했다.[30] 이미 그런 징조들이 나타나고 있다. 그러나 분명한 것은 하나님은 복음을 무슬림들에게 가지고 갈 것이라는 사실이다. 그들도 마태복음 28장 19절에 포함된 '모든 족속'에 포함된 사람들이다. 이 귀한 사역에 한국교회가 쓰임받기를 소망한다.

---

30) 유해석, 『토마스 목사전』, 256.

9장

이슬람 선교를 위해 알아야 할 이슬람 교리 몇 가지

페이스북을 통하여, 지방에 사는 한 중학생에게서 다음과 같은 메시지를 받은 적이 있다.

"저는 15세의 학생입니다. 저는 엄마와 함께 교회를 다녔어요. 하지만 삼위일체 하나님에 대하여 이해가 되지 않았어요. 그래서 인터넷을 통해 이슬람을 알게 되었고, 이슬람에 대하여 공부하면서 이슬람으로 개종했습니다. 개종 후 모스크에 다니는데, 이슬람에서는 '성경은 변질되었다.'고 말하더군요. 그런데 꾸란은 그렇게 말하지 않아요. 꾸란 10장 94절에 보면 '만일 꾸란의 계시에 의문이 생기면 성경을 읽거나 성경을 읽은 사람에게 물어 봐라. 진리는 이미 거기 다 나와 있다.'고 해서 의문이 생겼어요. 그러던 중에 유튜브를 통하여 유 선교사님의 강의를 듣고, 이슬람이 어떤 종교인지 알았습니다. 저는 선교사님의 강의를 통하여 예수 그리스도의 진정한 의미를 이해하게 되었고, 다시 기독교로 개종을 하게 되었습니다."

필자는 이 글을 받은 다음날, 이 군이 살고 있는 P도시로 달려갔다. 이 군은 우리 주변에서 흔히 볼 수 있는, 평범한 만 15세의 앳된 청소년이었다. 그는 삼위일체 하나님을 이해하고 싶어 교회 지도자들에게 질문했으나 가르쳐주지 않아 인터넷으로 찾아보았다고 한다. 그래서 이슬람의 알라가 일위일체(一位一體) 하나님이라는 것을 알게 되었고, 그 후 이슬람 사원과 연락이 닿았다고 한다. 이슬람 사원에서 많은 이슬람 책들을 보내와서 그 책으로 공부한 후 이슬람으로 개종했던 것이다. 그러나 '유튜브'에 있는 필자의 강의를 듣고는 다시 기독교로 돌아오게 되었다고 한다.

이 군과의 만남을 통해서 기독교인들이 이슬람에 쉽게 노출되어 있음을 실감할 수 있었다. 이슬람은 한국역사에서 생소한 종교였다. 그러나 다문화사회가 시작됨에 따라서 이슬람은 한국에서도 점차 중요한 종교로 자리매김을 하고 있고 이슬람 문화는 더욱더 깊숙이 자리잡아 가고 있다.

이에 기독교인들은 이슬람에 대해 준비해야 한다. 유럽에서 이슬람 인구가 성장하게 된 배경에는 이슬람에 대한 무지가 있었다. 유럽 제국주의 아래에서 이슬람은 약 2세기 동안 정복당한 채로 있었기에 유럽인들은 이슬람을 내리막길을 걷는 종교라고 생각하였다. 무지는 무관심을 낳고 무관심은 하나님께서 주신 소중한 기회를 놓치는 실수를 범할 수 있다. 이 점에 있어서 기독교인이 꼭 기억하고 있어야 할 이슬람의 교리 몇 가지를 살펴보고자 한다.

타흐리프(Tahrif) 교리 : 성경은 변질되었다

이 군이 이야기한 것처럼, 이슬람에는 '성경은 변질되었다.'는 타흐리프 교리가 있다.[1] 구약은 유대인들에 의하여, 신약은 기독교인들로 인하여 변질되었다고 가르친다. 따라서 변질된 성경을 읽어서는 안 되고, 변질된 내용 가운데 꼭 필요한 부분은 꾸란에 올바르게 정리되어 기록되어 있다고 가르친다.

성경의 원본에는 꾸란과 일치되는 내용들이 있었지만, 유대인과 기독교인들이 타락하여 그 내용을 변질시켰기 때문에, 알라께서 하늘에 있는 원본인 꾸란을 무함마드를 통하여 직접 계시했다는 것이다.

예를 들면, 꾸란에 예수께서 무함마드가 올 것을 예언했다고 기록되어 있다. "마리아의 아들 예수가 이스라엘 자손들이여 실로 나는 너희에게 보내어진 선지자로서 내 앞에 온 구약과 내 후에 올 아흐맏이라는 이름을 가진 한 선지자의 복음을 확증하노라…"(꾸란 61:6). 이 구절에서 '아흐맏' (Ahmad)은 '무함마드'(Muhammad)와 동일한 어근이다. 따라서 이슬람에서 예수가 자신의 뒤를 이어서 사역을 완성할 무함마드의 탄생을 예언했다고 한다. 그런데 신약성경에서는 이러한 내용을 찾을 수가 없다. 따라서 이슬람에서는 원래의 복음서에는 이 구절이 있었는데, 기독교인들이 이 내용을 변질시켰다고 한다.

그렇다면 이슬람에서 주장하듯이, 정말 성경은 변질되었을까? 만일 성경이 변질되었다면 성경이 변질되었다는 내용이 꾸란에 있어야 한다. 꾸란에는 기독교인들과 유대인들이 타락했다는 기록은 있어도, 성경이 변질되었다는 이야기는 나오지 않는다. 구약성경은 AD 90년에 팔레스타인의

---

1) 김대옥, 『이슬람의 성경변질론』 (서울: Christian Literature Crusade, 2009), 22.

얌니아 종교회의를 통하여 확정되었다고 하지만, 이미 BC 400년경 말라기서가 기록된 이후에 하나님의 말씀으로 인정되었으며 수백 년 동안 유대인들에 의하여 사용되었다.

무엇보다도 구약의 권위를 예수님께서 인정하셨다(마 4:4; 막 14:27). 기독교에서도 구약 39권을 하나님의 말씀으로 인정하여 사용했다. 신약성경은 최종적으로 AD 397년 3차 카르타고 회의에서 공식적으로 인정되었다. 즉 무함마드가 태어나기 200여 년 전까지, 성경은 이미 오늘날 교회가 사용하고 있는 것과 동일한 정경으로 확정되어 사용되고 있었다. 1947년 이스라엘의 사해 근처에 있는 쿰란 동굴에서 발견된 사본은 늦어도 AD 1세기에 만들어진 것임에도, 오늘날과 동일함을 보여준다.[2]

오히려 꾸란에는 이전에 계시된 성경을 믿지 않으면 방황하게 될 것이라고 기록되어 있다. "믿는 자들이여 알라와 선지자 그리고 선지자에게 계시된 성서와 너희 이전에 계시된 성서를 믿어라 했거늘 알라와 천사들과 선지자들과 내세를 부정하는 자가 있다면 크게 방황하리라"(꾸란 4:136).

또한 신약과 구약은 분명히 하나님께서 내린 것이라고 기록되어 있다. "알라께서는 구약과 신약을 내리셨고 앞서 온 것을 진리로 확증하면서 그대에게 그 책을 계시하노라"(꾸란 3:3).[3] 또한 꾸란에는 계시에 의심이 생기면, '성서의 백성'들에게 물어 보라고 말하고 있다(꾸란 10:94).[4] 아이러니컬하게도 오히려 꾸란은 무슬림들이 성경을 믿어야 한다고 가르친다.

---

2) 유해석, "기독교인이 알아야 할 이슬람 교리 몇 가지", 『현대종교』, 2011/9월호, 139.
3) 유해석, 『우리 곁에 다가온 이슬람』, 207-208.
4) "알라가 그대에게 계시한 것에 그대가 의심한다면 그대 이전에 성서를 읽은 자들에게 물어보라. 실로 그대의 주님으로부터 진리가 그대에게 이르렀나니 의심하지 말라"(꾸란 10:94).

타끼야(Taqiyya) 교리 : 위장 혹은 기만 전략

이슬람에는 많은 교파가 존재한다. 그러나 크게 두 교파가 있는데, 수니파(Sunni)와 시아파(Shiite)이다. 본래 이 교리는 시아파에서 '기만'을 의미하는 '이함'(Iham)이라는 교리인데, 수니파에서도 '타끼야'라는 교리로 받아들였다.[5] 타끼야라는 아랍어는 거짓이라는 의미가 있다.

"너희의 맹세 속에 비의도적인 것에 대하여는 책망하시지 아니하나 너희 심중에 있는 의도적 맹세는 책망하시느니라. 알라는 관용과 은혜로 충만하심이라"(꾸란 2:225).

이 내용은 이슬람 초창기에 이슬람을 반대하는 메카의 쿠라이쉬(Quraish) 부족에게 잡힌 무슬림이, 이슬람을 믿지 않겠다고 거짓말을 하고 풀려났는데, 그가 무함마드에게 와서 고백했을 때 받은 계시이다.

무함마드는 거짓말을 반대했지만, 경우에 따라서 세 가지 경우만은 거짓말을 해도 된다고 허용했다.[6] 첫째, 누군가의 생명을 구하기 위하여, 둘째, 평화 또는 화해에 영향을 끼치기 위하여, 셋째, 여성을 설득하기 위하여 하는 거짓말이다.

윌리엄 와그너(William Wagner)의 저서 『이슬람 세계 변화 전략』은 이슬람 역사 속에서 지속적으로 이루어진 두 가지 거짓말을 추가한다. 여행 중에 하는 거짓말, 즉 무함마드 당시 모든 여행은 상업적인 여행이었다. 따라서 아랍 상인들이 상업을 위하여 하는 거짓말과 마지막으로 누군가를 이슬람으로 개종시키기 위하여 하는 거짓말이 포함되어 있다.[7]

---

5) Bassam Tibi, *Islamism and Islam* (Yale University Press, 2003); 유지훈 역, 『이슬람주의와 이슬람교』 (서울: Jiwa Sarang, 2013), 41.
6) Mark A. Gabriel, *Journey into the mind of an Islamic terrorist* (Florida: FrontLine, 2006), 118.
7) Wagner, *How Islam plans to change the world*, 165.

'예수는 하나님의 아들이 아니다'라는 교리

꾸란은 예수님이 하나님의 아들이라는 것을 부인한다. 꾸란에서는 '하나님의 아들'을 성(性)적인 관계에서 태어난 육체적인 아들로 이해한다. 따라서 무슬림들은 하나님의 아들이라는 말을 신성모독이라고 하는데, 그 이유는 아들이라는 개념을 육체적으로 이해하기 때문이다. 즉 하나님이 성모 마리아와 결혼해서 예수를 낳았다는 말로 이해한다. 이것은 이슬람이 이해하고 있는 삼위일체이기도 하다. 즉 삼위일체를 인간세계의 가족 개념으로 받아들였다. "하나님께서 마리아의 아들 예수야 네가 백성에게 말하여 하나님이 아니라 나의 어머니를 경배하라고 하였느냐…"(꾸란 5:119).

무함마드가 삼위일체를 이렇게 이해하게 된 배경은 당시 아라비아 반도에서 하나님, 마리아, 예수님을 삼위일체로 경배했던 이단의 영향 때문이었다. 또한 예수님이 하나님의 아들이라는 것은 예수님 이후에 교회가 조작한 것이라고 말한다.

그러나 예수님은 자신이 하나님의 아들이라고 여러 번에 걸쳐서 분명히 말씀하셨다는 사실을 주지해야 한다.[8] 예수님이 하나님의 아들이라고 설명할 때는 육체적인 관계를 통해 낳은 아들이 아니라는 것을 설명해 줄 필요가 있다. 이 부분에서 예수님을 '하나님의 말씀'이라고 표현한 구절을 소개해 주면 도움이 된다.

특히 꾸란 4장 171절은 예수님을 선지자, 영, 그리고 알라의 말씀으로 표현하고 있다. "성서의 백성들이여 너희 종교의 한계를 넘지 말며 알라에

---

8) 요한복음 3장 16절, 5장 19-23절, 10장 36절, 11장 14절; 마태복음 17장 25절, 28장 19절; 마가복음 12장 6절, 21장 37절 참조.

대한 진실 외에는 말하지 말라. 실로 예수 그리스도는 마리아의 아들이자 알라의 선지자로서 마리아에게 말씀이 있었으니 이는 주님의 영혼이었느니라…." 이슬람 학자 알 라지(Al-Razi)는 이 구절을 주해하면서, "알라의 말씀은 알라의 본질 안에 존재함을 의미한다."고 하였다.

그러나 우리는 이 해석을, '말씀'과 '하나님의 아들'을 잘 표현하고 있는 요한복음 1장 말씀과 연관지을 수 있다. "말씀이 육신이 되어 우리 가운데 거하시매 우리가 그의 영광을 보니 아버지의 독생자의 영광이요 은혜와 진리가 충만하더라"(요 1:14).

나스크(Naskh) 교리 : 나중에 받은 계시에 의하여 먼저 받은 계시는 취소되었다

꾸란은 무함마드가 AD 610년부터 죽기까지 23년 동안 계시를 받았다는 내용이다. 꾸란 안에 같은 주제에 대하여 서로 다른 내용들이 기록되어 있다. 예를 들면, 꾸란 2장 240절에 의하면, 과부는 1년 이후에 재혼이 가능하다. 그런데 같은 꾸란에 남편이 죽으면 4개월 10일 이후에 재혼이 가능하다는 내용도 있다.

"남편이 죽어 과부를 남길 때 그 과부는 사 개월 십 일을 기다려야 하노라. 만약 법정 기간에 이르렀을 때 과부가 자신을 위해서 행하는 것에는 죄가 없나니…"(꾸란 2:234).

그렇다면 남편이 죽고 언제 재혼이 가능한가? 이것을 보완하기 위하여 나스크 교리가 생겼다. 꾸란에 기록된 계시는 바뀔 수 있으며, 계시가 바뀔 때는 나중에 받은 계시가 먼저 받은 계시를 취소시킨다는 것이다. 따라서 먼저 받은 계시는 이슬람 신학에 의하면 취소된 구절이 된다. 이에 대하여 꾸란은 다음과 같이 기록되어 있다.

"알라가 원하사 알라가 그대에게 계시한 것을 거두어 갈 수 있나니 그때에 그대는 보호할 어느 것도 발견치 못하리라"(꾸란 17:86). "알라가 말씀을 다른 것으로 대체할 때 그 계시함이 무엇인가는 알라만 아심이라 …"(꾸란 16:101).

꾸란은 메카에서 12년 동안 받은 메카 계시, 그 이후에 메디나에서 10년 동안 받은 메디나 계시로 나뉜다.

메카에서는 무함마드가 무력을 사용하지 않았다. 예를 들어, "종교에는 강요가 없나니"(꾸란 2:256). 종교는 강요되어서는 안 되고 자유가 보장되었다. 그런데 이 내용이 메디나로 오면서 바뀌게 된다. 메디나로 온 무함마드는 칼을 들게 된다. 그리고 메카로 가는 대상들을 공격하기 시작하면서 전쟁이 시작되었다. 종교에 강요가 없다던 '평화의 계시'는 '칼의 계시'로 바뀌었다.[9] "이교도를 발견하는 대로 살해하라"(꾸란 9:5), "불신자를 만나거든 목을 쳐라"(꾸란 8:12). 따라서 평화에 관한 계시는 나중에 받은 칼의 계시에 의하여 취소되는 것이다.

유대인과 기독교인에 대해서도 마찬가지이다. 메카에서는 종교의 다름을 인정하였고, 평화를 이루는 내용으로 되어 있다. 무슬림은 같은 하나님을 섬기고 있다고 주장했다(꾸란 29:46). 그러나 메디나에 오면서 다음과 같은 구절로 바뀐다.

"알라와 내세를 믿지 아니하며 알라와 메신저가 금기한 것을 지키지 아니하고 진리의 종교를 따르지 아니한 자들에게 비록 그들이 성서의 백성이라고 하더라도 항복하여 인두세를 지불할 때까지 성전하라. 그들이 스

---

9) Waleed Nassar, *Muslims Untouchable or Reachable?* (Florida: 1996, Unpublished Book), Appendix D-3.

스로 저주스러움을 느끼리라(꾸란 9:29)", "박해가 사라지고 종교가 온전히 알라만의 것이 될 때까지 성전하라…"(꾸란 8:39).

이 구절들에 의하여, 기독교인과 유대인에 대한 태도가 바뀐 것이다. 꾸란의 계시는 계속 바뀌어 갔다. 이슬람의 법학자들은 어떤 것이 무효가 되었고 어떤 것이 어떤 것으로 대체했는지 모른다. 다만 225개 구절이 폐기되었을 것으로 추측할 뿐이다.[10]

이슬람 초기에 무함마드가 사탄의 계시를 받았다는 기록이 있다.[11] 지금의 사우디아라비아의 메카에서 무함마드에 의하여 이슬람이 시작되고 나서 무함마드가 속한 쿠라이쉬 부족과 갈등이 계속되었다. 그 이유는 쿠라이쉬 부족의 최고신(神)인 알라에게는 라트(Lat)와 웃자(Uzza)와 마나트(Manat)라는 세 명의 딸이 있다고 알려졌다. 그러나 무함마드가 이를 부정하였다. 그 이유는 카바신전과 그 주변의 360개의 우상 가운데 최고의 신 알라를 유일신으로 만들기 원했고, 만일 알라에게 딸이 있다면 더 이상 유일신이 아니기 때문에 알라와 세 딸들과의 관계를 부정할 수밖에 없었다. 그러자 쿠라이쉬 부족이 무함마드를 따르는 무슬림들을 핍박하기 시작하였다.

무함마드는 자신의 추종자들 14명을 아비시니아(Abisinia, 오늘날의 에티오피아)로 피난을 보내게 된다. 시간이 지나면서 무함마드가 쿠라이쉬 부족과 갈등을 해결하기 위하여 고민하던 중에 계시가 내려왔다. 그때 받은 계시는 다음과 같다.

"…너희는 라트와 웃자와 세 번째 마나트에 대해서 생각해 보았느냐? 그들은 높이 나는 학과 같아서 그들의 중재는 열납되느니라."

---

10) Tisdall, *The Original Sources of the Quran*, 278.
11) Al Tabari, *Hadith*, 6권 107쪽.

이 계시를 받았다고 하자, 쿠라이쉬 부족과의 화해가 성립되고 에티오피아에 있던 무슬림들이 다시 메카로 돌아오게 되었다.

그러나 그들이 메카 근처에 오자 무함마드가 받았던 그 계시는 사탄이 준 계시였기에 취소되고[12] 이들은 다시 에티오피아로 돌아갔다. 무함마드가 사탄의 계시를 받은 것에 대하여 알라에게 책망을 듣고 새로운 계시가 내려왔다.

"실로 너희는 라트와 웃자를 보았으며 세 번째 우상 마나트를 보았느뇨 너희에게는 남자가 있고 알라에게는 여자가 있단 말이뇨 실로 이것은 가장 공평치 못한 분배라. 실로 이것들은 너희와 너희 선조들이 고안했던 이름에 불과하며 알라께서는 그것들에게 아무런 능력도 부여하지 아니했나니 그들은 이미 주님으로부터 복음의 소식을 들었음에도 불구하고 억측과 자신들의 저속한 욕망을 따를 뿐이라"(꾸란 53:19-23).

이 내용을 가지고 인도계 영국 작가였던 살만 루시디(Salman Rushidy)가 1988년 『악마의 시』(Satanic Verses)라는 책을 썼는데, 이 책의 내용이 이슬람을 모독한다고 생각한 이란의 호메이니는 "누구든지 그를 살해하는 자에게는 150만 불의 상금을 주겠다."고 전 세계 무슬림들에게 파트와(Fatwa, 알라의 이름으로 내리는 명령)를 선포하였다. 그로 인하여 30년 가까이 무슬림들의 살해의 위협 속에서 지내게 되었다. 또 그 책을 번역한 사람들이 일본과 이탈리아에서 암살을 당하였다.

여기에서 우리가 알아야 할 것은 바뀌는 것은 진리가 아니다. 진리는 바뀌지 않기 때문에 진리인 것이다. 그런데 이슬람의 경전인 꾸란의 계시는 상황에 따라 계속 바뀌어 갔다. 이것을 옹호하는 교리가 나스크 교리이다.

---

12) Musa Al-Hariri, *A Bishop and a Prophed* (Beirut, Lebanon: 1979), 18-20; Tor Andrae, *Mohammed: The Man and His Faith* (New York: Harper Torchbooks, 1960), 118에서 재인용.

10장

무슬림에게 예수 그리스도의 복음 전하기

본 장에서는 이란인 시아파 무슬림으로서 영국에 와서 기독교로 개종하고 무슬림들에게 전도하여 교회를 개척한 아즈베리(가명) 목사[1]의 간증을 살펴보려고 한다.

그는 약 150명의 이슬람 개종자들을 상대로 목회를 하며, 신학교에서 가르치고 있다. 그의 간증을 통하여 어떻게 기독교인이 되었는지 살펴보고 교훈이 되었으면 한다. 아즈베리 목사는 영국스완지대학교와 스완지 바이블 칼리지에서 공부하였으며 스완지 바이블 칼리지와 런던 켄싱턴 신학교와 페니 그로스 신학교에서 강사를 역임하였다. 그는 노르교회에서 사역하고 있다. 이 글은 아즈베리 목사가 필자에게 직접 써준 간증문을 번역한 것이다.

---

1) 가명을 사용하는 것은 그가 이란 정부의 블랙리스트에 올라가 있으며, 살해 위협을 받아 영국 정보부(M15)의 보호를 받기도 하였기 때문이다.

나는 이란의 작은 도시의 이슬람 시아파 가정의 상류층 가정에서 태어나서 많은 사랑을 받으며 자랐다. 대부분의 이란 아이들이 그렇듯이 꾸란 학교에서 공부를 시작하였으며 중, 고등학교도 꾸란을 가르치는 학교를 다녔다. 나는 학교에서 열심히 공부하였다. 그리고 정말 좋은 무슬림이 되고 싶었다. 이슬람은 나의 삶의 모든 영역에서 영향을 주었다.

나는 라마단 금식기간이 되면 새벽 3시에 일어나서 하루 종일 먹거나 마시지 않고 8시까지 금식을 하였다. 내 나이 12세 때 여름은 하루의 해가 정말 길었다. 금식은 어린 나에게 힘든 일이었다. 입술이 마르고 갈증이 심했지만 금식을 잘해서 좋은 무슬림인 것을 가족들에게 보여주고 싶었다.

무엇보다도 금식을 잘하는 것이 중요한 이유는 알라께서 하라고 하신 금식에 대한 의무를 잘 감당함으로써 죽은 후에 천국에 갈 권리를 얻게 된다는 사실 때문이었다. 그 외에 하루에 5번씩 기도하는 것도 심판 날에 은혜를 얻을 수 있다는 확신이 있었기 때문이다. 만약에 기도를 잊어버리게 되면 잊어버렸던 기도까지 채우기 위하여 하루에 10번 기도한 적도 있었다.

무슬림들은 그들이 믿고 있는 종교적인 행위가 절대적이고 보편적이며 확실한 것이라고 믿는다. 이슬람을 다른 종교와 비교해 보면 정말 진지하고 종교를 위하여 무엇이든지 행동하며, 이슬람에 대하여 철저하게 방어적이다.

나는 1997년 공부를 하기 위해 영국에 유학을 왔다. 더불어 지병이 있었는데 그것을 고치려는 생각도 있어서 영국으로 오게 되었다. 아이러니하게도 많은 무슬림들은 좋은 교육과 좋은 병원 등 사회보장제도의 혜택이 주어지는 서양에서 살기를 희망한다. 나는 병원에서 수술을 받은 후에 영국대학교에 입학하였다.

　나는 평소에 결혼하게 되면 당연히 무슬림 여성과 할 것이라고 생각했었다. 그런데 대학교에서 영국 여자와 사귀게 되었다. 그러나 사귈 때는 몰랐는데 결혼 이야기가 나올 때, 큰 문제가 되었다. 왜냐하면 여자 친구 메리는 영국성공회의 배경을 가진 기독교인이었기 때문이다. 우리는 이 상태로는 결혼을 할 수가 없었다. 내가 기독교인이 되든지, 아니면 메리가 무슬림이 되어야만 결혼이 가능했다. 결혼하기 위하여 내가 기독교인이 된다는 것은 상상도 할 수 없었다.
　오랜 논의 끝에 메리는 같은 하나님을 믿고 있으니 자신이 이슬람으로 개종하겠다고 하였다. 메리가 그랬던 것처럼 자칭 기독교인이라고 하는 사람들과 영국교회 리더들에게 이슬람의 알라와 기독교의 하나님은 같은 신(神)이라는 이야기를 종종 듣는다.
　메리가 이슬람으로 개종하면서 우리의 결혼식은 진행되었다. 우리는 런던에 있는 시아파 이슬람 사원에서 이란인 이맘 앞에 앉아서 이슬람 신앙고백을 하고 꾸란을 읽고 이맘을 따라서 몇 구절을 낭송한 후에 결혼서류에 사인을 하였다. 그리고 이맘에게 5파운드(한화 약 만원)를 지불하였다. 나는 메리에게 "이제부터 당신은 무슬림이고, 당신의 이름은 메리가 아니라 마리암입니다."라고 하였다. 아주 짧은 시간에 우리는 결혼과 함께 같은 종교를 믿는 부부가 되어 집으로 왔다.
　그런데 결혼식 이후에 한 가지 생각이 머리를 떠나지 않았다. '어떻게 이슬람에 대하여 하나도 모르는 사람이 무슬림이 될 수 있을까? 사실 나를 비롯하여 대부분의 무슬림들도 어떤 선택이나 지식 없이 무슬림이 되어 한평생 무슬림이라는 이름표를 달고 있다는 것을 깨달았다.

며칠이 지난 후에 우리가 결혼한 이슬람 사원에서 아내를 위해 무슬림 책자 여러 권을 보내왔다. 거기에는 금식이라든지 기도라든지 무슬림으로서 행해야 할 모든 의무에 관한 것이 기록되어 있었다. 그런데 문제는 아내가 이런 것들을 거절한 것이다. 아내는 남편에게 복종해야 한다는 이슬람 문화에서 살아온 나로서는 아내의 거절을 받아들일 수가 없었다. 갑자기 결혼생활이 전쟁터가 되었다. 그럴 때마다 아내는 "내가 왜 이런 것들을 따라야 하는 무슬림이 되었는지 모르겠어요. 내가 믿었던 기독교가 이슬람보다 좋아요." 이 말은 종교적인 무슬림인 나에게 있을 수 없는 일이었다. 아내가 남편에게 복종하지 않는 것뿐만 아니라 알라에 대한 신성모독이었다.

나는 어려서부터 이슬람 사원에 출석하여 이맘으로부터 기독교인들이 타락하여 성경을 부패시켰다는 것을 여러 번 들었다. 따라서 나는 성경이 부패했으며 기독교는 거짓종교라는 것을 증명할 자신이 있었다. 따라서 성경이 부패했다는 것을 아내에게 확인시켜 주기 위하여 성경을 읽기 시작하였다. 그런데 성경을 아무리 읽어도 성경이 부패했다든지 기독교인들이 타락했다든지 하는 내용을 찾을 수가 없었다.

그런데 얼마 후에 두 사람이 우리 집에 찾아와서 하나님과 성경에 대하여 이야기하기 시작하였다. 나는 그들에 대한 인상이 좋아서 그들과 정기적으로 성경공부를 하기 시작하였다. 2년 후에 또 다른 두 명이 찾아와서 그들의 믿음에 대하여 이야기하였다. 나는 그들에게 감동을 받고 그들을 초청하여 성경공부를 하였다.

시간이 지나고 나서 첫 번째 두 명은 여호와의 증인이었고, 나중의 두 명은 몰몬교 선교사들인 것을 알게 되었다. 나는 천성적으로 논쟁을 좋아하는 사람이라서 그들과 몇 년 동안 종교적인 문제들을 논쟁하였는데 나는 확실하게 이슬람이 옳다는 것을 증명하였다.

그런데 사람들은 자기가 옳은 것을 믿고 있다고 변호하면서 그것을 증명하기 위해 서로의 종교를 정죄하고 비난한다는 것을 알았다. 나도 마찬가지였다. 그런 생각이 들자 나에게 새로운 관점이 형성되었다. 모두 자기 종교가 옳다고 하므로, 어떤 종교가 옳은지에 초점을 맞출 것이 아니라 '진리가 무엇인가?'를 알고 싶었다.

내가 영국에 있는 동안 이란에 있는 가족들에게 문제가 생겼다. 아버지는 이란에서 큰 석유회사의 고위직 임원이었다. 우리는 회사에서 내주는 좋은 집에 살았고, 여행을 할 때는 석유회사의 전용 비행기를 타고 다녔으며, 학교를 갈 때도 운전수가 딸린 자가용을 타고 다녔다. 우리 가족은 골프, 수영, 테니스, 볼링, 영화관 등 모든 스포츠와 오락을 즐길 수 있었다. 그런데 새로운 정부가 들어서면서 석유회사를 정부의 통제 아래 두려고 고위직 임원들을 감옥에 넣기 위하여 수배하였다. 이 사실을 미리 알게 된 가족들은 급하게 집을 떠나 국경을 넘어 다른 나라로 가야만 했다. 가족들은 모든 것을 잃었다. 동생 가족은 미국으로 갔고 부모님과 남은 가족들은 내가 살고 있는 영국으로 왔다. 그때부터 방 두 개 있는 작은 집에서 온 가족이 함께 살게 되었다.

나는 대학교에서 컴퓨터 공학을 공부하여 졸업하고 결혼도 했지만 직장을 구할 수가 없었다. 그런 상황 속에서 가족이 합류하여 살게 되었으므로 참으로 힘들었다. 그때 레스토랑을 오픈한 가까운 친구가 도와달라고 하였다. 대학교를 나오고 컴퓨터를 전공한 사람이 레스토랑에서 일하는 것은 쉬운 일이 아니었다. 그러나 상황이 그렇게 되어서 어쩔 수 없이 레스토랑의 주방에서 일을 하게 되었다.

어느 날 오후 6시부터 새벽 5시까지 일을 하고 있는데 나하고 함께 일하고 있는 친구가 담배를 피우기 위하여 바깥으로 나갔다. 그때, 한 사람이 지나가다가 멈춰서 그와 대화를 나누는 것이었다. 그리고 그 동료는 웃으면서 들어왔다. 그때 내가 물었다. "무슨 일이야? 배고프다고 뭐 좀 달라고 그래?" 친구는 "아니, 미친 놈이야. 예수가 하나님의 아들이래." 그 친구는 농담으로 듣고 지나쳤다. 보통 무슬림들은 그런 말을 들으면 신성모독이라고 생각하거나 미친 사람으로 여긴다.

나는 뛰어 나가서 그 사람을 만났다. 나는 빈정대면서 "무엇을 팔려고 하느냐?"고 물었다. 그는 나에게 "나는 무엇을 팔려고 하는 사람이 아닙니다. 이 세상에 모든 돈으로도 살 수 없는 것이 있습니다."라고 하였다. 나는 그것이 무엇인지 물었다.

그는 "예수님이 당신을 사랑해서 당신의 죄를 용서하시기 위하여 이 땅에 오셨습니다. 만일 당신 혼자만 세상에 살아간다고 해도 예수님은 당신을 위하여 죽으러 이 땅에 오셨을 것입니다."라고 했다. 나는 그런 이야기를 여호와의 증인이나 몰몬교 선교사들에게서 한번도 들어본 적이 없었다.

그에게 더 많은 이야기를 듣고 싶었다. 나는 주소를 주고 다음날 그를 집으로 초대하였다. 그 다음날 그는 우리 집으로 왔다. 우리는 두 시간 넘도록 대화를 나누었다. 대화 중에 그가 그 도시에 있는 신학교(Bible College)에 다닌다는 것을 알았다. 나는 기독교에 대하여 알고 싶었고 그의 초청으로 신학교를 방문했다. 그때 그는 이 신학교 학생 가운데 무슬림이었다가 기독교로 개종한 학생이 공부하고 있다고 했다. 나는 그에게 "그것은 불가능한 일이야. 무슬림은 절대로 기독교인이 될 수 없다."고 말하였다. 얼마 후에 나는 무슬림이었던 기독교인을 소개받았다.

기독교에 대한 인상이 깊었지만, 예수님이 하나님의 아들이라는 것과 삼위일체 하나님을 도무지 이해할 수 없었다. 어떻게 하나님에게 아들이 있다는 것인가? 그리고 세 명의 신(神)이 하나의 신(神)이 될 수 있다는 것인가?

얼마 후에 동생의 가족이 미국에서 우리를 방문하러 왔다. 그런데 그는 변해 있었다. 이란 정부로부터 받았던 고통에 대하여 화가 나 있었고 그로 인하여 무신론자가 되었다. 우리는 종교에 대하여 많은 이야기를 나누었다. 그리고 우리 가족이 처한 이 현실에 대하여 나 또한 힘들어 하고 있었다.

어느 날 저녁, 나는 일을 하러 가기 위하여 잠시 방에서 쉬고 있었다. 전반적인 나의 상황에 대하여 혼란이 오고 비참한 기분이 들었다. 나는 나에게 이렇게 말하였다. '신(神)은 존재하지 않고 모든 종교는 사람이 만든 것이야.' 그리고 나서 생각하기를 '예수에 대하여 서로 다르게 생각했기 때문에 이렇게 다양한 종교가 생긴 거야. 결국 예수가 문제야.'

나는 절박한 심정으로 "나는 예수의 존재를 믿지 않아. 그러나 만약에 당신이 정말 신(神)이라면 당신이 하나님의 아들인 것과 당신이 진리인 것을 나에게 보여 달라."고 소리를 질렀다. 내가 믿기는 하나님은 각 사람을 그 사람의 성품에 따라서 역사하신다. 따라서 모든 사람들이 나와 같은 경험을 해야 한다거나 하나님께 도전해야 한다는 것은 아니지만 그 때 나는 정말 무엇이 진리인지 알고 싶었다.

나는 눈을 감고 있었고 머리는 혼란스러웠다. 그런데 갑자기 내 방 안에서 누군가가 나에게 숨을 내쉬고 있다는 것을 느꼈다. 나는 무슨 소리가 들리는 것 같아서 눈을 뜨려고 했지만 떠지지 않았다. 나는 나의 숨소리로 생각하여 나의 호흡을 잠시 멈추었다. 그러나 여전히 따듯한 느낌과 함께 누군가가 방 안에 있다는 것을 느꼈다.

그런데 갑자기 나의 입술이 하나님을 찬양하고, 하나님께 감사하는 마음이 생겼다. 조금 후에 자리에서 일어나 주위를 둘러보았다. 아무도 없었다. 나는 침대 밑을 살펴보았다. 아무 것도 없었다. 나는 꿈을 꾸고 있거나 가위에 눌린 것이라고 생각했지만 이 두 가지 모두 아니었다. 시간을 보았더니 그 짧게 느껴진 시간이 한 시간도 넘게 지난 것이었다.

나는 그 경험 이후에 예수님이 살아계신 하나님의 아들이라는 것이 자연스럽게 받아들여졌다. 비록 교회에 나가지 않더라도 영국 사람들에게는 예수님이 하나님의 아들이라는 사실이 믿어지겠지만, 무슬림에게는 이 내용이 받아들여지지 않을 뿐만 아니라 신성모독이 된다. 그런데 나에게는 더 이상 예수님이 하나님의 아들이라는 것과 삼위일체가 문제가 되지 않았다.

고린도전서 12장 3절에 "그러므로 내가 너희에게 알리노니 하나님의 영으로 말하는 자는 누구든지 예수를 저주할 자라 하지 아니하고 또 성령으로 아니하고는 누구든지 예수를 주시라 할 수 없느니라"고 기록되어 있다. 나는 그동안 의심을 품었던 내용들이 믿어졌다. 나는 아래층으로 내려가서 가족들에게 "예수님이 하나님의 아들입니다."라고 말했더니 가족들은 나를 향하여 미쳤냐고 물었다.

신학교에 가서 친구를 만나 지난 밤 나에게 일어난 이야기를 했더니 모두들 기뻐하였다. 2000년 전 예수님에 의하여 눈을 뜬 시각장애인의 간증이 나의 간증이 된 것이다. 그 후 그런 경험이 다시는 없었지만 나는 하나님의 약속의 말씀이 믿어졌고 그런 경험이 있었음을 감사하게 되었다. 그리고 언젠가 나는 그분과 영원히 함께할 것이다.

며칠 후에 나는 처음으로 교회에 나갔다. 그리고 사람들에게 간증을 나누었고 얼마 후에 세례를 받고 기독교인이 되었다. 출석하던 교회의 목사님은 나에게 성실하게 성경을 가르쳐 주셨다. 예배 때마다 들려주는 설교는 나로 하여금 생명력을 갖게 해 주었다.

얼마 후 예배 시간에 목사님의 설교를 통하여 요한복음 20장 22절에서 부활하신 주님이 제자들이 모인 자리에 오셔서 "이 말씀을 하시고 그들을 향하사 숨을 내쉬며 이르시되 성령을 받으라"고 하신 말씀을 읽었다. 그 말씀을 읽으면서 그 일이 나에게 일어났음을 알았다.

거기에서 끝나지 않았다. 나를 통하여 많은 무슬림들이 교회에 나오게 되었다. 나는 지금도 나의 가족들과 많은 무슬림들이 교회에 나올 때, 친절과 사랑과 말씀으로 잘 인도해 주셨던 목사님께 감사드린다. 지금은 나의 모든 가족들이 예수님을 영접하고 교회에 나간다. 나는 신학교에서 공부를 하였고 무슬림들에게 복음을 전하여 그들을 위한 모임(Fellowship)을 만들어 수십 년째 사역하고 있다. 나는 결코 뒤를 돌아보지 않고 주님만 바라볼 뿐이다.

기독교인의 삶을 살아오면서 많은 시련과 어려움이 있었다. 그러나 시선을 주님께만 집중하면서 어려움들을 극복할 수 있었다. 사는 날 동안 나는 그분의 사랑과 진리의 통로가 되기를 기도한다. 나는 나를 통해 이 땅의 무슬림들이 영광스러운 진리이신 예수 그리스도가 살아계신 것과 구원자이신 것에 눈을 뜨게 되기를 기도한다. 하나님께서 진리이신 것을 보여 주셔서 감사하고 나의 삶을 변화시켜 주셔서 감사드린다. 어떤 책에서는 정보를 얻고 어떤 책은 상황을 개선시키지만 하나님의 말씀인 성경책은 나의 삶을 변화시켰다.

이슬람 선교를 위하여 넘어야 할 장벽들

오늘날 중동은 과거 비잔틴 기독교 제국으로서 복음의 중심지였으며 신학의 요람이었다. 그러나 지금은 이슬람화되었다. 유럽 또한 종교개혁이 일어났던 곳이며 기독교의 요람이었다. 그러나 현재 유럽도 이슬람 인구가 성장하고 있으며 이슬람화되어 가고 있다. 단지 시간이 조금 남았을 뿐이다. 이슬람은 왜 기독교가 번성했던 나라에서 성장하고 있는 것일까? 지금이라도 한국교회는 이슬람에 대하여 알아야 한다. 기독교가 내리막길을 걸으면서 동시에 이슬람이 성장하고 있다는 것은 중동과 유럽의 교회가 우리에게 가르쳐 주고 있는 역사적인 사실이다. 이러한 역사를 교훈 삼아 한국교회는 이슬람에 대한 몇 가지 장벽을 넘어야 한다.

1. 무슬림에 대한 두려움

이슬람권은 어느 나라든 자유롭게 복음을 전하지 못한다. 따라서 무슬림의 약 80%는 한 번도 복음을 들어본 적이 없다는 사실을 인식하고 그들에게 복음을 전하는 기회로 삼는다면 위대한 일이 일어날 것이다. 대부분의 무슬림들은 서구인은 기독교인이라고 생각하고 한국인은 불교라고 생각한다. 그런데 한국인이 기독교인이라고 하면 놀라움을 금하지 못한다. 반면에 한국인들에게 보통 무슬림 하면 이란의 호메이니나 사담 후세인, 나아가 IS와 같이 자살 테러를 감행하는 과격한 원리주의자들을 떠올리고 겁부터 먹을 수 있다. 성경은 하나님이 주신 마음은 두려워하는 마음이 아니라 사랑과 능력이라고 말한다. "하나님이 우리에게 주신 것은 두려워하는 마음이 아니요 오직 능력과 사랑과 절제하는 마음이니"(딤후 1:7). 복음의 능력은 복음이 전파될 때 나타난다. 이 능력과 사랑을 실험해 보기도

전에 두려워하는 것은 어리석은 일이다.[2]

무슬림들은 우리의 사랑의 대상이지 두려움의 대상이 아니다. 그들은 우리와 똑같은 하나님의 피조물들이고 예수께서는 그들을 위해서도 보혈을 흘려주셨다. 하나님은 그들도 회개하고 예수 믿고 죄 사함받고 하나님의 자녀가 되어서 구원받고 천국에서 영생을 얻기를 원하신다. 아즈베리의 간증을 통해서도 알 수 있지만 무슬림들은 복음을 듣고 싶어 하며, 진리의 문제에 대하여 이야기를 나누는 것을 좋아한다.

2. 이슬람에 대한 무관심

유럽에서 이슬람은 가장 중요한 종교가 되어 가고 있다. 무함마드는 "이슬람은 서쪽에 찬란하게 빛날 것"이라고 예언했다.[3] 오늘날 그 예언이 실현되듯이, 이슬람은 유럽에서 떠오르는 태양처럼 빛나고 있다. 유럽의 무슬림 인구는 5천 3백만 명으로, 유럽 인구의 7%에 달한다. 2015년에는 14%, 2025년에는 20%에 이를 것으로 보고 있다. 중동 역사학자인 버나드 루이스(Bernard Lewis)는 2004년 독일신문 『벨트』(Die Welt)와의 인터뷰에서 "늦어도 21세기 말에는 유럽의 인구는 무슬림이 다수가 될 것이다. 유럽은 서부아랍의 일부가 될 것이다."[4]라고 말했다. 유럽은 이슬람화되어 가고 있다.

유럽에 이슬람 역사가 본격적으로 시작된 것은 2차 세계대전이 끝난 후였다. 전쟁으로 인하여 수백만 명의 남자들이 죽거나 부상을 당했다. 전쟁의 폐허 위에 재건을 위하여 값싼 노동력의 이슬람 인구가 유럽에 들어오

---

2) 유해석, 『우리 곁에 다가온 이슬람』, 168.
3) 유해석, "유럽의 이슬람화와 미국의 이슬람 사례 연구," (2009 이슬람선교대회, GMS), 『마지막 도전 이슬람 선교 어떻게 풀 것인가?』, 23.
4) Jenkins, *God's Continent*, 4.

기 시작하였다. 이민자들은 초기에 사회 최하층 근로자들이었으나 시간이 흘러 유럽사회에 적응하게 됨에 따라서 이들 문화와 종교가 자연스럽게 유럽 문화에 스며들었다. 2차 세계대전 이후에 무슬림들이 유럽에 정착하기 시작했을 때, 교회는 그들을 위한 선교전략을 세웠어야 했다.

그러나 이슬람에 대한 무관심으로 인하여 골든타임을 놓치고 말았다. 교회가 변하여 이슬람 사원이 되고 수천 개의 이슬람 사원이 세워지는 것을 보면서, 비로소 이슬람에 대하여 관심을 가지기 시작하였다. 유럽인들은 이슬람을 쇠퇴해 가는 종교라고 생각하였다. 그러나 이슬람은 성장하는 종교였다. 이를 예견한 사람은 프랑스의 작가인 힐러리 벨렉(Hilaire Belloc, 1870-1953)이었다. 그는 1938년에 "유럽인들은 이슬람에 대하여 잘 모르고 있었다. 이슬람을 신경 쓰지 않아도 되는 쇠퇴해 가는 종교라고 생각한다. 하지만 이슬람은 유럽문명을 상대했던 어마어마하고 집요한 적이며, 과거에 유럽을 위협했듯이 미래에도 위협으로 성장할 것이다."[5]

이제 이슬람은 유럽의 제1의 종교이다. 몇몇 서유럽 국가에서 교회와 모스크에 다니는 사람들의 숫자는 비슷하다. 그러나 전체 유럽의 상황을 보면 모스크에 참석하는 무슬림 비율이 훨씬 높다.[6]

한국교회도 소 잃고 외양간을 고치는 상황이 되지 않아야 한다. 한국인들은 이슬람에 대하여 너무 모르며, 이에 대하여 놀랄 만큼 순진하다. 기독교가 발전하고 융성했던 곳들이 이슬람으로 대체된 것에 대하여 심각하게 생각해야 한다. 기독교가 종교적 욕구를 채워주지 못하고, 골고다 위의 십자가를 자신을 위한 도구로 전락시킬 때 이슬람이 몰려왔고, 그에 대항할 만한 능력을 상실한 채 시간이 지나면서 기독교는 그 주권을 이슬람에

---

5) Caldwell, *Reflections on the revolution in Europe*, 92.
6) Caldwell, *Reflections on the revolution in Europe*, 142-143.

게 내어주고 말았다.

지금 한국교회가 유럽의 전철을 따라가지 않으려면, 이슬람에 관심을 가지고 중동의 과거와 유럽의 오늘을 배워야 한다. 이슬람의 성장이 중동처럼, 유럽처럼 한국에서 반복되어서는 안 된다. 만일 이슬람에 대하여 관심을 갖지 않는다면 어제의 중동이 오늘의 유럽이 되었듯이 오늘의 유럽은 한국의 내일이 될 것이다.

전 세계 이슬람 인구의 70%는 아시아에 거주하고 있다. 한국 관광공사에 따르면, 2016년에 한국을 방문한 무슬림 관광객은 98만 명으로 2015년보다 33%가 늘었다.[7] 최근에 들어와서 많은 무슬림들이 한국에 정착하고 있다. 성도는 사랑으로 과감하게 이슬람에 대한 선교전략을 수립하고 나아가 그리스도의 복음을 무슬림들에게 전해야 한다. 그들도 복음을 들어야 하는 하나님의 피조물이기 때문이다.

3. 예수님의 지상 명령에 대한 불순종

이슬람의 예언자 무함마드의 생애를 살펴보면 안타까운 내용이 있다. 그는 카디자(Khadija)에게서 2명의 아들과 4명의 딸을 얻었다. 그러나 두 아들 압둘(Abdul)과 까심(Kashim)은 어린 시절에 죽었다. 당시는 아라비아의 거친 사막을 배경으로 살아야 했기 때문에 건강한 남자아이를 선호하였다. 그때 무함마드는 진리를 찾고자 갈망하였다. 아들들의 죽음의 원인을 알고 싶었다. 그러나 무함마드의 생애에서 제대로 된 기독교인을 만난 적은 단 한번도 없었다. 그의 인생의 말년에 콥트교 대주교가 보낸 마리암(Maryam)과 결혼을 하였고, 나즈란 기독교인을 만났지만 그들은 단성론 자

---

7) 『연합뉴스』, 2017년 12월 1일.

들이었다. 당시 비잔틴 교회가 아라비아 반도에 선교사를 파송한 흔적을 찾을 수 없다.

다만 비잔틴 제국을 피하여 아라비아 반도에 정착한 이단들만 있었을 뿐이다. 선교는 기독교인에게 있어서 무엇보다도 우선적으로 고려해야 하는 것이지만, 기독교인들은 18세기 후반까지 소수의 선교사들 외에는 무슬림들에게 복음을 전할 생각조차 하지 않았다. 필자의 경험으로 보면 무슬림들은 복음을 듣고 싶어 한다. 무슬림들에게 다가가는 데 신학적인 지식이 필요한 것은 아니다. 그들에게는 복음이 필요할 따름이다.

교회 역사 속에 안타까운 실화가 있다. 몽고를 통일하고 세계로 뻗어갔던 칭기스칸의 손자 쿠빌라이 칸(Kublai Khan, 1215-1294)은 기독교에 대하여 우호적이었고, 그의 두 형제는 기독교인이었다. 쿠빌라이 칸은 원나라를 통일하는 데 있어서 종교의 필요성을 느꼈고, 그리하여 학자들에게 5대 종교를 연구하게 하였다. 그 중에서 기독교를 선호하여 당시 교황에게 100명의 선교사를 보내 달라는 서신을 1276년부터 1291년까지 원나라에 체류한 마르코폴로(Marco Polo, 1254-1324)를 통하여 보냈으나 교황은 당시 100년 전쟁 등 유럽의 복잡한 사정을 핑계로 이 제안을 거절하였고, 20년이 지나서 교황 니콜라스 4세(Papa Nicholaus IV, 1227-1292)가 겨우 2명 보냈는데, 한 명은 도중에 죽고 말았다.

결국 불교가 그 자리를 차지하였고, 몽고가 오랫동안 지배했던 중앙아시아는 이슬람 국가들이 되었다. 선교에 있어서 이슬람에 대한 관심은 매우 저조하다. 우리는 복음에 대한 확신과 열정의 부족으로 주님의 지상 명령을 왜곡하고 지연시킨 것에 대하여 회개해야 한다. 그동안 기독교인들은 "오직 성령이 너희에게 임하시면 너희가 권능을 받고 예루살렘과 온 유대와 사마리아와 땅 끝까지 이르러 내 증인이 되리라 하시니라"(행 1:8)고

하신 주님의 지상 명령을 부분적으로만 이해하고 실천하였다.

한국교회는 그동안 '예루살렘과 유대'에만 관심이 있었다. 필자는 '사마리아인'의 현대적 의미는 무슬림이라고 생각한다. 그러나 예수님 당시에도 유대인들이 그랬듯이 오늘날 교회들도 무슬림들에게 복음을 전파할 필요성을 느끼지 못하고 있는 것 같다. 예수님이 당시의 편견과 전통을 무시하고 사마리아에 들어가서 수가성 여인에게 복음을 전하셨듯이 오늘날 기독교인들이 무슬림들에게 다가가야 한다.[8] 주님도 잃어버린 영혼을 찾아서 이 땅에 오셨으며, 그들을 일일이 찾아다니셨다.

서구에서는 시간을 매우 중요하게 생각한다. 그러나 무슬림들은 '인간적인 관계'를 강조한다. 관계는 시간보다 중요하며 그들의 관계는 매우 인간적이고 정(情)이 있다. 그들이 오기를 기다리지만 말고 그들에게 먼저 다가가야 한다. 종교개혁자 루터는 종말론적 선교 이해와 선교의 긴박성을 가지고, 종말이 오기 전에 무슬림들에게 복음을 전파해야 한다고 생각했다. 또한 무슬림을 대할 때 형제 사랑으로 대할 것을 요구했다. 현대 이슬람 선교에서 교만한 태도는 걸림돌이 되고 있다. 루터는 기독교인들의 믿음, 순종, 경건, 용기, 인내 등과 같은 덕목이 무슬림을 능가할 정도가 될 때, 무슬림이 기독교로 개종할 것으로 생각했다.[9]

무슬림 전도의 실제

1. 실질적인 필요를 채워주라

한국에서 무슬림에게 복음을 전하기 원한다면 먼저 무슬림들의 필요를

---

[8] 유해석, 『우리 곁에 다가온 이슬람』, 241.
[9] 유해석, "루터는 이슬람을 이렇게 말했다," 『크리스천 투데이』, 2015년 10월 9일.

채워주어야 한다. 필자는 이십 수년 동안 중동과 유럽에서 살았다. 외국에서 사는 삶이 얼마나 힘들고 고단한지 잘 알고 있다. 외국인들은 한국어를 배우고 싶어 하고, 아플 때 의사를 찾아 가고 싶어 한다. 그들의 필요를 채워주는 것이 가장 효과적인 전도 방법이다. 그들이 "우리에게 왜 이렇게 잘해주느냐?"고 물으면, 그때 우리 안에 있는 예수 그리스도 때문이라고 알려주면 좋을 것이다. 그런 후, 꾸란에 나오는 인물들과 꾸란에 잘 알려져 있지 않은 성경의 인물들을 자연스럽게 소개할 수 있다. 예수님은 광야에서 복음을 전하실 때, 수많은 군중들을 위해 오병이어의 기적을 베풂으로써 그들의 필요를 채워주셨다.

2. 친구를 만들어라

이슬람 사회에서 가족 다음으로 중요하게 생각하는 가치는 친구관계다. 따라서 종교적인 적(敵)이 되기보다도 친구가 되어 우정을 나누는 것이 좋다. 좋은 관계는 그들을 복음으로 인도하는 유용한 다리가 되기 때문이다. 그들의 진정한 친구가 되어 그들의 영혼과 영원한 삶에 대하여 관심을 가지고 부끄러워 말고 복음을 나누어야 한다. 앞에서 간증을 했던 이란인 아즈베리 목사가 기독교인이 될 수 있었던 것은 그의 신실한 친구가 잘 인도해 주었기에 가능했다. 따라서 좋은 친구가 되어 주는 것이 중요하다. 무슬림들에게 필요한 것은 친구이다. 많은 무슬림들이 기독교인이 되는 과정에서 친구의 도움을 받았다는 이야기를 자주 듣게 된다.

3. 개인간증을 나누라

개인 간증보다 확실한 전도 방법은 없다. 우리가 기독교인이 된 이유는 우리의 삶 속에 어떤 변화가 일어났기 때문이다. 내가 경험하고 만난 예수님에 대하여 나눈다면 큰 힘을 발휘할 것이다. 예수님이 나의 삶에 어떻게 영향을 끼치셨는지, 그리고 은혜받은 말씀을 직접 성경을 펴서 읽어주면 도움이 된다.

4. 질문하라

복음을 전한다는 것을 마치 가르쳐야 한다는 것과 동의어로 생각하곤 한다. 하지만 가르치는 것보다 중요한 것은 그들의 이야기를 듣는 것이다. 예수님도 늘 질문하셨다. 엠마오로 내려가는 제자들에게 나타나셨을 때도 질문을 통해 나타나셨다. 늘 질문하고 대화하는 가운데 자신을 드러내신 예수님이 왜 무슬림들에게는 드러내지 않으시겠는가? 다음과 같은 질문을 하면 좋다. "어떻게 천국에 갈 수 있다고 생각하십니까? 꾸란에서는 용서에 대해 무엇이라고 말하고 있습니까? 하나님이 당신을 받아주신다는 확신이 있습니까?" 무슬림에게 "당신은 구원의 확신이 있습니까?"라고 질문하면 "인샬라."(Inshallah)라고 대답할 것이다. 이 말의 아랍어 의미는 "알라의 뜻이라면"(If God's will)이라는 뜻이다. 무슬림들은 불확실한 구원관을 가지고 있다. 따라서 질문을 하면 그에 대한 답변 속에 얼마든지 복음으로 인도하는 길이 있다.

5. 가능한 논쟁을 피하고 일대일로 시간을 갖어라

무슬림에게 복음을 전할 때 가능하면 논쟁을 피해야 한다. 논쟁에 이긴다고 해서 복음을 받아들이는 것도 아니다. 따라서 논쟁을 피하는 것이 좋다. 그러나 분명히 이야기할 필요가 있을 때는 확실하게 이야기해야 한다. 또한 여러 명을 상대해서 혼자 전하는 것보다 한 사람씩 일대일로 전하는 것이 중요하다. 왜냐하면 여러 명에게 복음을 전할 경우, 그들은 그들 사이에서 자신의 신앙을 과시하기 위하여 언성을 높이거나 논쟁을 유도할 가능성이 크기 때문이다.

이슬람에는 믿음으로 구원을 받는다는 개념이 존재하지 않는다. 따라서 이슬람은 행함을 강조한다. 이러한 종교적 구조는 유대교와 비슷하다. 이런 이유 때문에 이슬람을 후기 유대교 이단의 범주에 넣는 학자들도 있다. 무슬림들은 자신의 믿음을 드러내면서 남에게 보이려는 경향이 강하다. 바울이 전도할 때, 이에 반발하여 유대인 40명이 모여서 바울을 죽이기 전에는 먹지도 마시지도 않겠다고 맹세하는 모습이 나온다(행 23:12-14). 필자의 경험에 의하면 여러 명을 상대로 복음을 전할 때는 반발하지만 일대일로 복음을 전할 때는 선한 양처럼 진지하게 응답하곤 한다.

6. 성경을 인용하는 것을 두려워하지 마라

꾸란은 성경을 중요하게 취급하고 있다. 실제로 필자와 함께 성경을 읽다가 예수님을 개인의 구주로 영접한 무슬림이 있다. 또한 할 수만 있다면 성경을 그들의 손에 들려주어 읽게 하자. 많은 성경을 무슬림들에게 나누어 주었는데 모든 무슬림들이 성경을 기쁘게 받았다. 주의할 점은 성경을 가치 없게 주어서는 안 된다. 그들에게 성경에 대하여 그리고 주는 이유에 대하여 충분히 설명해 준 다음에 성경을 소중하게 주어야 한다.

그들이 진지하게 성경을 읽는다면 변화가 시작될 것이다. 특히 꾸란에 예수님에 대하여 많이 기록되어 있음을 알고 예수님에 대하여 이야기를 나누면 무슬림들에게도 이해가 쉽다. 예수는 꾸란에서 '이사'(Isa)로 불리며 25회 기록되어 있다. 또한 예수가 '메시아'(Al-Masih)로 11회 언급되어 있으며, '마리아의 아들'(Son of Maryam)로 23회 언급되어 있다. 이를 합하면 꾸

란에서 예수는 총 59회 언급되고 있다.[10]

7. 기도하라

무슬림에게 복음을 전하는 데 있어서 가장 중요한 열쇠는 기도다. 예수님도 사역 중에 늘 기도하셨다. "새벽 아직도 밝기 전에 예수께서 일어나 한적한 곳으로 가사 거기서 기도하시더니"(막 1:35). 먼저 무슬림을 접촉하고 그들에게 복음을 전하고 그들을 위하여 기도하자. 무슬림이 진정으로 복음을 듣고 주님을 영접했다면 성령께서 그의 삶을 지배해 달라고 기도하자. 하나님이 주시는 놀라운 기쁨을 누리게 될 것이다.

---

10) 최영길, "꾸란에 등장한 인물 연구 - 예수를 중심으로," 『한국이슬람학회논총』 통권 16권 (2006), 4.

나 가 는 글

이 책을 쓰게 된 몇 가지 동기(動機)가 있다.

첫째, 2017년 종교개혁 500주년을 맞이하면서 많은 세미나와 학술대회가 있었다. 그러나 종교개혁자들이 이슬람을 많이 연구했음에도 불구하고 이에 대한 논문은 단 한 편도 발표되지 않았다. 필자가 속한 FIM국제선교회에서 두 편의 논문이 발표되었을 뿐이다. 그래서 이 책을 쓰게 되었다. 이슬람에 대한 종교개혁자들의 견해를 한 문장으로 표현한다면 "한편으로 경계하고, 한편으로 사랑하라."라고 할 수 있다.

둘째, 최근에 이슬람에 대하여 출판되는 다원주의적 시각에서 쓴 책들 가운데 종교개혁자들이 이슬람에 대하여 긍정적으로 보았다는 내용이 종종 발견된다. 루터는 이슬람 연구 초기에 긍정적인 면을 보이기도 했으나 이슬람을 연구하면서 초기 의견을 철회하였다. 일반적으로 종교개혁자들이 이슬람의 장점을 언급할 때는 언제나 가톨릭과 교황의 부패와 대비하여 그들보다 낫다는 측면에서 이슬람의 장점을 언급하였다. 또한 종교개혁자들은 이슬람에 대하여 부정적으로만 보았다는 내용의 책들도 출판된다. 따라서 이 부분을 바로 잡아야 할 필요를 느꼈다.

셋째, 이슬람에 대한 다양한 시각 가운데 개혁주의적 입장에서 이슬람에 관련된 주제들을 분석하고 대안을 세울 수 있는 기초를 제공하기 위하여 이 책을 쓰게 되었다. 개혁주의가 무엇인가? 성경을 바르게 믿고 그 가르침에 충실한 교회를 창출하기 위해 노력을 기울인 16세기 유럽의 신학과 신앙을 총칭하여서 '개혁주의'라고 부른다. 개혁주의는 "모든 성경"을 "하나님의 감동으로 된 것으로" 믿는다(딤후 3:16). 그리고 우리가 "배우고 확신한 일"(딤후 3:14)이 성경의 진리이며 성경적 진리라는 것을 고백한다.

또한 개혁주의(Reformed)란 한편으로, 영어의 'reform'을 생각할 때에, '잘못들과 결점들을 제거함으로 보다 더욱 좋은 것으로 만든다.'는 뜻이며 (to make better by removing faults and defects), 또한 '잘못을 고친다.'(Correct)는 뜻이다. 즉 개혁주의라 할 때 종교개혁을 통하여 이미 개혁된 내용을 잘 이어감 뿐 아니라, 이후라도 잘못이 발견될 경우 계속 고쳐나가는 것을 가리킨다.

종교개혁주의자들의 후예를 자칭하는 많은 한국 기독교인들이 개혁주의 입장에서 이슬람을 어떻게 보아야 하는지 연구할 필요성을 느꼈다. 더불어 이슬람에 대한 균형 잡힌 개혁주의의 시각이 지금 한국교회에 필요하다. 이 책을 시작으로 시각의 차이에서 나타나는 소모적인 논쟁을 그치고 개혁주의에 입각한 이슬람에 대한 연구가 진행되어서 한국교회가 효율적으로 이슬람에 대하여 대처할 수 있기를 간절히 소망한다.

무슬림들 속으로 들어가서 살다보면 무슬림들이 다양하다는 것을 알 수 있다. 무슬림 가운데는 세속적인 무슬림(Secular Muslim), 종교적인 무슬림(Traditional Muslim), 헌신적인 무슬림(Committed Muslim)이 있다.

더 세분화한다면 일반적인 무슬림은 전체 무슬림 가운데 약 70%를 차지하는데 이들 가운데 세속적인 무슬림, 무신론적인 무슬림이 있다. 이들은 종교에 대한 관심이 크지 않다. 다만 문화적으로 이슬람 종교를 믿었기에 자신을 무슬림이라고 말할 뿐이다.

종교적인 무슬림은 약 15%가 되는데 이들은 매일 5번씩 기도하고 금식하고, 이슬람의 종교적 행위에 충실하다. 이들 가운데 전통적인 무슬림, 수피즘에 속하는 무슬림이 있다. 그러나 이들이 비록 이슬람의 전통을 잘 따른다고 하더라도 일반적인 무슬림과 함께 이슬람 원리주의자들에 대하여 비판적인 시각을 갖고 있다.

헌신적인 무슬림도 약 15%를 차지한다. 이들 가운데 이슬람 원리주의자들이 많이 포함되어 있다. 이들은 이슬람 무장단체인 알 카에다나 이슬람 국가(IS) 등에 참전하기도 하고 그들을 지원하기도 한다. 지난 2016년 1월 국가정보원은 국회에서 2010년부터 국내에서 근로자로 일했던 외국인 7명이 출국 후 이슬람 무장단체인 이슬람 국가(IS)에 가담한 것으로 조사되었다고 밝혔다. 또 같은 기간 IS를 포함한 국제 테러조직과 관련된 것으로 파악된 외국인 51명을 국외로 추방했다고 보고하였다.

　이러한 통계를 보면, 한국에 들어온 무슬림 가운데 헌신적인 무슬림들이 아직은 소수라는 것을 알 수 있다. 현재 한국에 들어온 무슬림들은 일반적인 무슬림들이 주류를 이루고 있다. 외국인의 약 51%는 돈을 벌기 위하여 한국에 온 노동자들이며, 유학생들 그리고 한류의 영향과 함께 더 나은 삶을 찾아서 한국에 정착한 무슬림이 대부분이다.

　따라서 한국교회는 이 땅에 와서 소리 없이 정착하고 있는 무슬림들을 향하여 관심을 가져야 한다. 약 25만 명의 무슬림 공동체는 한국 안에서 미전도 종족(Unreached People)으로 소리없이 성장하고 있다.

　지금 우리는 선교의 경계가 점점 모호해지는 시대를 살고 있다. 그 이유는 다양한 국가, 다양한 인종, 다양한 종교를 가진 외국인들이 한국으로 들어오고 있기 때문이다. 어느 새 한국에 살고 있는 외국인의 수가 200만 명이 넘었다. 한국교회는 선교에 대한 새로운 패러다임의 전환이 시급하다. 한국에 살고 있는 외국인들에게 마음을 열고 다가간다면 온 민족이 하나님을 찬양하는 역사가 한국에서 일어날 것이다.

　영국교회가 내리막길을 걷고 있다는 것은 우리가 알고 있는 사실이다. 그러나 영국에 매주 평균 두 개의 교회가 새로 세워진다는 통계가 있다. 이 교회는 전통적인 교회에서 나와 복음의 본질을 중심으로 한 교회와 외국인이 중심이 된 교회이다. 영국에 무슬림들이 개종하여 성장하고 있는 교회도 늘어가고 있다.

　한국교회는 초창기 때부터 선교에 대한 열정을 가지고 있었다. 이미 1900대 초반에 해외로 선교사를 파송하였다. 지금은 시대가 바뀌어서 선교대상자들이 제 발로 한국에 찾아 오고 있다. 예수님은 인종에 대한 편견을 가지지 않으셨다. 더 나은 삶을 찾아서 한국에 온 외국인들을 위한 싱

경의 말씀에 귀를 기울여야 한다.

"거류민이 너희의 땅에 거류하여 함께 있거든 너희는 그를 학대하지 말고 너희와 함께 있는 거류민을 너희 중에서 낳은 자같이 여기며 자기같이 사랑하라 너희도 애굽 땅에서 거류민이 되었었느니라 나는 너희의 하나님 여호와이니라"(레 19:33-34). 그들을 향하여 교회를 활짝 열어야 한다. 그들을 선교의 대상으로 여기고, 선교지의 선교사들처럼 그들을 친구로 삼고 그들의 필요를 채워주며 그리스도의 사랑을 실천해야 한다. 요한계시록에서 볼 수 있듯이 모든 민족이 하나님을 찬양하는 역사가 한국교회 안에서 일어날 수 있을 것이다.

필자는 오엠국제선교회와 장로회총회(합동) 파송 선교사로 1990년부터 이집트 빈민가에서 이슬람 선교를 시작하였다. 처음 몇 달 동안 너무 힘들어서 선교를 포기할 생각을 하던 차에 그동안 사귀었던 무슬림 친구의 장례식에 참여하고 돌아오던 날 밤에 빌립보서 2장 6-8절을 읽게 되었다. "그는 근본 하나님의 본체시나 하나님과 동등됨을 취할 것으로 여기지 아니하시고 오히려 자기를 비워 종의 형체를 가지사 사람들과 같이 되셨고 사람의 모양으로 나타나사 자기를 낮추시고 죽기까지 복종하셨으니 곧 십자가에 죽으심이라"는 구절을 읽고 충격을 받았다. 이미 암기하고 있었던 말씀이었지만 그 날 밤, 이 성경구절의 까만 글자 뒤에 숨어있는 주님의 심정을 조금이나마 이해할 수 있었다.

한국과 같이 발전하는 나라에서 살다가 이집트 가난한 곳에 사는 것이 이렇게 힘든데, 우리 주님은 하나님 자신이 육신을 입고 이 땅에 오셔서 자신이 창조한 인간들에게 30년을 배우시고 3년을 사역하시고 마지막 십자가의 길을 가실 때, 얼마나 힘드셨으면 "만일 할 만하시거든 이 잔을 내게서 지나가게 하옵소서"(마 26:39)라고 기도하셨으며 그때, "땀이 땅에 떨어져 핏방울같이 되더라"(눅 22:44)고 기록되었을까? 필자는 그날 처음으로 '문화적 성육신'을 생각하였다.

그 후 나의 사역에 변화가 일어났다. 무슬림들을 사랑하게 되었고 일생 동안 무슬림을 위하여 살겠다고 결심하게 되었다. 우리는 성육신적인 겸손 함으로 그들에게 다가가야 한다. 순전한 복음은 결코 망하지 않는다. 그러나 그 시대를 읽지 못하는 교회는 문을 닫고, 기독교는 내리막길을 걸었다.

이것이 이슬람에 대하여 제대로 대응하지 못한 채, 내리막길을 걷고 있는 비잔틴 기독교의 중심이었던 중동과 유럽의 기독교가 우리에게 주는 교훈이다. 한국교회는 에베소교회에 하신 말씀, 즉 "그러므로 어디서 떨어졌는지를 생각하고 회개하여 처음 행위를 가지라 만일 그리하지 아니하고 회개하지 아니하면 내가 네게 가서 네 촛대를 그 자리에서 옮기리라"는 요한계시록 2장 5절을 기억하면서 성경적 신앙을 회복하려고 노력했던 개혁주의적 신앙으로 돌아가야 한다. 동시에 사랑의 모습으로 그들과 친구가 되며, 그리스도의 피 묻은 사랑을 무슬림들에게 나누어 주어야 한다. 그들도 복음을 들어야 하는 하나님의 피조물이기 때문이다.

참 고 문 헌

국내서적

고원. 『알라가 아니면 칼을 받아라』. 서울: 동서문화사, 2002.
김대옥. 『이슬람의 성경변질론』. 서울: Christian Literature Crusade, 2009.
김영규. 『엄밀한 개혁주의와 그 신학』. 서울: 하나, 1998.
오덕교. 『종교개혁사』. 서울: 합동신학대학원출판부, 2005.
유해석. 『우리 곁에 다가온 이슬람』. 서울: 쿰란출판사, 2003.
_____. 『토마스 목사전』. 서울: 생명의말씀사, 2013.
이희수. 『이슬람과 한국문화: 걸프 해에서 경주까지 1200년 교류사』. 서울: 청아출판사, 2015.
_____. 『이슬람』. 파주: 청아출판사, 2014.
이동희. 『꺼지지 않는 불 종교개혁가들』. 서울: 넥서스, 2015.
최종휴. 『성경이 꾸란에게 말하다』. 서울: CLC, 2016.
최영길. 『성 꾸란 의미의 한국어 번역』. 파하드 국왕 꾸란 출판청, 1999.
한국 이슬람교 중앙회. *Islam in Korea*. 서울: 한국 이슬람교 중앙회, 2007.

해외서적

Al-Ghazali, "Kitab al-Wagiz fiqh Madhab al-Imam al-Safi't." in The Legacy of Jihad, ed. Andrew G. Bostom. New York: Prometheus, 2005.
Al-Hariri, Musa. *A Bishop and a Prophed*. Beirut, Lebanon: 1979.
Barrett, David. Kurian, George T. and Johnston, Todd M. *World Christian Encyclopedia*. New York: Oxford University Press, 2003.
Bostom, Andrew G. *The Legacy of Jihad*. New York: Prometheus, 2005.
Calvin, John. *Commentaries on the Catholic Epistles*. trans. John Owen. Bellingham, WA: Logos Bible Software, 2010.

_____. *Sermons on the Job* (Job. 4:15. 1554). Edinburgh: The Banner of Truth Trust. 1993.

_____. *Institutes of the Christian Religion*. trans. by Ford Lewis Battles, ed. by John T. McNeil. Philadelphia: The Westminster Press, 1961.

_____. "To Farel (1541.3.28.)." *Selected Works of John Calvin: Tracts and Letters*, Vol. 4. Grand Rapids: Baker Book House, 1983.

_____. "The Necessity of Reforming the Church (1543)." *Selected Works of John Calvin Tracts and Treatises*, ed. and trans. Henry Beveridge, Vol.1. Grand Rapids, Michigan:Baker Book House Company, 1983.

_____. Calvini Opera Database. ed. Heman J. Selderhuis, 9. Peldom: Institutevoor Reformatieonderzeok, 2005.

David. Thomas. "The Doctrine of the Trinity in the Early Abbasid Era," in Islamic Interpretations of Christianity. ed. Lloyd Ridgeon (Richmond: Curzon Press. 2001).

Eton, William. *A survey of the Turkish empire*. In which are considered. London: T. Cadell, jun. and W. Davies, 1798.

Esposito, John L. *Unholy War: Terror in the Name of Islam*. New York: Oxford University Press.

Emidio Campi, "The Reformers and Islam," in: Reformed World 63 (2), 2013.

Francisco, Adam S. *Martin Luther and Islam. A Study in Sixteenth-Century Polemics and Apologetics*. Leiden Boston, 2007.

Gabriel, Mark A. *Islam and Terrorism*. Florida: Chrisma House, 2002.

_____. *Journey into the mind of an Islamic terrorist*. Florida: FrontLine, 2006.

Greef, Wulfert. *The Writings of John Calvin: An introductory guide*. London: Westminster John knox Press, 2008.

Garrison, David. *A wind in the house of Islam*. Glasgow: WIGTalk Resources, 2014.

Jenkins, Philip. *God's Continent*. Oxford: Oxford University Press, 2007.

Khadduri, Majid. *War and Peace in the Law of Islam*. Baltimore: Johns Hopkins Press, 1955.

Khaldun, Ibn. *The Muqaddimah. An Introduction to History*, Vol. I. Trans. Franz Rosenthal. New York: Pantheon Books, Bollingen Series XLIII, 1958.
Lutzer, Erwin W. *The Cross in the Shadow of the Crescent*. Oregon: Harvest House Publishers, 2013.
Lane, Edward. *Arabic-English Lexicon*. London: Willams & Norgate 1863.
Mohammed, Tor Andrae. *The Man and His Faith*. New York: Harper Torchbooks, 1960.
Nassar, Waleed. *Muslims Untouchable or Reachable?*. Florida: 1996, Unpublished Book.
O'Meara. Thomas F. "The Theology and Times of William of Tripoli, o.p.: A Different View of Islam", *Theological Studies*, 69 (2008).
Robinson, Forbes. *Coptic Apocryphal Gospels*. Cambridge: University Press, 1896.
Reynolds, Gabriel Said ed. *The Qur'an in Its Historical Context*. New York: Routledge, 2007.
Rosner, B. S. "Idolatry." in *New Dictionary of Biblical Theology*. Illinois: InterVarsity Press, 2000.
Spencer, Robert. *The Truth about Muhammad: Founder of the World's Most Intolerant Religion*. Lanham, MD:Regenery Press, 2006.
Selderhuis, Herman J. *The Calvin Handbook*. Grand Rapids, Michigan/Cambridge, U.K. : William B. Eerdmans Publishing Company, 2009.
Slomp. Jan. "Calvin and the Turks", *Studies in Intrerreligious Dialogue 19* (January 2009).
Tisdall, William St. Clair. *The Original Sources of the Quran*. London: Society for Promoting Christian Knowledge, 1911.
Tieman, Marco. "Establishing the princ halal logistics", *Journal of Emerging Economies and Islamic Reserch* (JEEIR). 1 (1), 2013.
Wagner, William. *How Islam Plans to Change the World*. Grand Rapids: Kregel Publication, 2004.
Warraq, Ibn. *Why I am Not A Muslims*. New York: Prometheus Books, 1995.
Young, Philip Lewis. *British and Muslim*. London: Continuum, 2011.
Ye'or, Bat. *Understanding Dhimmitude*. New York: RVP Press, 2013.
Ye'or, Bat. *The Decline of Eastern Christianity under Islam*. New Jersey: Associated University Press.

번역서

Abd al-Masih,『무슬림과의 대화』(*Dialogue with Muslim*). 서울: 기독교문서선교회, 2001.
Abdel-Samad, Hamed.『무함마드 평전』(*Mohamed: Eine Abrechnung*). 배명자 역. 서울: 한스미디어, 2016.
Beale, Gregory K.『예배자인가, 우상숭배자인가?』(*We Become What We Worship*). 김재문, 성기문 역. 서울: 새물결플러스, 2014.

Bobzin, Hartmut. 『무함마드는 이렇게 말했다』 (*Mohammed*). 염정용 역. 서울: 들녘, 2005.
Barclay, William. 『고린도서』 (*The letters to the Corinthians*). 서기산 역. 서울: 기독교문사, 2002.
Calvin, John. 『기독교강요』 (초판) (*Institutio Christianae Religionis*, 1536) 문병호 역. 서울: 생명의 말씀사, 2009.
_____. 『기독교강요』 (*Institutes*). 원광연 역. 서울: 크리스챤다이제스트, 2015.
_____. 『칼빈성경주석 7』 (*Calvin's Commentaries*). 서울: 성서원, 2002.
_____. 『칼빈성경주석 17』 (*Calvin's Commentaries*). 서울: 성서원, 2002.
_____. 『칼빈신약성경주석. Vol. 4』 (*New Testament Calvin's Commentaries*). 존칼빈성경주석출판위원회 역. 서울: 성서교재간행사, 1992.
_____. 『칼뱅작품 선집 II』 (*Olivetanbibel*). 박건택 역. 서울: 총신대출판부, 2009.
Gnilka, Joachim. 『성경과 코란』 (*Bibel und Coran*). 오희천 역. 서울: 중심, 2005.
Garrison, David. 『하나님의 교회개척 배가운동』 (*Church Planting Movement*). 이명진 역. 서울: 요단, 2005.
Hagemann, Ludwig. 『그리스도교 대 이슬람, 실패한 관계의 역사』 (*Christentum contra Islam: Eine Geschichte gescheiterter Beziehungen*). 채수일 채혜림 역. 서울: 심산, 2005.
Jones, R. Tudor. 『기독교 개혁사』 (*The Great Reformation*). 김재영 역. 서울: 종합선교 나침반사, 1990.
Lewis, Bernard. 『이슬람 1400년』 (*World of Islam*). 김동호 역. 서울: 까치글방, 2001.
Latourette, Kenneth Scott. 『기독교회사(중)』 (*History Of Christianity Vol. 2: Reformation To Present*). 윤두혁 역. 서울: 생명의 말씀사, 2003.
Luther, Martin. 『탁상 담화』 (*Tischreden*). 이길상 역. 서울: 크리스챤다이제스트, 2005.
Lohse, Bernhard 『마틴 루터의 신학: 역사적, 조직신학적 연구』 (*Luthers Theologie in Ihrer Historichen Entwicklung und in Ihrem Systematischen Zusammenhang*). 서울: 한국신학연구소, 2002.
Mcgarath, Alister. 『그들은 어떻게 이단이 되었는가』 (*Heresy: A History of Defending the Truth*). 홍병룡 역. 서울: 포이에마, 2011.
MacCulloch, Diarmaid. 『종교개혁의 역사』 (*The Reformation*). 이은재, 조상원 역. 서울: 기독교문서선교회. 2011.
Richardson, Don. 『코란의 비밀』 (*Secret of the Koran*). 이희민 역. 서울: 쿰란출판사, 2008.
Robinson, Francis. 『사진과 그림으로 보는 캠브리지 이슬람사』 (*The Cambridge Illustrated History of the Islamic World*). 손주영 외 7명 역. 서울: 시공사, 2006.
Seamands, John T. 『타문화권 복음 전달의 원리와 적용』 (*Tell It Well: Communicating the Gospel Across Cultures*). 홍성철 역. 서울: 세복, 1995.

Swartley, Keith E. 『인카운터 이슬람』 (*Encounter Islam*). 정옥배 역. 서울: 예수전도단, 2008.

Shin, Howard. 『이슬람』 (*The Bloody Borders of Islam*). 유니스 최 역. 서울: 크리스천언론인연합회, 2016.

Tibi, Bassam. 『이슬람주의와 이슬람교』 (*Islamism and Islam*). 유지훈 역. 서울: Jiwa Sarang, 2013.

Williamson, G. I. · Johannes G. Vos. 『웨스트민스터 대요리문답강해』 (*The Westminster Larger Catechism*). 류근상, 신호섭 역. 경기 고양: 크리스챤출판사, 2007.

Zwemer, Samuel M. 『최초의 이슬람 선교사 레이몬드 룰』 (*Raymund Lull*). 김이사야 역. 서울: 피플, 2017.

학위논문, 학회지, 정기간행물, 신문

김정명. "종교개혁 시대 프로테스탄트들의 이슬람에 대한 이미지 연구." 『중동연구』 통권 34호 (2015).

김은미. "할랄식품을 둘러싼 국내외 시장현황." 『식품과학과 산업』 통권 48권 (2015/6).

김승규. "무슬림을 향한 선교전략." 『월간목회』 통권 402호 (2016/9).

김성봉. "이슬람에 대한 종교개혁자들의 견해." 『목회와 신학』 (2013/11).

_____. "이슬람에 대한 종교개혁자들의 견해." 『FIM국제선교회 크리스천을 위한 이슬람 세미나』 (2011 가을).

_____. "이슬람에 대한 루터의 염려." 『FIM국제선교회 크리스천을 위한 이슬람 세미나』 (2012 가을).

_____. "이슬람에 대한 칼뱅의 견해." 『FIM국제선교회 크리스천을 위한 이슬람 세미나』 (2013 가을).

_____. "이슬람에 대한 종교개혁자 루터의 실존적 변증." 『FIM국제선교회 크리스천을 위한 이슬람 세미나』 (2016 가을).

김지훈. "루터와 이슬람." 『한국개혁신학』 (한국개혁신학회, 2016).

권혁률. " 추락하는 개신교에는 날개가 있다?", 한국목회자협의회, '한국인의 종교생활과 의식조사 1차 발표의' 논평, 2017년 12월 28일.

김현우, "로마 가톨릭 교황권에 대한 마틴 루터의 논박." 신학석사학위, 호남신학대학교, 2002.

변창욱. "종교개혁자들의 이슬람," *Muslim-Christian Encounter*. (햇불트리니티신학대학원대학교 한국이슬람연구소, 2017).

_____. "기독교와 이슬람의 변증적 만남의 역사: 논쟁점을 중심으로." 『제8차 한국복음주의선교신학회/한국선교신학회 공동학회』 (2016).

박상봉. "하인리히 불링거와 이슬람." 『FIM국제선교회, 크리스천을 위한 이슬람 세미나』 (2017 가을).

_____. "하인리히 불링거의 헝가리 교회와 목사들에게 쓴 서신 (1551)."『신반포중앙교회, 종교개혁 496 주년 기념강좌』(2012 가을).
서원모. "중세 그리스도교의 이슬람 대응: 이슬람 문명권, 비잔티움, 라틴 그리스도교 세계의 비교."『한국개혁신학』(한국개혁신학회. 2016).
서원모. "역사신학적 관점에서 본 기독교와 이슬람."『이슬람연구1』(서울: 예영커뮤니케이션, 2003).
성남용. "한국 무슬림에 대한 목회적 이해."『우리의 이웃인가?』. 서울: 가리온/GMS, 2017.
소윤정. "이슬람교의 여성관과 결혼관."『이슬람선교포럼』. 한국선교신학회 (2009년).
안신. "칼빈의 유대교와 이슬람에 대한 이해."『인문과학연구논총』통권 35권 2호 (명지대학교 인문과학연구소, 2014).
양신혜. "칼빈의 종교적 관용에 대한 이해."『한국기독교신학논총』통권 85호 (2013).
우병훈. "미로슬라브 볼프의 하나님은 어떤 하나님인가?: 그의 책『알라』를 중심으로."『한국개혁신학』(한국개혁신학회. 2016).
유해석. "한국을 향한 이슬람의 大공세."『미래한국』통권 498호 (2015/5).
_____. "기독교인이 알아야 할 이슬람 교리 몇 가지."『현대종교』(2011/5).
_____. "유럽의 이슬람화와 미국의 이슬람 사례 연구."『마지막 도전 이슬람 선교 어떻게 풀 것인가?』(GMS 이슬람선교대회 2009).
_____. "루터는 이슬람을 이렇게 말했다."『크리스천 투데이』. 2015년 10월 9일.
이서영. "이슬람권 시장 진출을 위한 할랄(Halal)인증 제도 연구."『한국법제연구원』(2015).
이성덕. "종교개혁 시대 이슬람의 팽창과 루터의 입장."『한국기독교신학논총』통권 24호 (2002).
이동주. "성경과 꾸란의 언어 비교연구: 꾸란의 영광 성령을 중심으로."『ACTS 신학과 선교』(2002).
이희열. 정장호, "할랄 인증제도와 할랄 인증 강화에 따른 우리의 과제."『복음과 선교』통권 33권 1호 (2014).
정병식. "루터의 관용: 신앙과 사랑 사이의 긴장."『한국교회사학회지』통권 37호 (2014).
정대훈. "칼빈의 타종교와 이단에 대한 이해." 신학석사학위, 총신대학교, 2011.
장베드로. "정부의 할랄산업 지원정책의 문제점과 그 대책."『지저스아미』통권 68권 (2015/12).
최영길. "이슬람에서 허용된 음식과 금기된 음식."『인문과학연구논총』통권 16호 (1997).
_____. "꾸란에 등장한 인물 연구-예수를 중심으로."『한국이슬람학회논총』통권 16권 (2006).
홍완수. "할랄식품 산업과 할랄인증."『식품과학과 산업』(2015/6).
왕철준. "루터의 이슬람 이해." 신학석사학위, 고신대학교, 2017.
Worldometers, Current World Population, http://www.worldometers.info/world-population/ (접속 2016. 8. 26)

사명선언문

너희가 흠이 없고 순전하여……세상에서 그들 가운데 빛들로
나타내며 생명의 말씀을 밝혀 _ 빌 2:15-16

1. 생명을 담겠습니다
만드는 책에 주님 주신 생명을 담겠습니다.
그 책으로 복음을 선포하겠습니다.

2. 말씀을 밝히겠습니다
생명의 근본은 말씀입니다.
말씀을 밝혀 성도와 교회의 성장을 돕겠습니다.

3. 빛이 되겠습니다
시대와 영혼의 어두움을 밝혀 주님 앞으로 이끄는
빛이 되는 책을 만들겠습니다.

4. 순전히 행하겠습니다
책을 만들고 전하는 일과 경영하는 일에 부끄러움이 없는
정직함으로 행하겠습니다.

5. 끝까지 전파하겠습니다
모든 사람에게, 땅 끝까지, 주님 오시는 그날까지
복음을 전하는 사명을 다하겠습니다.

서점 안내

광화문점 서울시 종로구 새문안로 69 구세군회관 1층
02)737-2288 / 02)737-4623(F)

강남점 서울시 서초구 신반포로 177 반포쇼핑타운 3동 2층
02)595-1211 / 02)595-3549(F)

구로점 서울시 동작구 시흥대로 602, 3층 302호
02)858-8744 / 02)838-0653(F)

노원점 서울시 노원구 동일로 1366 삼봉빌딩 지하 1층
02)938-7979 / 02)3391-6169(F)

일산점 경기도 고양시 일산서구 중앙로 1391 레이크타운 지하 1층
031)916-8787 / 031)916-8788(F)

의정부점 경기도 의정부시 청사로47번길 12 성산타워 3층
031)845-0600 / 031)852-6930(F)

인터넷서점 www.lifebook.co.kr